DU
RÉGIME DES EAUX

EN PROVENCE

AVANT & APRÈS 1789,

D'APRÈS LES LOIS ET DÉCRETS,
RÈGLEMENTS, ARRÊTS ET USAGES LOCAUX,

PAR

LÉOPOLD SEGUIN,

Procureur Impérial à Forcalquier,

Docteur en Droit.

PARIS,
AUGUSTE DURAND, LIBRAIRE,
Rue des Grès-Sorbonne, 7.

1863

DU

RÉGIME DES EAUX

EN PROVENCE

AVANT & APRÈS 1789,

D'APRÈS LES LOIS ET DÉCRETS,
RÈGLEMENTS, ARRÊTS ET USAGES LOCAUX,

PAR

LÉOPOLD SEGUIN,

Procureur Impérial à Forcalquier,

Docteur en Droit.

MARSEILLE,

TYPOGRAPHIE VEUVE MARIUS OLIVE,
Rue Paradis, 68.

1862

C.

INTRODUCTION.

L'agriculture est entrée, depuis quelques années, dans une voie qui permet d'espérer qu'elle obtiendra, parmi les causes du progrès général, le rang qu'elle mérite. La faveur qui semble s'attacher à ses destinées, a fait étudier plus particulièrement la question de l'amélioration du régime des eaux, et notre époque se distingue par de louables efforts pour faire de celles-ci un des principaux auxiliaires de la prospérité rurale. Les eaux, en effet, tantôt nuisibles, tantôt mal utilisées, exercent sur l'ensemble de l'économie agricole une influence souvent désastreuse : leur jouissance même soulève les compétitions et les procès, et le but d'une législation éclairée doit être d'agrandir et d'organiser le cercle des intérêts auxquels l'usage de l'eau pourra être appliqué.

Le rapporteur du projet de code rural disait au sénat, dans la session de 1857 : « Les eaux, suivant « qu'elles sont abandonnées à elles-mêmes, ou qu'elles « obéissent à une direction intelligente, deviennent, « personne ne l'ignore, un élément de destruction « ou de richesse, arrêtent ou activent la végétation, « ravagent ou fécondent les campagnes, exhalent

« des miasmes pestilentiels ou contribuent puissam-
« ment à la salubrité publique. »

Ces observations étaient le fruit d'une longue expérience, et les tentatives faites pour codifier la
matière des eaux, depuis le commencement du siècle,
témoignaient sans doute de la difficulté qu'il y aurait
à réunir en recueil des usages variés et épars, mais
ne pouvaient faire perdre de vue l'avantage de posséder enfin des règles certaines.

Un nouveau projet de code rural a donc été mis à
l'étude, et pour que les besoins et les abus fussent
également bien connus, le gouvernement a voulu
s'entourer de tous les renseignements qui pourraient
l'aider dans l'élaboration d'une œuvre aussi délicate ;
il a voulu puiser aux sources, et a fait procéder à des
recherches pour mettre en relief, dans toutes les parties de l'Empire, les usages et les coutumes dont l'application peut intéresser le législateur.

La circulaire ministérielle du 10 juillet 1840 prescrivait de rechercher, dans tous les départements,
quel est le volume d'eau sur celui des cours d'eau non
navigables, qui serait susceptible d'être affecté, sans
inconvénient pour l'industrie, à l'irrigation des terres. Celle du mois de décembre 1855 a posé plusieurs
questions, au nombre desquelles on remarque celles-ci :

« Existe-t-il dans le canton des règlements parti-
« culiers et locaux sur le cours et l'usage des eaux,
« antérieurement au code civil, soit postérieurement
« à sa promulgation ? Dans le cas de l'affirmative,
« quels sont-ils ?

« La coutume règle-t-elle seule cette matière, et,
« dans ce cas, quelle est la coutume locale ?

« *Quid* des règlements et usages relativement au
« curage des ruisseaux ; (loi du 11 floréal an XI).
« *Quid* des règlements et usages relativement à la
« hauteur des eaux pour les moulins et usines ? (Code
« rural, tit. 2. 10). »

C'est cette partie du questionnaire que nous avons
détachée ; il nous a paru que, dans les anciens usages
de la Provence à ce sujet, dans la jurisprudence qui
s'est formée pour l'application du code Napoléon ou
des lois plus modernes, dans l'examen des mesures
locales qui ont été adoptées à toutes les époques, il y
avait la matière d'un travail qui pourrait n'être pas
sans utilité. Nous avons voulu répondre aussi à l'invitation faite aux magistrats par la circulaire du 22
mai 1856, dans laquelle on réclame leur concours
à la rédaction d'un recueil d'usages locaux.

Il n'y a peut-être point de théorie qui ait été à la
fois mieux étudiée, et qui soit, malgré cela, restée
aussi incomplète que celle du régime des eaux. Cela
tient probablement à ce que dans tous les temps, elle
reçoit l'empreinte des causes extérieures. Le sort des
eaux est lié à celui de l'agriculture. Stationnaire ou
progressive comme celle-ci, la législation qui les régit doit présenter cette série d'efforts, d'incertitudes
et de résultats qui depuis un siècle environ ménagent
à l'agriculture française une lente transformation. Au
sortir de la féodalité et de la révolution, la question
des eaux, réglementée plusieurs fois, quoique cependant d'une manière inachevée et partielle, est demeu-

rée à l'état de question à résoudre. Les projets mis à l'étude ont été ajournés, et la défaveur ou plutôt l'indifférence dont l'agriculture a été l'objet pendant un demi-siècle n'a point été, sans doute, étrangère aux lenteurs et au prompt découragement des législations qui se sont succédées.

Aujourd'hui le rôle de l'agriculture se dégage de toutes les préventions ; elle reprend le rang qui lui est dû et, en voulant lui donner un code, on s'est dit avec juste raison qu'il convenait de consulter l'histoire de chaque province, afin d'y recueillir les leçons qu'elle peut renfermer.

Ce travail, utile pour l'agriculture en général, ne l'était pas moins pour le régime des eaux, et nonobstant tout ce qui a été écrit dans des ouvrages très-remarquables, il reste encore quelque chose à dire. Le détail des usages et des règlements anciens, le relevé de la situation actuelle et des lacunes qui restent à combler, les effets produits par quelques lois modernes dont l'application commence à peine, tout cela doit sortir de l'oubli, dans un moment surtout ou la rédaction d'un code rural s'éclaire par les enseignements du passé et par la constatation des nécessités présentes.

Ainsi, c'est par l'observation attentive qu'un code rural est appelé à réussir. Ne pouvant proclamer de principes abstraits, il doit être le fruit du temps qui prépare et mûrit les résolutions. Cette considération explique peut-être le véritable motif des lenteurs subies par des projets proposés plusieurs fois, mais qui cependant ont apporté chacun leur part d'expérience acquise au sein de la discussion. Il est tellement vrai qu'un code rural ne peut point aboutir sans avoir préalablement passé par de laborieuses tentatives, que la commission de celui de l'année 1808 le reconnut elle-même. « La commission est bien éloi-« gnée de regarder ce projet comme parfait, seule-« ment elle a cette confiance qu'il est tout ce qu'il « peut être dans les circonstances actuelles. Les en-« traves, sans cesse renouvelées qu'elle a trouvées « dans la force des habitudes agricoles l'ont convain-« cue que ce n'était que par une marche progressive « qu'on arriverait dans cette partie à tout le bien « qu'on peut y faire. Aussi le soin principal de la « commission a-t-il été de disposer tellement ses ba-« ses que, non-seulement elles ne fussent point un « obstacle aux améliorations dont le temps rendra « sans doute la législation rurale susceptible, mais de « plus qu'elles contribuassent à faire apercevoir ces « améliorations elles-mêmes, et qu'elles en donnas-« sent en quelque sorte le pressentiment et le désir. « *(Discours préliminaire.)* »

Que chaque contrée concoure à la rédaction d'un code rural, et cet édifice, qui comptera parmi les plus remarquables et les plus utiles de notre époque, prendra place dans les monuments de notre droit. Les populations le désirent et le gouvernement, par ses instructions et ses circulaires, a montré tout le prix qu'il attachait à sa prompte réalisation.

Déjà d'autres provinces, d'autres départements ont envoyé leurs réponses au questionnaire de la circulaire de 1855. La Provence ne pouvait rester en arrière. Elle abonde en documents concernant les eaux qui ont été pour son agriculture tantôt bienfaisantes et très-souvent funestes ; c'est à celles-ci en effet qu'elle doit sa prospérité dans certaines régions et ses malheurs dans d'autres. Causes à la fois de richesse et de ruine, on comprend avec quel intérêt pour nous se déroule leur histoire et celle de tous les moyens qui furent employés soit pour les amener sur les terres desséchées, soit pour les éloigner des rives prêtes à s'engloutir.

J'aurais désiré ne pas sortir du cadre plus restreint et plus modeste de l'usage local proprement dit, sans aborder des théories qui touchent à l'examen de la loi générale. Mais, ce mode de procéder paraissait présenter un grave inconvénient, celui de ne pas tenir un compte suffisant des affinités et des liaisons qui existent entre l'usage et la loi. L'usage, étant presque toujours une des sources ou bien un corollaire de celle-ci, se confond avec elle dans l'intimité des rapports qui unissent l'effet à la cause. Lorsque le caractère absolu et rigide de la loi ne se plie que difficilement, l'usage dicté par l'équité ou par d'autres raisons empruntées à la tradition, aux coutumes et à la topographie, l'assujettit sans violence à l'empire de ces diverses considérations. L'usage ne combat pas la loi; il l'aide, et au lieu d'en détruire l'autorité, contribue à la faire entrer dans les mœurs, et à préparer le moment où elle régnera sans partage.

En définitive, et à quelques rares exceptions près, le sort de l'usage paraît être de s'identifier de plus en plus avec la loi, en ce temps surtout où le rapproche-

ment des distances, et la fusion des mœurs et des coutumes tendent à donner à la législation l'unité par
laquelle son étude est rendue plus facile et son application plus sûre et moins exposée aux chances de l'er-
reur et de l'arbitraire.

Ce n'est pas à dire pour cela qu'il faille répudier
complètement nos usages. Non, il est utile pour chaque province de rappeler ceux qu'elle avait fini par
ériger en règles et qui, se mêlant chaque jour davantage à nos lois pour ne former plus qu'une seule et
même expression de la vérité juridique, ont pris place
dans la législation d'un grand peuple.

L'usage et la loi appartenant ainsi à la même famille, il est certain que l'un comme l'autre vivent
dans des rapports qui rendent souvent leur étude commune. De même que quelquefois l'usage descend de la
loi, de même, et plus souvent encore, celle-ci n'est
que la consécration d'un usage longtemps pratiqué.
Pour ne citer qu'un exemple, parmi tant d'autres, la
loi de 1845 relative au droit d'aqueduc, avant de devenir une loi générale, avait été applicable à la Provence, avec moins d'étendue peut-être, sous la forme
d'un statut local.

Je n'en dirai pas davantage pour expliquer comment j'ai cru devoir compléter l'étude de l'usage par
quelques observations sur la loi qui régit le même
ordre d'idées.

De l'historique du régime des eaux, envisagé à
toutes les époques au point de vue des usages ou des
lois, il ressort une conclusion qui est comme la pensée
et le résumé du livre. C'est que les eaux doivent être

soustraites aux entreprises de l'intérêt privé, et placées dans les mains de l'administration qui en fera la
répartition la plus conforme aux intérêts généraux et
qui les distribuera à tous les membres des associations
organisées pour en tirer le meilleur parti possible.
N'est-ce pas, en effet, leur nature qui les enlève ainsi
à la propriété de quelques-uns pour en faire le bien de
tous ? Quelle que soit l'époque à laquelle on se place,
aux dates extrêmes de l'histoire du droit, l'eau est
considérée comme une chose commune. Les lois Romaines disaient : *Communia sunt aër, aqua profluens,*
etc, et parmi les innovations que propose le projet de
code rural de 1857, il en est une qui a pour but d'a-
bolir le privilège des riverains qui ne repose que sur
des raisons fort discutables. Certains peuples anciens
avaient placé les eaux courantes au nombre de leurs
divinités, comme pour mieux faire comprendre qu'il
n'était permis à personne d'en revendiquer l'usage
exclusif. Chez ceux, par exemple, comme les Arabes,
où le principe de la communauté des eaux a été poussé
le plus loin, les progrès qui en furent la conséquence
ont survécu aux ruines qui marquent le passage de
ces législateurs prévoyants, et l'Espagne a su conserver le legs qui lui a été fait par la législation musul-
mane. Aussi, il semble que la fortune d'un principe
auquel se rattachent de si grandes choses n'est point
de périr. La loi du 17 juin 1851 applicable à l'Algérie
a placé dans le domaine public la propriété des cours
d'eau de toute nature. En rendant ainsi à cette terre
conquise par nos armes quelques-unes des dispositions
adaptées à son climat et à sa civilisation, la France a

proclamé son respect pour ce qu'il y a de bon dans les lois étrangères, et a montré qu'elle ne craint pas d'emprunter aux peuples vaincus le germe des idées qui peuvent exercer sur la révision de nos codes une influence salutaire.

Le régime des eaux, en France, a subi de nombreuses vicissitudes et il porte avec lui le cachet des vues étroites qui sont un des signes de la féodalité. A cette époque, les eaux, pas plus qu'autre chose, n'échappèrent à cette confusion, à ces tendances d'appropriation qui supprimèrent bien souvent l'intérêt public au profit de la puissance seigneuriale, et c'est à peine si on osait invoquer les règles du droit romain et les exemples donnés par des législations plus saines. Quand la royauté se releva, un de ses premiers efforts fut de rendre aux eaux leur véritable caractère, en abolissant des prérogatives dont l'obscurité des lois faisait la principale force, et en faisant remonter les mesures de surveillance et de police jusqu'à la souveraineté, dépositaire du pouvoir centralisateur. La révolution vint à son tour et fit de nouvelles tentatives pour replacer les eaux dans leurs conditions normales de communauté et de liberté. Malgré cela, le souvenir de l'ancien état de choses s'imposait de lui-même. Comme les seigneurs, dont le droit exclusif avait été souvent controversé, luttaient de préférence avec les représentants les plus directs de l'ordre naturel, c'est-à-dire avec les riverains, quand leur privilège disparut, il sembla que ces derniers devaient seuls recueillir le bénéfice de cette déchéance.

La loi française, dans son article 644, a donc consacré la jouissance exclusive des riverains; mais l'expérience a forcé de reconnaître que ce mode était loin d'être le meilleur, qu'il laissait à désirer comme question de principes, et qu'il privait quelquefois une vallée toute entière des ressources offertes par cet élément précieux. Maintenant que l'habitude féconde des associations commence à se propager, l'art 644 forme souvent un obstacle à leur développement. Il n'en serait point ainsi si la distribution des eaux était opérée sur des bases plus larges et plus rationnelles, et c'est justice de reconnaître que, tout en respectant le texte de la loi, il s'est élevé, du sein des chambres et des assemblées, des vœux à peu près unanimes partagés par les jurisconsultes et les auteurs, en faveur des syndicats, du principe de la communauté des eaux et du rôle que doit prendre l'administration comme représentant l'intérêt public.

Déjà les associations se multiplient. En Provence, il suffit de jeter les yeux sur les dérivations de nos rivières, sur les endiguements, sur les travaux de curage et autres, pour se convaincre qu'ils doivent leur vitalité à ce principe dont la puissance a produit de si grands résultats en Espagne et en Italie. La loi ne les a point encore complétement organisées, il est vrai; mais on y supplée par des décrets, des ordonnances, ou des actes liant l'ensemble des particuliers. Ici encore, tous ces usages montrent à la loi la route qu'elle doit suivre et les précédents qu'elle doit étudier.

L'œuvre est commencée. Depuis une quinzaine d'années environ, des lois spéciales que nous aurons

l'occasion d'énumérer ont pourvu aux premières nécessités et la codification du régime des eaux deviendra plus facile. Loin que les projets des années 1808,
1837 et 1842 soient inutiles, il en restera toujours les
matériaux qui furent alors réunis et le résumé des
discussions qui élucidèrent en partie ces questions
délicates. C'est déjà beaucoup que d'avoir discuté
plusieurs fois une cause quand elle est difficile, ne
serait-on parvenu qu'à signaler les points sur lesquels
une plus longue expérience est à faire. Car, lorsque
la question est reprise, on n'a plus qu'à marcher sur
un terrain préparé d'avance, et il est plus facile de
franchir tous les obstacles qu'un premier examen avait
soulevés et fait considérer comme insurmontables.

Ce sera là, sans doute, l'effet de tous ces projets
antérieurs sur celui de l'année 1857, et loin de puiser
dans leur sursis un motif de découragement, le gouvernement y verra au contraire une raison de plus
pour doter l'agriculture d'un code si impatiemment
attendu.

Le sort de divers problèmes encore indécis se rattache à sa promulgation. Peu de questions ont été
aussi controversées que celle de la propriété du lit ou
des eaux des petites rivières. Elle réclame une solution, non moins que celle de savoir si les eaux doivent
être divisées entre tous ceux qui peuvent s'en servir
ou resteront le privilège que l'article 644 confère à
quelques riverains.

N'y a-t-il pas aussi à déterminer avec plus de pré-
cision de quelle manière et par quels travaux se fera
la prescription des sources qui naissent dans le fonds,

par les propriétaires inférieurs? Comment et dans quels cas aura lieu l'application des lois de 1845, 1847 et 1854 sur le passage et l'écoulement des eaux? Car leur interprétation a donné lieu à de nombreuses divergences qui feraient désirer qu'elles fussent mieux expliquées dans certaines hypothèses et même étendues à d'autres cas qui n'ont pas été prévus.

Il importe aussi de bien fixer les limites et le caractère du pouvoir réglementaire, en ce qui concerne les autorisations à donner sur les cours d'eau. La jurisprudence s'est longtemps distinguée, à cet égard, par ses variations ; les lois contemporaines ou issues de la révolution ne sont pas toujours fort claires, et c'est le décret de 1852 qui a commencé à poser nettement les droits de l'administration. Ce décret a de plus répondu à un besoin qui s'était fait généralement sentir. Conservant le principe, excellent en lui-même, de la centralisation, il a rapproché l'autorité des affaires dont la surveillance lui est confiée.

Il n'est point de matière qui ait eu plus à souffrir de l'absence des lois ou de l'incertitude des règles que celle des travaux publics ; ils sont en même temps le signe et la condition du progrès dans le pays où ils s'accomplissent ; mais, comme ils ne peuvent s'exécuter sans provoquer un grand mouvement d'intérêts qui concourent ou se heurtent, il faut ici, plus que partout ailleurs, une législation dont la simplicité écarte les contestations et qui soit moins obscure que celle qui nous a régi jusqu'à présent. En effet, la loi de 1807 réclame une refonte complète, et son insuffisance a été démontrée si souvent, qu'on est obligé d'y suppléer dans la pratique par des décrets partiels, rendus aussitôt que se révèle la nécessité des travaux; mais, ainsi que le remarque le rapporteur au sénat : « le régime d'une loi générale est toujours préférable « lorsqu'il s'agit des garanties de la propriété. » Cette loi est donc attendue, et ces paroles sont en quelque sorte une promesse que son apparition n'en peut être éloignée. Celle de 1807 a besoin d'être révisée. Qui n'a pu se convaincre en effet des lacunes qu'elle renferme en matière d'endiguements exécutés par une association de particuliers, et des difficultés qui accompagnent l'intelligence de ses dispositions? Comment ne pas s'apercevoir que les dessèchements qu'elle a principalement en vue y sont privés des encouragements et des garanties nécessaires, pour faire trouver des compagnies qui veuillent se charger des travaux. Enfin, il est certain que, si elle n'avait pour elle cette autorité qui s'attache à son titre de loi, elle serait presque tombée en désuétude.

Cette partie si importante de la législation rurale, qui semble devoir être refaite ne perdra donc rien à l'étude des documents anciens, et elle gagnera beaucoup aussi à la constatation des besoins actuels qui fait ressortir plus vivement l'insuffisance de nos lois.

Pour le moment, il en a paru déjà plusieurs de nouvelles, et d'autres s'élaborent. La situation respective du régime des eaux dans chaque région, dans chaque département est étudiée, et ce ne sera pas un des moindres honneurs de notre époque et de notre gouvernement que d'avoir voulu, d'une part, sonder les vices des anciennes institutions, et se préparer encore

par de patientes recherches à améliorer le sort de
l'agriculture française. La revue attentive de ce qui
s'est fait depuis dix ans fait naître de légitimes espérances. A peine la pensée de l'Empereur s'est-elle
arrêtée sur les moyens qu'il y aurait à prendre pour
combattre le fléau des inondations, que les études
sont partout commencées. La loi de 1858, pour
mettre les villes à l'abri du ravage des eaux ; celles
de 1860 et 1861 qui, conservant et protégeant la
propriété boisée, doivent changer plus tard les conditions de l'écoulement des rivières ; la loi modificative
du crédit foncier, en ouvrant des ressources aux syndicats jusque là entravés ; celle de 1861, relative à la
mise en valeur des terres incultes, livrées à la diva-
gation des torrents : toutes règlent, chacune de leur
côté, certains points du régime des eaux ; mais, elles
n'ont point néanmoins l'avantage d'une loi générale
qui devra résoudre, à l'aide des matériaux venus de
tous les points de l'Empire, les questions que nous
avons sommairement abordées, et réglementer mieux
qu'on ne l'a fait jusqu'à ce jour les irrigations, les
endiguements des rivières et les desséchements de
marais.

Notre travail n'est autre chose que la collection de
ces matériaux empruntés, en Provence, à l'usage local dans ses rapports avec la loi, à la jurisprudence
ainsi qu'aux décrets et réglements particuliers du ressort de la cour impériale d'Aix. Il se divise en chapitres à peu près dans l'ordre suivi par le rapport fait au
sénat en 1857.

Le premier traite des eaux courantes, de celles qui

sont régies par l'article 644, (Code Napoléon.) Après avoir dit que les eaux publiques seront exclusivement affectées aux riverains, il restait encore à déterminer comment entre eux se répartira la jouissance. A qui donnera-t-on la préférence, au riverain supérieur ou au premier occupant ? Pour ces questions, la loi s'en rapporte à l'usage et l'art. 645 le déclare par un texte formel. Or, les usages ne sont point partout les mêmes et quoique la préférence du riverain supérieur soit la règle à peu près générale, cependant l'usage, dans certaines localités donne encore l'avantage au premier occupant. C'est l'utilité des règlements qui forment la matière du chapitre deuxième, d'empêcher les contestations qui ne manqueraient pas de s'élever entre tous ces intéressés. Dans le règlement tout est local ; il n'est aucune des causes spéciales tirées de la nature du sol, du climat, de la variété des récoltes qui n'influe sur la manière de le dresser. Aussi, après avoir résumé les caractères généraux des règlements d'eau qui existent en Provence et qui, à la faveur de l'ordre et de l'économie, arrêtent l'exercice de l'abus ou de la violence, nous avons cherché dans des exemples particuliers la preuve et la justification des règles présentées comme l'expression de l'usage le plus répandu.

Le chapitre troisième roule presque exclusivement sur des matières régies par la loi ; après les eaux naissant dans le fonds et qui sont des eaux privées, est venu l'examen des droits que l'on peut exercer sur les fontaines publiques et notamment sur leurs versures. Les opinions contraires risquent de s'épuiser encore

vainement pendant de longues années, si un texte de
loi ne prend soin de s'expliquer sur l'espèce de travaux nécessaires pour prescrire l'eau du fonds supérieur, et sur la question de savoir si les versures des
fontaines publiques sont prescriptibles ou non.

Nos canaux d'irrigation ont droit aussi à une mention particulière, et il importe de se rendre compte
du rôle qu'ils ont joué dans l'agriculture provençale.
Si l'on n'écoutait que l'admiration qu'ils ont fait naître chez les auteurs qui ont étudié le développement
de l'arrosage dans toutes les parties de la France, on
pourrait croire qu'ils ne laissent rien à désirer et qu'il
ne nous reste qu'à jouir des travaux accomplis dans
les siècles précédents. Disons comme eux que la Provence est beaucoup plus avancée que d'autres contrées,
et qu'elle doit cette supériorité à des hommes rendus
immortels par la science, ou à des administrateurs qui
se sont honorés aux yeux de leurs compatriotes par
l'éclat de leur dévouement. Mais, après cet hommage
rendu au patriotisme, après ce tribut d'éloges accordé
à des entreprises où la science a déployé toutes ses
ressources, n'oublions pas de dire que la constitution
légale de ces canaux n'a pas été aussi parfaite que les
règles de l'art qui ont présidé à leur construction. Du
simple résumé des titres qui les ont organisés, de l'historique des causes nombreuses qui ont jeté quelquefois le désordre dans leur administration, et rendu
nécessaire l'application de mesures énergiques, doivent sortir des leçons qui ne seront point perdues. Le
réseau des irrigations est loin, en effet, d'être terminé, et rien ne le prouve mieux que la multiplicité des

projets mis à l'étude ou en voie d'exécution. Si l'on a
soin de ne point négliger ce rapprochement avec
l'ancien état de choses, avec les usages des peuples
qui, à cet égard, nous ont montré la route du progrès,
il est certain que ces études seront plus qu'intéressan-
tes ; elles deviendront éminemment profitables.

Le chapitre quatrième renferme donc l'exposé des
règles propres aux canaux. d'arrosage ; ils appartiennent à la catégorie des eaux privées. A celles-ci,
comme aux eaux publiques, s'applique, dans des circonstances données, la loi de 1845 sur le passage des
eaux à travers les fonds intermédiaires. Cette loi nous
fournira l'occasion de remarquer qu'il existait en Provence, à l'état d'usage local, une faculté analogue,
moins étendue sans doute et restreinte à quelques cas
limités. Ainsi, nous suivrons le développement de cette
idée qui arrive jusqu'à nous précédée d'une longue
consécration et qui, transportée dans la législation moderne, s'offre naturellement à l'étude par les rapports
intimes qu'elle a avec nos coutumes anciennes. Ce sera
l'objet du chapitre cinquième.

L'exécution des travaux de défense sur les rivières
et les torrents forme une des parties les plus importantes de notre droit local. Dans les vallées qui, s'a-
baissant de la région des Alpes, descendent vers la
mer, coulent de nombreux cours d'eau qui, à certaines
époques de l'année, menacent par leur rapidité et leur
volume les terres voisines. Ces phénomènes n'ont
guère changé avec le temps, et l'identité des besoins
a provoqué l'emploi de moyens de protection semblables. C'est pourquoi cette partie du sujet, traitée avant

et après la révolution de 1789, fera naître d'utiles comparaisons. Chacune de ces deux époques a respectivement sur l'autre des causes spéciales de supériorité que nous indiquerons, afin que l'avenir puisse les combiner toutes et en faire son profit.

En parcourant les bords des rivières, on est surpris de rencontrer si peu de traces des travaux exécutés par l'ancienne administration, et leur histoire seule peut apprendre la cause de ce fait en apparence inexplicable. Ce n'était point assez de l'empressement des populations, de la vigilance des ingénieurs et des représentants de l'autorité faisant entendre chaque année de vives doléances, pour assurer à l'œuvre des endiguements une durée qu'elle ne pouvait devoir qu'à une plus forte et plus vaste organisation des intéressés. Combattre contre un ennemi redoutable avec des moyens faibles et disséminés, c'est s'exposer à une lutte continuelle et honorable, mais sans résultat. Tel est le spectacle que présente, pendant les dix-septième et dix-huitième siècles, cette série de tentatives et d'ouvrages isolés qui sont le caractère propre des endiguements sur la Durance et les autres rivières. C'est à peine si l'on voit poindre le germe et le principe des associations syndicales qui seules, par le nombre de leurs membres et l'étendue de leurs ressources, pourront enfin élever de solides barrières et détourner les eaux des terres qu'elles rongent et qu'elles engloutissent.

Après la révolution, la nature particulière des intérêts à protéger, l'influence des anciens usages et des besoins nouveaux motivèrent une législation spéciale pour les fleuves et rivières tels que le Rhône et la Durance. On peut se convaincre par les décrets de thermidor an XIII et 15 mai 1813, applicables aux torrents des Alpes et au Rhône, que l'administration s'est efforcée de relever les ruines qui s'étaient accumulées sur les bords des rivières pendant l'ère révolutionnaire.

Cependant, moins favorisé par ces décrets et la loi de 1807 que par des ordonnances et surtout par l'habitude devenue plus familière des syndicats, et des dispositions tout à fait récentes, le mouvement général qui se communique d'un pays à l'autre s'est dessiné beaucoup mieux depuis quelques années, et c'est pour cela que l'étude des travaux de défense qui reprennent, pour ainsi dire, sur de nouvelles bases, offre un attrait tout particulier d'actualité; c'est pour cela que nous avons indiqué l'ensemble des moyens pratiques qui furent employés pour contenir et repousser les rivières, afin de populariser ceux auxquels les résultats de tous les temps doivent assigner la préférence.

Le chapitre huitième traite des dessèchements. En tant que régis par la loi générale de 1807, ils ne sont pas nombreux, et ceux de la région du sud-ouest, voisine du Rhône et de la ville d'Arles, ont été opérés à la suite de titres et de conventions d'une date fort ancienne, et modifiés ensuite par d'autres accords dont nous donnerons une analyse succincte. Car, tous ces actes, rédigés en vue d'intérêts particuliers, ont une physionomie locale qui leur assigne une place dans ce recueil.

Le curage a aussi certainement moins d'importance que les travaux d'endiguement. Cependant, comme il a donné lieu à quelques **règlements** et à quelques usages en Provence, et que d'ailleurs il forme le n° 9 du questionnaire adressé à MM. les Juges de Paix, nous avons rangé l'examen des documents qui le concernent sous le chapitre neuvième et dernier.

Il ne se passe pas de période un peu prolongée sans qu'on n'assiste à des évènements qui tourneraient les esprits vers l'étude des questions hydrauliques, si l'on pouvait oublier un seul instant leur caractère d'utilité. Il suffit de rappeler que la Provence est à la fois le pays des inondations, et des terres brûlées par les ardeurs du soleil pour comprendre que cette matière a paru toujours un sujet de prédilection aux auteurs Provençaux qui envisageaient la bonne organisation du **régime** des eaux comme une des causes les plus actives de la prospérité de leur patrie. Quelques-uns sont devenus classiques et il est presque inutile de les citer, tant leur nom est inséparable d'une étude de ce genre. Du reste, les notes et les renvois placés à la fin de chaque page permettront plus facilement de vérifier l'exactitude des renseignements que nous leur avons empruntés. Les décisions des anciennes assemblées, celles des corps délibérants placés à la tête des départements démembrés de l'ancienne Provence, nous ont fourni également des documents dignes d'être consultés. Car, l'opinion et les vœux des hommes, en qui repose la confiance de leurs concitoyens, ont dans la solution de ces problèmes un poids considérable. N'oublions pas, non plus, soit les travaux de la commission centrale des Bouches-du-Rhône, qui a colligé tous les usages ayant force de loi pour ce département et destinés à servir de guide aux agriculteurs; soit les rapports de MM. les Juges de Paix, ces magistrats si bien placés pour étudier toutes les phases de l'usage local et qui ont répondu avec empressement à l'appel de la circulaire, précisant les points qui devaient attirer leur attention. C'est à toutes ces sources et aux actes nombreux émanés des diverses administrations chargées d'organiser et de surveiller le régime des eaux que remonte le principal mérite du résumé que je me suis décidé à faire paraître.

Il me reste à dire la part qui revient à de hauts et honorables magistrats. MM. les Procureurs généraux Du Beux et Sigaudy, par leur direction, leurs conseils et les facilités que je dois à leur bienveillance, ont en quelque sorte accepté le patronage de ce travail. Si le but n'a été que très-imparfaitement atteint, j'ose espérer cependant qu'ils voudront bien recevoir ici l'expression de toute ma gratitude.

DU RÉGIME DES EAUX

EN PROVENCE

AVANT ET APRÈS 1789.

D'APRÈS LES LOIS ET DÉCRETS,

RÉGLEMENTS, ARRÊTS ET USAGES LOCAUX.

CHAPITRE PREMIER.

EAUX PUBLIQUES.

I. — De la propriété des petites rivières.

De toutes les parties de la France, la région méridionale est celle qui voit peut-être s'élever le plus grand nombre de contestations relatives aux cours d'eau. En effet, la température, qui rend si nécessaire le bienfait de l'irrigation et qui fait attribuer à la moindre source une grande importance, provoque de la part des intéressés un concours de prétentions au milieu desquelles les décisions de l'autorité compétente doivent être éclairées bien souvent par les usages et les règlements anciens.

Ces usages se rapportent principalement aux cours d'eau qui sont une dépendance de la propriété privée et dont tous les avantages sont dévolus aux riverains. Ceux qui font partie du domaine public, comme les rivières navigables et flottables, se trouvant sous la sauvegarde de l'État qui parle et agit au nom de l'intérêt général, sont beaucoup moins régis par la coutume locale et restent en dehors du cadre de ce travail.

Nous n'avons donc à nous occuper, dans ce chapitre, que des rivières de second ordre et des ruisseaux, servant à l'irrigation des terres riveraines et régis par l'article 644 (Code Napoléon).

Il n'y a entre les diverses eaux courantes d'autre différence que celle du volume. Car, ce qui doit assigner à un cours d'eau son caractère légal, c'est la circonstance qu'il est ou n'est pas consacré au service public.

Les torrents peuvent être assimilés aux ruisseaux, parce que, comme eux, ils ne font point partie du domaine public. Ils en diffèrent sous le rapport de la discontinuité de leur cours ; car ils sont à sec durant une partie de l'année. La déclivité des terrains et la nudité des montagnes sont, en Provence, autant de causes de leur multiplicité. Ils ont avec les ruisseaux une grande analogie. Mais leur nature propre les soumet aussi à quelques règles particulières.

Le Code Napoléon a attribué aux riverains des eaux courantes toute l'utilité qu'elles sont susceptibles de procurer ; il a déterminé comment et dans quel ordre s'exercera cette jouissance, tout en réservant les modes appropriés à chaque localité et consacrés par la tradition. C'est donc ici le lieu de se demander quelles sont les coutumes de Provence en cette matière, pour répondre au n° 8 de la circulaire adressée à MM. les Juges de paix, le 4 décembre 1855.

Mais avant, il est indispensable de ne point passer sous silence une question qui n'est pas encore définitivement tranchée, celle de savoir si les riverains jouissent du droit exclusif d'arrosage comme propriétaires du fonds lui-même sur lequel l'eau s'écoule, ou plutôt à titre de compensation pour les dommages qui résultent inévitablement de son voisinage.

La question de la propriété des petites rivières ou eaux courantes a soulevé de nombreuses divergences aussi bien dans le droit féodal que dans le droit moderne. On a répété généralement qu'avant 1789 les petites rivières étaient comprises parmi les profits de la haute justice, et qu'elles appartenaient par conséquent aux seigneurs dans la justice desquels elles se trouvaient.

Le caractère des institutions féodales, c'était leur variété d'un pays à l'autre, et vouloir conclure de la comparaison de documents épars et divers à une règle uniforme qui aurait existé autrefois en France, c'est s'exposer à commettre des erreurs. Aussi, nous nous bornerons à signaler quelle paraissait être la coutume suivie en Provence (1).

Latouloubra et Despeisse proclament le droit des seigneurs justiciers sur les petites rivières et ruisseaux. Le premier soutenait « qu'il n'était pas permis de prendre des « pierres et du sable dans la rivière sans le consentement « du seigneur. » — « Quant aux rivières non navigables « ou petites rivières, elles appartiennent aux seigneurs « hauts justiciers, dans le territoire desquels elles coulent. « C'est un usage reçu généralement dans le royaume (2). »

Cette opinion, dont il est juste de reconnaître les nombreux partisans, rencontrait cependant dans les faits, dans les textes et dans les arrêts d'assez fréquents démentis, pour qu'elle ne doive être accueillie qu'avec beaucoup de réserve. On ne peut nier que les seigneurs, soit qu'ils ne se rendissent pas bien compte de l'étendue de leurs droits, soit qu'ils voulussent mettre à profit la confusion et l'incer-

---

(1) M. Championnière, dans un traité savant et complet, a exposé les principes concernant la jouissance des eaux. Après avoir compulsé un grand nombre de textes, étudié et comparé les usages de plusieurs provinces, il est parvenu à réfuter l'opinion, accréditée jusqu'ici, de la possession exclusive des cours d'eau par les seigneurs justiciers.

(2) Latouloubre : *Des Rivières, Iles et Atterrissements.* Despeisse ; 3ᵉ partie, p. 285. — Julien : *Éléments de jurisprudence*, p. 138. — Rives, *de la propriété du cours et du lit des rivières non navigables ni flottables.*

titude qu'on remarquait alors dans l'application des lois, n'aient tenté bien souvent de se faire considérer comme propriétaires des cours d'eau. Mais, il n'en est pas moins vrai que l'histoire locale est pleine de résistances opposées par les riverains, et que cet état de lutte ne vidait la question au profit de personne. Nous aurons l'occasion de trouver des exemples de ces conflits, et c'est là une des meilleures preuves que la puissance des justiciers n'était point aussi certaine et aussi incontestable qu'on l'a prétendu souvent.

Au contraire, le droit romain, par les rapports qui l'unissaient avec la loi et les usages de la Provence, fournissait des arguments sérieux à la cause des riverains, d'autant plus que la jurisprudence avait maintes fois consacré les droits de ceux-ci et que presque partout le *decursus aquarum* qui figurait dans les conventions privées protestait contre le système investissant les seigneurs de la propriété des petites rivières (1).

La haute justice avait de bien nombreuses prérogatives; mais elle n'allait pas jusqu'à laisser à ceux qui en étaient investis la libre disposition de tous les cours d'eau, et ce n'est qu'à titre d'exception que les seigneurs purent se proclamer les maîtres exclusifs de quelques-uns. D'ailleurs, tous les auteurs n'étaient pas unanimes pour accorder cet avantage au seigneur justicier, et un certain nombre penchaient pour le seigneur féodal (2).

A mesure que l'étude des statuts de chaque province devint plus attentive, on se rendit mieux compte de l'étendue véritable des droits de chacun. Alors, les riverains jouirent presque partout de la faculté de disposer librement des eaux qui traversaient leurs héritages, et les seigneurs eurent les mêmes droits pour les rivières qui

(1) Boniface : T. II, *Arrêts notables*, p. 167; il cite un arrêt de 1684 qui a jugé que l'alluvion et l'accroissement d'un fonds limité appartient au propriétaire plus voisin, non au seigneur direct.

(2) Latouloubre : *Des Rivières*, VI.

coulaient dans leurs fiefs. S'ils réunissaient l'intégralité du domaine, aucun doute n'était possible ; s'ils n'avaient retenu que la directe, tout dépendait des conditions suivant lesquelles avait été faite la concession du domaine utile, et même dans ce cas, lorsque les eaux avaient été comprises avec les terres dans la translation du domaine utile, le seigneur pouvait encore se servir exclusivement des eaux, s'il existait à son profit un droit de banalité (1).

Ces distinctions sont affirmées par Dupérier. « Les rivières « non navigables, dit-il, et les îles qui y naissent sont des « propriétaires joignants. Donc, ils peuvent tirer de l'eau « pour construire des moulins et pour arroser leurs « terres sans pouvoir la faire passer dans le fonds d'au- « trui. » Mais plus loin il ajoute : « Il n'est pas permis de « faire une nouvelle œuvre dans une rivière au préjudice « du seigneur dans la terre duquel elle passe, lorsqu'il a « le droit des régales et que c'est une rivière banale ou de « cens (2). » On en pouvait conclure que la possession exclusive des rivières par les seigneurs était un fait exceptionnel, et que dans la condition ordinaire des terres allodiales et libres, les propriétaires des héritages joignants pouvaient s'appliquer l'usage des eaux (3).

On s'étonne moins que ces anciennes controverses soient arrivées jusqu'à nous sans avoir reçu une solution définitive, quand on voit que même sous l'empire de nos lois

(1) Championnière, n. 361. — Guyot : *Jurisprudence féodale*, verbo *Rivières*.

(2) Dupérier : *Notes manuscrites*, verbo *Rivières*

(3) Merlin discute la question ; il constate que les auteurs sont partagés ; mais les principes du droit commun et du droit Romain lui paraissent militer en faveur des riverains ; *Répertoire*, verbo *Moulin*.

Bacquet : *Des Droits de justice*, chap. 3, est de cet avis ; car il estime que sur lesdites rivières le roi ni le seigneur haut-justicier n'ont pas plus de droits que sur un autre héritage appartenant à des particuliers.

Voir également Daviel : *Traité des cours d'eau*. n° 531. — Garnier, n° 731.

elles n'ont point cessé. En effet, si le Code Napoléon s'est expliqué sur l'attribution des eaux courantes, en conférant l'usage de celles-ci aux riverains seuls, il a gardé le silence sur la propriété du lit, et de là est née l'importante question de savoir à qui appartient le lit des petites rivières.

La doctrine est partagée en plusieurs opinions (1). Les législateurs, dans les projets de loi élaborés par eux, et que des circonstances particulières empêchèrent d'aboutir, montrèrent pour les riverains une préférence marquée. Si l'on en excepte un projet présenté en 1791, toutes les autres propositions faites en 1808 et 1834 avaient pour but de faire considérer les cours d'eau comme propriété exclusive des riverains (2). Quant à la jurisprudence, divisée d'abord, elle s'est prononcée sans hésitation, dans ces dernières années, pour l'Etat (3).

L'incertitude qui pèse sur l'attribution d'un droit de propriété se rattachant à des procès si nombreux est à regretter, et la difficulté ne peut manquer de devenir plus inextricable encore par l'assurance même que les deux opinions puisent dans des autorités nombreuses et imposantes. Cependant la question est bien posée, si elle n'est pas résolue, et de crainte qu'elle ne subisse encore de nouvelles fluctuations, on doit souhaiter que le doute disparaisse. Le moment semble propice, puisque les législateurs, saisis d'un projet de code rural, peuvent, par un texte précis, faire cesser toutes les dissidences, et substituer un article régulateur aux décisions éparses de la jurisprudence et des auteurs (4).

---

(1) Dalloz, dans son répertoire et son recueil périodique, donne l'indication de tous les auteurs qui ont traité la question dans un sens ou dans un autre; — *Répertoire*, verbo *Eau*, n. 208: — *Recueil périodique*, année 1846, 1ᵉ partie, p. 26.

(2) Tardif et Cohen sur Dubreuil, t. II, p. 157.

(3) Dalloz, *Recueil périodique*, 1860, 2ᵉ partie, p. 160. — Id. 1861, 1ᵉ partie, p. 273. — Id. 1846, 1ᵉ partie, p. 177. — Id. 17 juin 1850.

(4) Rapport de M. de Casablanca au Sénat; *Moniteur* du 23 août 1857 et suiv.

Au milieu de toutes ces divergences, il y a une distinction essentielle à faire, distinction qui se trouve virtuellement dans le Code Napoléon et les usages anciens. Il importe à la solution d'un grand nombre de questions de ne pas confondre le lit du ruisseau avec l'élément liquide qui le recouvre et le remplit. Si le lit, comme toutes les choses déterminées par des limites fixes, peut devenir l'objet d'une propriété quelconque, il n'en est pas de même du cours d'eau pris dans chacune de ses parties. Sa mobilité incessante, ses molécules qui se succèdent avec tant de rapidité lui enlèvent ce caractère de chose identique qui est la condition essentielle de la propriété, et l'on peut dire que la propriété de ces molécules commence et finit avec l'occupation.

Nous verrons tout à l'heure les effets importants attachés à cette occupation dans la matière des eaux.

Quant à cette séparation entre les eaux de la rivière et le lit qui les porte, elle n'a pas besoin d'une longue démonstration et elle est écrite dans la nature même des choses : « L'eau, mobile par sa nature, utile à tous, ne « saurait être considérée comme une propriété foncière et « on doit la séparer du fonds sur lequel elle coule (1). » De son côté, le Code Napoléon la consacre, lorsqu'il n'accorde aux propriétaires dont les héritages sont bordés ou traversés que l'usage de ces mêmes eaux.

II. — Usages. — Droit du riverain supérieur. — Préoccupation.

Après avoir dit qu'il paraissait certain, en règle générale du moins, que les riverains avaient la libre jouissance des eaux, il reste à nous demander comment, et dans quel ordre, s'opérait entre eux la distribution.

(1) Pothier, *Traité du droit de propriété*, n° 81.

Dans les contestations que font naître les arrosages, la loi a voulu que les règlements locaux et les usages anciens fussent observés. L'article 645 en fait une obligation formelle.

Les principes admis par la jurisprudence du parlement de Provence étaient qu'on ne devait rien changer à la forme ancienne des arrosements, parce que, dit Cœpolla : « *Jus aquæ quod competit ex consuetudine est fortiùs quàm illud quod competit ex pactis privatorum.* » Ainsi, le régime adopté depuis longtemps sur chaque cours d'eau se recommandait au respect de tous les intéressés. Mais, lorsqu'on ne parvenait point à recueillir l'expression d'une coutume, d'un règlement quelconque ou d'une possession incontestés, l'usage général était-il d'attribuer les eaux au riverain supérieur le plus rapproché de la source, ainsi de suite, des uns aux autres, jusqu'au dernier, ou bien à celui qui le premier s'était emparé de l'eau ?

Ceci nous oblige à rappeler les principes du droit Provençal sur ce point et à faire la distinction entre les deux cas, suivant qu'on examine les rapports des riverains entre eux, ou bien ceux des non-riverains, les uns vis-à-vis des autres.

Les riverains, entre eux, jouissaient par ordre, du premier au dernier. En effet, le premier qui s'empare d'une chose *nullius* en devient propriétaire, et qui pourra le faire mieux avec suite et commodité que celui que l'eau vient trouver pour ainsi dire d'elle-même. L'appréhension qu'il exerce se continue à tous les instants par les bords de sa propriété. Donc, son occupation se prolongeant, le rend successivement propriétaire de toutes les molécules liquides, et cet usage est d'accord avec les principes de la raison.

On conçoit, tout de suite, que le riverain inférieur n'ait point le même avantage, et que quelques faits isolés d'occupation ne puissent lui conférer, vis-à-vis du supérieur, une préférence inhérente à la configuration du sol.

Ce qui a fait de tout temps, et ce qui fait encore aujour-d'hui, accorder aux riverains plus de droits qu'aux autres, c'est leur position même sur le cours d'eau, qui leur donne toutes facilités pour jouir à chaque instant du jour par préférence aux tiers non riverains. C'est également la cause du privilége du supérieur sur l'inférieur. N'ayant pas plus l'un que l'autre de droits absolus, celui qui peut le plus facilement s'emparer d'une chose qui n'appartient à personne, sera toujours le mieux partagé. Ce privilége dérive encore plus de la nature des choses, que de la dispo-sition de la loi (1).

Dans les auteurs qui ont écrit sur la législation Proven-çale, on rencontre le terme de PRÉOCCUPATION fréquemment employé. Il sert à exprimer les droits empruntés au fait de la première occupation. D'après les principes exposés, il semble difficile que ce fait matériel de la possession d'une partie de la masse liquide puisse constituer un droit qui survive à l'acte lui-même. Cependant, il n'en était point ainsi, et la mention fréquente de ce moyen particulier d'acquérir l'usage des eaux nous démontre qu'il jouait un rôle important, et qu'il est utile d'en connaître les caractè-res et l'étendue.

Voici comment les auteurs entendent ce droit de préoc-cupation. « Il est fondé, dit Dubreuil, sur cette règle de « droit naturel, que ce qui n'appartient à personne est au « premier qui s'en est mis en possession : *Quod antè nullius* « *est, id naturali ratione, occupanti conceditur* (2). »

Dupérier fait observer que « s'il s'agit d'un fleuve public « qui n'est pas navigable, celui qui occupe le premier en « a le droit et un autre ne peut pas, puis après, divertir « l'eau (3). »

---

(1) Daviel, *Traité de l'irrigation*, note. — Siroy, 1816. 1, 211 et notes. —Id. arrêt du 21 août 1844. p. 738.

(2) Dubreuil, n° 93.

(3) Dupérier, *notes manuscrites*, v° *Eau*. — Cappeau, *code rural*, v° *Préoccupation*.

Boniface, en rapportant un arrêt, remarque que les eaux publiques, comme sont les rivières, étant *nullius et primi occupantis*, un moulin ne peut y être bâti au préjudice du premier, et chacun ayant un droit égal sur les eaux publiques, la prévention ou préoccupation en acquiert la prérogative ou le droit au préoccupant, par la règle : « *In pari causâ melior est conditio possidentis* (1). »

Faut-il conclure de toutes ces autorités, que la préoccupation devait donner à celui qui l'invoquait un droit de préférence à l'encontre des autres riverains, eussent-ils été supérieurs par la position respective des héritages? Faut-il admettre que la situation relative des riverains sur les cours d'eau ne devait pas être prise en considération, et que le point capital pour la fixation des droits résidait dans l'accomplissement, quelquefois isolé, d'un fait d'occupation et non dans la position du local? Cette déduction serait fausse et contraire à la préférence que la nature elle-même assigne au riverain supérieur.

Dubreuil, après avoir défini et expliqué la préoccupation par des exemples, ne tarde pas à ajouter : « Soit que « ce droit soit exercé par un riverain ou par un étranger, « nous aurions de la peine à penser que l'antériorité de pos- « session pût porter atteinte aux droits du riverain supé- « rieur. Une prise inférieure à sa propriété pourrait-elle « altérer en rien les droits et les avantages qu'il tire de sa « position? Il n'en serait pas de même du riverain infé- « rieur au point de dérivation de l'eau. Dans ce cas, l'éta- « blissement de la prise sur un fonds supérieur à sa pro- « priété ne lui permettrait pas de méconnaître les droits

---

(1) Boniface, *Arrêts notables*, 3ᵉ partie, liv. II, tit. XIV. — Divers arrêts du Parlement ont confirmé l'avis des auteurs. — Arrêt du 30 juin 1592 entre les sieurs de la Reynarde et de Mirabeau.

Arrêt de cassation du 24 janvier 1831. Dalloz, *Servitudes*, n° 326.

La préoccupation a été aussi invoquée dans le procès du sieur Roux-Labaume contre la ville de Marseille; *Mémoire* de M. Des- soliers.

« du préoccupant, sauf le règlement d'arrosage, s'il y a
« lieu (1). »

Ses annotateurs citent un arrêt du Parlement de Provence de 1778 rendu en faveur du sieur de Curban, riverain supérieur, contre le sieur de Roux, riverain inférieur
préoccupant (2).

Plus loin, il ajoute : « Si la priorité n'est pas réglée
« par le titre ou indiquée par des ouvrages apparents,
« elle appartient au supérieur comme le résultat naturel
« de sa position : *In jure irrigandi prœdium superius alia*
« *prœcedere debet* (3). »

Le résumé de cet examen est donc que, en règle générale, la préoccupation ne produisait point de droit si elle
était séparée de la position du local, à moins qu'elle ne
fût le commencement d'une série d'actes contradictoires
pouvant, par leur répétition, ainsi que nous le verrons
tantôt, aboutir à la prescription,

Et en effet, tout le raisonnement que l'on faisait pour
justifier les conséquences étendues de la préoccupation,
c'est que les eaux étant choses *nullius*, devaient appartenir
par droit d'occupation au premier qui s'en emparerait.
S'il est démontré que pour les riverains les eaux n'avaient
pas ce caractère, il le sera aussi qu'ils ne pouvaient se
prévaloir de ce moyen particulier d'acquérir la propriété.
Or, les usages en Provence, comme la loi actuelle, attri-
buaient aux propriétaires joignants la jouissance des
rivières. Celles-ci sorties par conséquent de la communauté
négative, devaient échapper à un mode d'acquisition

---

(1) Dubreuil, n° 98.

(2) Dubreuil, annoté, idem.

(3) Dubreuil, n° 107. — Cappeau, au mot *préoccupation*, exprime
la même opinion : « à égalité de possession et à défaut de titres ou
« d'ouvrages apparents indicatifs de la priorité, elle est dans les
« règlements d'arrosage accordée au supérieur : *Propinquior fontis,*
« *prior in irrigatione.* » Ces auteurs reconnaissent par conséquent qu'il
faut quelque chose de plus qu'un simple fait d'occupation pour conférer le droit, puisqu'ils constatent la nécessité d'ouvrages apparents. — Dubreuil, annoté, n° 100.

réservé pour les seuls cas ou ni la loi ni la nature n'indi‑
quent une cause de préférence.

Ce n'est donc pas entre les riverains qu'il faut chercher
l'application véritable de la préoccupation, mais plutôt
dans l'hypothèse où l'eau, devenue chose complètement
nullius, sera susceptible d'être appréhendée par l'occupation.

Cette hypothèse, nous la trouvons lorsqu'il s'agit des
rapports de deux non riverains entre eux.

Si les riverains ne se servent point des eaux, qu'ils
négligent d'en user, elles deviennent *res pro derelictis
habitæ,* et entrent dans la communauté négative. Le pre‑
mier des non‑riverains qui fera acte de possession sera
préféré à d'autres, parce qu'il s'agit réellement d'une
chose *nullius,* et que la position du local ne vient point
déranger cet équilibre d'égalité qui est indispensable pour
permettre à l'occupation de s'exercer.

C'est là, sans doute, le sens véritable de la préoccupation
et de son application en Provence, et les citations d'arrêts
ne disent pas qu'elle ait produit son effet dans un concours
de prétentions élevées entre les riverains supérieurs et
inférieurs.

Au contraire, dans les affaires où elle a été invoquée, il
est facile de s'apercevoir qu'elle l'était, comme un moyen
de suppléer au défaut d'autres causes de préférence, ce qui
ne se rencontre guère que dans le conflit de tiers non rive‑
rains ayant appréhendé les eaux délaissées par les pro‑
priétaires joignants.

Dans ces termes, la préoccupation est utile, aussi bien
sous l'empire de l'art. 644, qu'elle pouvait l'être sous la
législation et les usages anciens (1).

Aussi, ce n'est point sans raison que Cœpolla compare
cette hypothèse à celle de deux chars qui, venant l'un vers
l'autre, sont entrés dans une voie trop étroite pour être

_____

(1) *Mémoire* de M. Dessollers pour la ville de Marseille, contre le
sieur Roux‑Labaume.

parcourue de front. Le premier qui y est entré aura sur l'autre le droit de poursuivre sa carrière (1).

Si dans ces limites, la préoccupation peut engendrer un droit de quelque étendue, elle peut encore exceptionnelle-ment, dans certains pays, devenir l'occasion d'un droit momentané et transitoire. C'est ainsi que, dans quelques quartiers du département des Basses-Alpes, on remarque un usage particulier fondé sur une tradition ancienne et qui ne tient pas compte de la position respective des héri-tages riverains. Il suffit à un co-riverain, même dont le fonds est inférieur à ceux de plusieurs autres, de devancer ceux-ci, pour que le bénéfice de l'eau lui soit acquis et que les autres ne puissent venir le déranger. Ils doivent attendre qu'il ait fini. Mais, dans aucun cas, cette première occu-pation ne survit aux actes qui la constituent, et ne fixe définitivement le droit. Chaque jour, ce privilége peut être renouvelé, tantôt au profit de l'un, tantôt au profit de l'autre; il appartient toujours au plus vigilant et s'exerce de la manière suivante : Celui qui aux premières heures du jour s'est emparé de l'eau a le droit de s'en servir pen-dant vingt-quatre heures, c'est-à-dire jusqu'au lendemain matin qui suit.

On va même quelquefois jusqu'à reconnaître comme n'étant pas nécessaire une prise de possession réelle. Il suffit d'une occupation fictive; celle qui consisterait par exemple à placer quelqu'un sur le canal ou ruisseau, à l'entrée de la propriété, pour annoncer l'intention où l'on est de se servir de l'eau.

Souvent dans la même commune un cours d'eau est régi par le droit du riverain supérieur, et tout à côté s'en trouve un autre où la préférence est au contraire accordée au premier occupant.

. Ce privilége qui repose moins sur les vrais principes du droit que sur l'application de l'adage : *Jura vigilantibus*

---

(1) Cœpolla, *De servitute aquaeductus*, n° 44-45.

subveniunt, présente le grave inconvénient de ne pas assurer l'ordre, et par suite de provoquer les disputes et les rixes. C'est là le défaut capital de cet usage qui tend à s'effacer devant le texte de l'art. 644 et devant les souhaits des hommes intelligents qui en sollicitent l'abolition.

En rendant compte des avantages attribués à la priorité d'occupation, nous ne devons pas oublier qu'elle produit partout un effet important. C'est lorsque, sa date étant certaine, elle servait de point de départ à la prescription et se rattachait à une série de faits successifs qui, par leur continuité et leur répétition, pouvaient, après un certain nombre d'années, fonder un droit, celui par exemple d'une servitude vis-à-vis des autres intéressés, consistant à les empêcher de s'opposer de quelque manière que ce fut à l'exercice du droit.

Ainsi, de même que, par titre, un riverain qui, grâce à sa position, jouissait des eaux antérieurement aux autres, peut céder son droit à l'un de ceux-ci moins bien placé que lui, de même cet inférieur peut arriver à un résultat semblable par l'effet d'une possession continuée pendant un certain nombre d'années, dont le commencement se trouve dans la préoccupation, et qui, dorénavant remplaçant le titre, devra être respectée comme lui.

Si dans les circonstances ordinaires, la priorité d'occupation ne produit qu'un droit de propriété, limité par la durée de l'acte qui s'accomplit, et aussi fugitive que le fait lui-même, laissant le droit ailleurs et au profit de celui dont le terrain est supérieur, son importance devient sensible, lorsqu'elle ne se sépare pas de ces actes matériels et continus et de ces travaux apparents qui la rendent appréciable et peuvent la compléter au moyen de la prescription.

Ainsi, presque partout, les eaux appartiennent au riverain supérieur dans la limite de ses besoins ; plus rarement elles deviennent l'objet d'un privilège en quelque sorte quotidien ou momentané pour le premier occupant. Mais quelle que soit la coutume suivie, la prescription combinée

avec la préoccupation est toujours applicable en matière
d'eaux publiques, si toutes les conditions ont été observées.

III. — Prescription. — Action possessoire. — Possession immémoriale.

Le laps de temps nécessaire pour prescrire à l'encontre
des autres riverains l'usage des eaux publiques est de
trente ans (1).

Le Code Napoléon est rédigé à peu près dans le même
sens, et les annotateurs de Dubreuil considèrent que celui
qui a établi des ouvrages apparents pour la conduite de
l'eau, n'a point autant un droit sur cette eau même, que
celui de conserver, après le laps de temps qui fonde la prescription, ces ouvrages qui conduisent les eaux sur son
fonds, sans que les riverains inférieurs aient le droit d'en
demander la démolition.

Remarquons que la position du riverain sur le cours
d'eau lui confère des droits purement facultatifs qui ne
peuvent se perdre par le non usage même trentenaire.
C'est un point de doctrine, qu'après la loi romaine, Julien,
en ses statuts, a proclamé, et qui a passé dans les principes
modernes (2). Il ne suffirait donc pas que celui qui veut
prescrire eût possédé pendant trente ans d'une manière
publique et continue ; il faudrait de plus que pour fixer
complètement le droit sur sa tête, il se fût livré à des actes
de contradition à l'encontre du riverain supérieur. C'est le
seul moyen d'obtenir cette présomption de renonciation
aux droits, de la part du fonds servant vis-à-vis du fonds
dominant. La jurisprudence est aujourd'hui d'accord avec
l'ancien droit Provençal (3).

---

(1) Dubreuil, n° 129. — Cappeau, *Législ. rur.* n° 92.

(2) Julien, *Statuts de Provence, prescription des servitudes.*

(3) Dupérier, *notes manuscrites.* — Dalloz, *Rec. pér.* 1859, 1re part.,
p. 18, jugement de Brignoles. — Dalloz, *Rec. pér.* 1853, p. 215 ; id.
1851, 2e part., p. 209.

De même, la simple jouissance du riverain inférieur pendant le cours d'une année, à l'exclusion du supérieur, ne pourrait le faire admettre au bénéfice de la possession annale qu'autant qu'il aurait formellement contredit l'usage de celui-ci, en établissant, par exemple, des ouvrages de maçonnerie sur son fonds.

Ainsi jugé, en 1840, par le tribunal de Forcalquier, dans une espèce où l'un des riverains avait construit des ouvrages sur le fonds du riverain opposé, ayant pour but de faciliter l'introduction des eaux dans sa propriété. Il demanda par ce motif à être maintenu en possession annale de la jouissance de l'eau, et sa prétention fut accueillie.

La cour de cassation a rejeté le pourvoi formé contre ce jugement, considérant : « Que les facultés, bien qu'im-
« prescriptibles par leur nature, peuvent cependant se
« perdre par la prescription lorsqu'il y a eu contradiction ;
« considérant qu'il est établi en fait que des travaux ont
« été établis sur le terrain du demandeur en cassation par
« le défendeur éventuel ; que ces travaux destinés à la
« conduite et au détournement des eaux étaient une décla-
« ration manifeste que ledit défendeur entendait s'attri-
« buer la jouissance desdites eaux au préjudice de son
« co-riverain ; que, dès-lors, la faculté qu'avait elle inté-
« rieurement celui-ci se trouvait légalement paralysée par
« la possession annale, contraire du défendeur, lequel a pu
« et a dû être maintenu dans cette possession qui réunis-
« sait tous les caractères voulus par la loi (1). »

Les effets de la possession immémoriale ont été bornés aux droits conférés par elle avant la publication du Code Napoléon ; mais dans cette limite, elle avait figuré au nombre des statuts de Provence ; car, si pour acquérir sur les eaux publiques des droits opposables aux autres intéressés, il fallait pendant un certain temps se livrer à des

---

(1) Cassation, 4 avril 1842; id. 17 février 1838. — Dubreuil, n° 316.
— Dumont; *organisation légale des cours d'eau*, n° 122. — Bertin.
n° 94 et suivants, *code des irrigations*.

actes contradictoires, il n'en était plus ainsi dans le cas
d'une possession immémoriale. Celle-ci pouvait, sans
présomption d'abandon de la part de l'un et sans contra-
riété de la part de l'autre, créer au profit du possesseur un
droit de servitude. Dupérier, résumant toutes ces hypothèses, dit : « On prescrit une eau particulière par la pos-
« session continuelle de dix ans entre présents et vingt
« ans entre absents, suivant la loi 2 *de servitutibus et aquâ*.
« Mais s'il s'agit d'une eau publique, cet auteur (Cœpolla)
« estime qu'il faut une possession immémoriale, si ce
« n'est qu'il y eust eu contestation ou contradiction depuis
« laquelle il se fust écoulé trente ans, auquel cas le droit
« en est pleinement acquis par le bénéfice de la prescrip-
« tion trentenaire (1). »

IV. — Que faut-il entendre par eaux courantes et par fonds riverain ? — Appréciation.

Par eaux courantes ne faut-il entendre que celles qui
coulent naturellement ? Si le lit se trouvant complètement
à sec, une eau privée y est jetée par les soins et travaux
d'un riverain ou d'un propriétaire d'usines qui veut s'en
servir pour son usage personnel, y a-t-il lieu d'admettre
sa prétention comme fondée ? Des décisions contraires
sont intervenues sur cette question (2).

Les eaux courantes et publiques appartiennent pour
l'usage aux riverains, ou mieux encore, aux propriétés
qui les bordent, sauf bien entendu, les droits préférables
acquis par suite de titres, prescription ou possession. Mais
où sera la limite du droit du fonds riverain ? Aura-t-il,
s'il est très-considérable, pour toutes ses parcelles, même

(1) Dupérier, *notes manuscrites*, v° Eau.

(2) Cassation, 21 juin 1859. — Dalloz. rec. pér. 1857, 2e part. p. 181.
— Dumont, n° 121.

les plus éloignées, un privilège semblable ? Et s'il vient à être augmenté par de nouveaux héritages, sans perdre son unité, l'irrigation pourra-t-elle s'étendre à ces nouvelles acquisitions ?

On a toujours reculé devant des solutions générales. Car il est incontestable que, dans les espèces variées qui sont susceptibles de se présenter, le fait domine le droit, et les circonstances diverses modifient l'application des principes. L'équilibre à conserver entre tous les riverains autorise le pouvoir discrétionnaire des tribunaux. Une circulaire du Ministre de l'agriculture du 16 août 1854 posait diverses questions concernant les eaux. L'une d'elles est ainsi conçue :

« Y aurait-il utilité de décider que les propriétaires riverains
« qui ajoutent de nouveaux héritages à ceux qu'ils possèdent le
« long des cours d'eau, ou ceux dont les héritages sont séparés
« d'un cours d'eau par un chemin public peuvent être admis à
« profiter du bénéfice de l'art. 644 (Code Napoléon). »

La commission du Conseil général des Bouches-du-Rhône reconnut que le principe de l'art. 644 se suffisait à lui-même et qu'il y aurait danger à le compléter par des principes accessoires qui seraient toujours plus ou moins régis par la prépondérance des faits. Elle ajoutait ; « Qu'il « ne fallait pas formuler pour telle ou telle hypothèse un « privilège dont l'application légitime en quelques cas « pourrait être injuste dans d'autres, et que le parti le « plus sûr était de s'en rapporter aux juges dont la décision « serait d'autant plus équitable qu'elle ne sera gênée par « aucune règle absolue (1). »

Les auteurs qui se sont placés en présence de cette question ont été conduits à la résoudre de la même manière. « Nous reconnaissons qu'il convient de laisser aux tribu- « naux un pouvoir à peu près discrétionnaire en cette « matière. La position des lieux, le volume plus ou moins

(1) *Délibération du Conseil général. — Rapports au tribunal.*

« considérable du cours d'eau , et bien d'autres circons-
« tances seront de nature à influer sur leur décision (1). »

V. — Des ruisseaux formés par les eaux pluviales et les égoûts des fontaines. — Droit des riverains.

Il n'est pas de cas où le droit du riverain supérieur considéré comme premier occupant , s'exerce avec moins de
restriction qu'en matière d'eaux pluviales. *Res nullius* ,
elles appartiennent en tombant au propriétaire du sol qui
les reçoit par droit d'occupation. A son égard, la prescription trentenaire et contradictoire est de nul effet à cause
du caractère discontinu et purement accidentel du cours
formé par ces eaux. De même la possession immémoriale
ne conférait sur elles aucun droit , non-seulement en Provence, mais encore dans le ressort de plusieurs autres par-
lements (2).

Si elles coulent dans un fossé bordant une voie publique,
le riverain supérieur est encore préféré et il lui sera toujours permis de les dériver dans son fonds , quoiqu'il eût
négligé pendant longtemps de s'en servir, et que le propriétaire , venant après lui , eût profité de cela pour se les
approprier au moyen de travaux apparents.

Un procès s'était élevé entre les dames de Peynier et le
sieur Roccas au sujet des eaux pluviales de la commune
de Trets. Celui-ci, plus rapproché de l'endroit par où elles
sortaient de la ville, se les appropria sans égard à une
possession très-ancienne des dames de Peynier, et la cour
d'Aix, par un arrêt du 18 août 1820, reconnut le droit de
Roccas, et décida que par eau courante , on ne doit point
entendre les eaux pluviales qui n'ont qu'une existence et

(1) Dumont, n° 115.
(2) Duranton.— Voir cependant en sens contraire : Daviel ; Pardessus ; Troplong.

un cours accidentels ; qu'elles échappent à une possession permanente et régulière pouvant servir de base soit à la prescription , soit à l'action possessoire ; qu'enfin , elles appartiennent toujours au premier occupant. Cet arrêt fut confirmé en cassation le 14 janvier 1823.

La complainte ne peut donc avoir lieu pour les eaux pluviales coulant sur le bord des propriétés riveraines , et de nombreuses décisions modernes ont confirmé le principe que les eaux pluviales appartiennent au riverain supérieur (1).

Par exception, les communes peuvent disposer des eaux pluviales qui s'amassent le long des chemins publics ou sur les terrains communaux (2).

Les égouts ou versures des fontaines publiques appartiennent aussi par droit de priorité au propriétaire le plus rapproché, à moins qu'il n'y ait règlement ou prescription. C'est ainsi qu'il faut entendre la citation de Dubreuil , en son *Traité des eaux* « Un arrêt rendu en 1778 au Parle-« ment de Provence , jugea que le sieur de Roux, quoi-« qu'il eut la préoccupation des égouts d'une fontaine « publique de Sisteron , ne pourrait s'opposer à ce que le « sieur de Curban, propriétaire supérieur, se servit de ces « égouts qu'il avait laissé aller pendant longtemps sans « en user (3). »

_____

(1) Dunod , *Des choses imprescriptibles*, p. 93 ; arrêt du Parlement de Paris du 5 avril 1710. — Journal des Justices de Paix, t. 4. — Dalloz , *répert. Servitudes*. n° 336 et suiv., *rec. pér.*, 1851, 1" part., p. 38.

(2) Daviel, *Irrigation*, n° 8. — Dalloz , *répert. Propriété*, n° 127-128.

(3) Dubreuil. annoté, n° 98.

CHAPITRE II.

RÈGLEMENTS.

I. — Considérations préliminaires.

Les règlements d'eau sont la conséquence naturelle des droits que tous les riverains peuvent invoquer sur les eaux publiques qui sont choses communes. Jusqu'ici, la jouissance des eaux ne s'est présentée à nous que comme un privilége attribué tantôt au riverain supérieur, tantôt au premier occupant, et du privilége à l'abus il n'y a pas loin. Les règlements, au contraire, font disparaître les inégalités, produisent l'économie, assurent la concorde, et un aperçu sommaire de leur historique, de leurs caractères principaux comme de leurs particularités, doit répondre à la question posée dans le programme en ces termes :

« Existe-t-il dans le canton des règlements particuliers et « locaux sur le cours et l'usage des eaux, soit antérieurement « au Code civil, soit postérieurement à sa promulgation ? En « cas d'affirmative, quels sont-ils ? »

Quoique la priorité de l'occupation provenant de la position sur la rive ne conférât qu'un droit d'usage des eaux publiques proportionné aux besoins des riverains, néanmoins, le propriétaire supérieur n'apportait pas toujours dans l'exercice de son droit la mesure désirable, et ménageait trop peu l'intérêt des voisins qui se trouvaient en-dessous. Alors, ceux-ci faisant valoir les raisons tirées de leur situation, et le principe que les eaux appartiennent à tous pour l'usage, demandaient à l'autorité compétente de fixer par des règlements le mode de jouissance de chacun d'eux.

« Il est décidé dans la loi *imperatores*, 17. D. *de servi-*
« *tutibus prædiorum rusticorum*, que l'eau publique doit
« être divisée parmi ceux qui en peuvent arroser leurs
« terres, eu égard à leurs possessions, si quelqu'un ne
« montre qu'il y a un plus grand droit (1). »

Mais ces règlements faisant la répartition suivant la contenance n'avaient pas tous la même origine. Les uns remontaient à l'autorité des souverains, comtes de Provence, qui, dans certains cas, avaient réglementé l'usage des eaux ; et c'est ainsi qu'en 1325, le roi Robert opéra la distribution des eaux entre divers riverains de la Torse ou *Touesse*.

D'autres avaient pour cause la concession faite par les seigneurs. Ceux-ci établissaient fréquemment au profit des particuliers certains droits sur les rivières qui traversaient leurs seigneuries. Les règlements consentis en cette qualité étaient valables ou acceptés comme tels ; car, en beaucoup d'endroits, l'omnipotence des seigneurs les avait fait considérer comme propriétaires de tous les cours d'eau. Quand cette prérogative leur était contestée, ce qui arrivait souvent, et que, seigneurs et riverains se disputaient la jouissance des rivières, les transactions prenaient la place des concessions, et beaucoup d'entre elles sont encore observées aujourd'hui.

Les intendants, les assemblées du pays et le Parlement de Provence concoururent aussi à l'adoption de mesures réglementaires prises, tantôt pour assurer dans un intérêt général la libre circulation et la distribution des eaux, tantôt pour homologuer les conventions respectives des riverains. Mais, il ne paraît pas que le droit de rédiger des règlements, en vue d'un intérêt collectif, descendît jus-

---

(1) Julien. *Statuts de Provence*, t. II, p. 551. — Dubreuil, nᵒˢ 108, 268.

qu'aux juges subalternes qui devaient s'abstenir dans ces sortes de matières (1).

Immédiatement après 1789, ceux présentés par le Conseil général des communes et approuvés par le Directoire du département furent obligatoires. Enfin, un grand nombre sont le résultat de conventions intervenues entre les habitants de diverses communautés, et quoique rédigés en vue d'une collection de personnes, ils n'en sont pas moins la consécration d'intérêts privés qui doivent être placés sous la sauvegarde des articles 615 et 1131. (Code Napoléon).

Les règlements à faire aujourd'hui sont tous de la compétence de l'autorité administrative, et si l'on en voit quelques-uns qui émanent des tribunaux, ce n'est point à titre de mesure générale et règlementaire, mais parce que ceux-ci avaient à se prononcer sur des intérêts en litige.

Il est à remarquer que la cause principale de ces règlements d'eau se trouve dans la nécessité où l'on était d'assurer le fonctionnement des usines et surtout des moulins à farine et à huile. Car, à cette époque, l'eau était à peu près l'unique moteur, et ne pouvait être remplacée par les moyens dont l'art moderne a doté l'industrie. Aussi voit-on :

1° Que les eaux n'étaient le plus souvent réglées pour l'usage que dans la partie supérieure aux moulins. En dessous, on paraissait ne s'occuper que très-peu du soin de les aménager d'une manière profitable à l'agriculture ;

2° Que la presque totalité des eaux était consacrée aux usines.

Nous allons retrouver successivement de nombreuses preuves de ces deux faits.

Quand la mouture du blé, à laquelle on devait songer

---

(1) Dumont, n° 98. — Daviel, n° 151. — Dalloz, *répert. Eau.* — Dubreuil, n° 106. — *Bulletin des arrêts de la Cour Impériale d'Aix,* rapportant un jugement du tribunal de Tarascon du 12 février 1858, et un arrêt de la Cour d'Aix du 27 janvier 1860 : 1ᵉ liv. 1860.

avant tout dans un intérêt public, était garantie contre le danger que faisait craindre l'abus de certains propriétaires supérieurs, on laissait les eaux suivre leur cours naturel sans les soumettre à la discipline du règlement. Par une transaction du 7 janvier 1567, sur les eaux de Saint-Pons, dans la commune de Gèmenos, la partie supérieure aux moulins est soumise à un règlement qui cesse d'être en vigueur pour la partie inférieure. On peut faire la même remarque au sujet d'un règlement d'arrosage du 16 mars 1693, entre le seigneur et les habitants d'Orgon. Les arrosages supérieurs au moulin ne peuvent avoir lieu que du samedi au dimanche soir ; ceux inférieurs ne sont point réglés (1).

Le département du Var fournit à l'appui plusieurs exemples. A Hyères, un grand canal fait mouvoir les moulins. En amont, divers règlements affectent alternativement les eaux soit aux terres, soit aux usines. Mais, leur application n'a point été étendue aux terrains qui sont situés en aval (2). Une dérivation de la rivière d'Argens à Montfort présente encore ce caractère ; les terrains supérieurs aux usines ont été appelés à jouir de l'eau pendant un jour de la semaine, et ce règlement a été maintenu par l'usage. Mais inférieurement, les eaux ne sont plus réglées (3).

L'usage des eaux pour l'irrigation, en Provence, était presque toujours subordonné aux besoins des moulins et usines. Ceux-ci, dans les localités où les règlements anciens sont encore en vigueur, jouissent des eaux pendant le plus grand nombre des jours de la semaine ; l'agriculture n'occupe que le second rang.

---

(1) Estrangin sur Dubreuil, t. II, p. 521 et 525.

(2) Par un arrêt du 17 mai 1861, la Cour d'Aix, statuant relativement aux moulins d'Hyères, a décidé que les banalités établies par convention entre une communauté d'habitants et un particulier non seigneur, sont exceptées de la suppression générale des banalités prononcée par les lois de 1790 et 1791 abolitives de la féodalité. (Bulletin des arrêts, 1861, p. 225.)

(3) Bosc, *Rapport sur les cours d'eau du Var.*

Cela se remarque dans plusieurs cantons : à Aix, pour les eaux des Pinchinats ; à Salon, pour le canal des moulins dérivé de la Touloubre, etc., etc.

Dans le Var, à Fréjus, Correns, Vidauban, Rougiers, Varages, Comps, Lorgues, Ferres, etc., les moulins jouissent plus longtemps des eaux que les arrosages, et il en est de même dans plusieurs communes du département des Basses-Alpes.

Ces exemples, qu'il aurait été facile de multiplier, suffisent pour démontrer combien la faveur attachée aux usines au détriment de l'agriculture était générale en Provence. Ce n'est point que cette époque là pût être considérée comme profondément industrielle ; mais il fallait pourvoir aux premières nécessités de la vie. On ne saurait admettre cependant que les fonds supérieurs dussent être sacrifiés complètement aux usines. Il y avait, dans toutes ces questions, à consulter la situation respective des riverains arrosants et des usiniers. Les titres et la possession ancienne des premiers devaient être pris en considération, et le principal avantage qui revenait aux moulins était de laisser à la charge de leurs contradicteurs le fardeau de la preuve : « On a tenu longtemps que les moulins étaient préférables « à l'irrigation, et l'on en concluait qu'il n'était point per- « mis d'en détourner ou arrêter les eaux pour arroser des « héritages. La faveur qu'on accordait alors aux moulins « était due à leur rareté, et par conséquent exigée par la » nécessité publique ; elle n'allait cependant pas toujours « jusqu'à l'emporter sur le titre ou la possession des « arrosants. Tout ce qu'elle opérait, était de soumettre « ceux-ci à la preuve, et de donner au moulin la préférence « sur les arrosages, quand ils ne la rapportaient pas. C'est, « au moins, ce qui résulte des observations de M. de Latou- « loubre sur l'arrêt que rapporte Dupérier (1). »

---

(1) Cappeau, *code rural*, v° *Moulins*. — Idem, *Législ. rur.* t. I, p. 429 et suiv. — Dupérier, *Rec. d'arrêts*, t. II, v° *Moulins*.

· Si, dans le partage des eaux entre les arrosages et les moulins, la balance penchait ordinairement du côté des derniers, néanmoins, cette préférence ne pouvait se changer en monopole pour eux et en prohibition absolue pour les arrosages, que dans le cas très-rare d'une utilité véritablement publique et générale. L'ordonnance de Louis III, comte de Provence, de l'année 1426, relative aux moulins situés sur le cours de la *Touesso*, établissait à leur profit une prérogative excessive, celle de la jouissance exclusive du cours d'eau. L'état de choses créé par cette ordonnance dura jusqu'au commencement du XVIII° siècle (1).

Ce privilége qui protégeait l'industrie, et nuisait à l'essor des intérêts agricoles, ne prenait pas sa source dans un sentiment d'hostilité envers l'agriculture, mais plutôt dans la crainte qu'inspirait le chômage des moulins. Lorsque ceux-ci étaient suffisamment pourvus, et qu'ils pouvaient se passer momentanément de toutes ou partie des eaux auxquelles ils avaient droit, l'usage permettait quelquefois de consacrer le superflu à l'irrigation des propriétés riveraines. Dans une transaction du 4 janvier 1315, entre le représentant du seigneur et les syndics de Manosque, il fut convenu, que les riverains du béal du moulin de Palais pourraient arroser des eaux superflues. Le règlement du 14 juillet 1782, applicable à la commune de Coursegoules, après avoir édicté une amende contre ceux qui auront détourné l'eau des moulins à blé et à huile, ajoute que les meuniers ne pourront refuser de les laisser prendre, si les moulins ne travaillent actuellement.

Par réciprocité, bien souvent dans les mois de sécheresse, on voyait faire prohibition aux propriétaires de prairies de dériver les eaux, pour l'arrosage, quels que fussent leurs droits, quelque immémoriale que fût leur possession, par la raison que l'usage des moulins intéressait le bien

(1) Dubreuil, n° 182. — Dupérier, *Rec. d'arrêts*, t. II.

public. Cette règle a été fréquemment appliquée, à Marseille, pour assurer le service des fontaines alimentées par les eaux de l'Huveaune.

Les moulins jouissaient donc, en général, de certains avantages, et même leur prédominance s'établissait quelquefois d'une manière absolue. Lorsqu'ils étaient bâtis sur des rivières seigneuriales, le seigneur auquel ils appartenaient s'attribuait privativement l'usage du cours d'eau, et s'il faisait des concessions aux particuliers et aux communautés, il les entourait de restrictions nombreuses qui ne laissaient à l'irrigation qu'un rôle très-secondaire.

Ces avantages, qui suivaient l'établissement des moulins, avaient donc plusieurs causes. La première et la plus importante sans doute se trouvait dans la satisfaction des besoins publics ; mais ce n'était pas la seule : car le roulement d'un moulin se présentait avec des chances plus certaines et plus immédiates de bénéfice que l'irrigation d'un champ, et les règlements opérant la distribution des eaux, qu'ils fussent émanés des seigneurs ou des autres, se ressentaient nécessairement de cette situation précaire et arriérée dans laquelle était placée l'agriculture. Aussi, si l'on ne rencontre point de texte formel qui déclare hautement que les eaux seront affectées aux moulins plutôt qu'aux arrosages, cette préférence ressort du moins de l'ensemble des faits et des usages, et il a fallu trois siècles, pour que l'agriculture fût appelée à jouir de la faculté de dériver les eaux à travers les fonds intermédiaires qui avait été accordée aux moulins par l'édit Provençal de 1547.

Les choses restèrent en cet état jusqu'à la révolution. Mais la loi du 15 mars 1790 abolit les prérogatives seigneuriales et les banalités. Cependant, elle fit exception pour les moulins qu'elle plaça sous la sauvegarde de la loi. La conséquence de cette législation nouvelle a été, qu'un grand nombre de moulins seigneuriaux situés en Provence et qui participaient du droit exclusif que nous avons mentionné, ont vu depuis la révolution leur privilége notablement modifié, sans qu'il ait été anéanti. Là, où ils existent encore, ils n'ont pas perdu tous les droits qui leur étaient propres, c'est-à-dire que, les articles 644 et 645 du Code Napoléon, et 26 de la loi du 15 mars 1790 doivent concourir à fixer leur étendue. De même que, le moulin ne peut exiger que le propriétaire d'amont se prive totalement des eaux de la rivière, de même celui-ci ne peut alléguer une préférence absolue tenant à sa priorité. Car, si les moulins seigneuriaux sont maintenus, c'est évidemment avec la quantité d'eau nécessaire pour qu'ils puissent fonctionner, et de leur côté, les représentants des anciens seigneurs ne peuvent se prévaloir d'un droit exclusif et privatif, qui est en opposition formelle avec le droit commun moderne (1).

Si les moulins, antérieurement à 1789, ont été cédés par les seigneurs à des particuliers, le titre de la concession devra être respecté, et à défaut d'un acte exprès, une possession ancienne et exercée sans trouble tiendra lieu de titre, et pourra le remplacer. Cela résulte aujourd'hui de la doctrine des auteurs et de la jurisprudence (2). Mais dans l'un comme dans l'autre cas, quelque étendu qu'ait pu être dans le principe le droit du concessionnaire, il sera restreint par l'économie des articles 644 et 645, qui laissent aux magistrats le soin de concilier les droits acquis avec les divers besoins de l'agriculture et de l'industrie.

Ces principes sont également suivis dans le ressort de la Cour impériale d'Aix, lorsque l'autorité judiciaire est investie du droit de faire des règlements sur le cours et l'usage des eaux. Un jugement du tribunal d'Aix a été rendu en ce sens le 22 décembre 1858 (3).

(1) Arrêt de Cassation du 21 juillet 1831; Lombard-Quincieux.

(2) Pardessus, n° 94. — Daviel, n° 603-604. — Dumont, n° 112

(3) Une contestation s'étant engagée entre deux riverains de l'Arc, par suite de travaux que le propriétaire supérieur avait faits pour dériver partie des eaux, ce dont se plaignait l'inférieur, propriétaire d'un ancien moulin, le tribunal d'Aix a statué que tout en reconnais-

A plus forte raison, les règlements faits entre les riverains d'une part et le seigneur de l'autre, autant en cette qualité que comme propriétaire riverain lui-même, doivent être maintenus (1).

Telle était avant le code Napoléon la supériorité des moulins, que la plupart des règlements avaient été rédigés en vue de ceux-ci, et qu'ils faisaient souvent fléchir le privilége naturel conféré aux riverains les plus rapprochés de la source du cours d'eau. Cela était cause que les règlements, ne s'appliquant qu'à l'irrigation seule, étaient beaucoup plus rares.

La nature torrentielle d'un grand nombre de cours d'eau expliquait aussi la rareté des règlements remarquée dans certaines localités, et le département des Basses-Alpes notamment.

Les règlements s'appliquent aux eaux courantes, et faut-il considérer comme telles les eaux pluviales dont le cours est discontinu et accidentel? Nous avons déjà fait observer qu'elles ne figuraient pas parmi les eaux courantes. Pour celles-ci, soit qu'elles coulent sur les propriétés particulières, soit qu'elles descendent dans un fossé bordant la voie publique, le riverain supérieur sera toujours préféré, et il lui sera permis de dériver l'eau dans son fonds, encore qu'il eût négligé pendant longtemps de s'en servir, et que le propriétaire venant après lui eût profité de cela pour se l'approprier au moyen de travaux apparents (2).

Cependant, quoique les eaux pluviales échappent aux effets de la prescription, on ne pourrait en dire autant du règlement. L'autorité municipale conserve toujours la police des eaux qui s'amassent dans les rues, et en dispo-

sant les droits acquis par ce moulin, fondés sur une possession très-ancienne, ils n'étaient point cependant suffisants pour priver le propriétaire supérieur d'un usage qu'il puise dans l'art. 644.

(1) Arrêt de la Cour d'Aix du 6 juillet 1812. — Arrêt de Cassation du 8 septembre 1814; Garnier, t. III, notes.

(2) Dubreuil annoté, n° 88, note.

sant de celles qui coulent sur un fonds qui lui appartient, elle ne fait que se procurer une compensation pour les frais d'entretien qui restent à sa charge. Un assez grand nombre d'auteurs professent cette doctrine, et il n'y a pas de raison de croire qu'il en fût autrement en Provence, avant le Code Napoléon (1).

La discontinuité de certains cours d'eau, des torrents, par exemple, et des ruisseaux formés par les eaux pluviales, les rend insusceptibles de réglementation, et les propriétaires qui reconnaissent que l'eau ne pourrait servir à l'usage de tous, ne cherchent point à gêner par des prétentions mal fondées, l'exercice d'un droit que le riverain supérieur emprunte à sa position. Comme en Provence, une quantité considérable de cours d'eau ne coulent que pendant une partie de l'année, il n'est pas étonnant que les règlements distributeurs soient en petit nombre ; et même dans les communes où ils existent, on cesse de les appliquer, et le droit du riverain supérieur renait, par suite d'un accord tacite, lorsque les eaux, devenues très-basses, ne peuvent suffire à tous les intéressés (2).

C'est encore là un des avantages que la position de l'héritage supérieur attribue, relativement aux parcelles situées en aval, sur le cours du ruisseau ou canal.

Mais au contraire, quand les sources sont assez abondantes, pour ne pas cesser de couler, pendant l'été, d'une manière profitable à tous, et quand des règlements anciens et modernes ne viennent point déterminer le mode, l'étendue et l'époque de la jouissance, de nombreuses réclamations tendent à faire diminuer la possession abusive de certains propriétaires situés en amont. Dans le département du Var, on a constaté que plusieurs difficultés avaient leur origine dans l'absence de ces règlements. On se plaint de ce que sur certaines rivières, l'Argens entre autres, des

_____

(1) Daviel, t. II, n° 802, *Pardessus*, *Servitudes*, n° 79. — En sens contraire, Demolombe, n° 116.

(2) *Argument d'Analogie* tiré du § 86 de Cappeau.

barrages, élevés par quelques propriétaires, privent plusieurs communes des bénéfices qu'un système d'irrigation bien entendu procurerait à l'agriculture. Les eaux excèderaient de beaucoup les besoins de ceux qui en profitent, et il serait juste de répandre l'arrosage sur une plus vaste étendue (1).

II. - Droit exclusif des riverains.—Jouissance par temps. — Retour hebdomadaire de l'irrigation. — Quantité d'eau suivant la contenance. — Exemples dans le département du Var.

Les règlements, qui viennent régulariser les droits de tous les propriétaires riverains, différents en certains points, ont entre eux quelques caractères communs que l'on peut résumer ainsi :

1° On remarque que l'attribution de l'eau faite aux usines, antérieurement à la révolution, est ordinairement plus large ;

2° La base de la répartition est empruntée à la contenance. Julien dit que ; l'eau publique doit être divisée parmi ceux qui en peuvent arroser leurs terres, eu égard à leurs possessions, si quelqu'un ne montre qu'il y a un plus grand droit (2) ;

3° Les riverains seuls ont le droit de les provoquer, toutefois en respectant les droits acquis à leurs coriverains, soit même à des tiers par concession, titre, prescription ou usage immémorial (3) ;

4° L'usage le plus répandu est de faire jouir par temps, et non par volume. Nous signalerons, plus loin, les causes de ce mode de distribution ;

5° Le renouvellement périodique de l'irrigation, à quelques rares exceptions près, a lieu toutes les semaines ;

(1) Boso, *Cours d'eau du département du Var.*
(2) Julien, *Statuts de Provence*, t. II, *Servitudes.*
(3) Dubreuil, n° 133. — Dupérier, *notes manuscrites*, v° *Eau*

6° La mesure habituelle de l'arrosage est ou doit être de 0,75 centil. à 1 litre par seconde, pour un hectare.

Avec ces caractères communs et généraux qui se retrouvent à peu près dans tous les règlements, il en est qui contiennent des clauses particulières, qui sont la reproduction d'une ancienne coutume, ou l'expression d'un progrès introduit.

Le Var est un des départements les mieux partagés sous le rapport des irrigations ; et il doit nécessairement en être ainsi. Car, les pentes y étant moins abruptes que dans les autres, et les collines surtout s'y trouvant moins déboisées, il s'ensuit que l'eau, plus longtemps retenue, s'écoule avec plus de mesure et entretient cette infinité de petites rivières, dont le nom est à peine connu, mais qui portent dans les vallées de ce département la fraîcheur et l'abondance. Il est sillonné par de petits canaux ; ses rivières, coupées par des saignées particulières, distribuent l'irrigation entre de nombreux riverains, et s'il faut en croire les rapports dressés par les hommes compétents, la zone arrosable pourrait être agrandie par l'effet d'une répartition plus intelligente et plus économique (1).

C'est à ce département, que nous emprunterons la plupart des règlements qui doivent accompagner les observations, que nous avons à présenter, en réservant pour des chapitres spéciaux ceux des Bouches-du-Rhône et des Basses-Alpes, dont l'examen peut offrir quelque intérêt.

Dans le département du Var, comme ailleurs, et probablement sous l'influence des causes exposées ci-dessus, l'industrie, jusqu'à ce jour, a été plus largement dotée que

_____

(1) M. Bosc a fait un rapport complet sur les cours d'eau du département du Var. Ce travail est mentionné dans la *Circulaire du Ministre de l'Agriculture du 10 juillet* 1846, qui a pour but de prescrire dans tous les départements, la recherche du volume des cours d'eau non navigables qui serait susceptible d'être affecté sans inconvénient pour l'industrie à l'irrigation des terres. L'auteur constate que, les eaux disponibles excédant les besoins de ceux qui s'en servent actuellement, pourraient sans préjudice pour ceux-ci servir à arroser de nouveaux terrains qui en sont dépourvus.

l'agriculture (1). Cette inégalité cessera bientôt, sans doute, d'autant plus que tout le volume disponible n'est pas utilisé. Déjà même, avant la circulaire de 1846 qui a fait un appel à tous les départements, afin qu'ils aient à étudier et à tirer le meilleur parti possible de l'étendue de leurs ressources hydrauliques, les règlements modernes ne portaient plus, comme les règlements anciens, ce caractère d'une faveur extrême pour les moulins. La loi interprétée par les tribunaux et l'administration, qui estiment, à leur véritable prix, les services rendus par l'agriculture et l'industrie, et la protection qu'ils doivent accorder à chacune d'elles, ne laisse plus éclater ces préférences que les circonstances ne justifiaient pas toujours (2).

« L'eau est un don de la nature ; elle est commune à
« tous les propriétaires riverains ; tous doivent donc en
« user de manière à ne pas priver les autres du même
« usage. Il est contre toute équité, que l'avantage soit
« entièrement d'un côté, et qu'il ne reste de l'autre que le
« préjudice. Les moulins sont très-utiles au public ; mais
« ils ne sont pas préférables à l'arrosement des héritages.
« L'eau est l'élément de l'agriculture ; on peut construire
« des moulins à vent ; on peut suppléer à l'eau par la
« mouture mécanique des grains ; rien ne peut tenir lieu
« de l'eau pour la fertilisation des domaines (3). »

En parcourant quelques-uns de ceux dont la date est récente, on remarque qu'en effet la répartition y est faite d'une manière assez égale. Il en est ainsi à Barjols, par un règlement du 17 mars 1833 ; à Besse, par un règlement de 1823 qui assigne 82 heures heures pour l'irrigation des terrains supérieurs aux moulins à farine ; à Ollioules, par un règlement du 22 mai 1803, etc., etc.

La confection des règlements d'eau est actuellement de

(1) Noyon, *Statistique du Var*, p. 600, 601. — Bosc, p. 150.
(2) Sirey, t. 9, p. 316. — Garnier, n° 768.
(3) Merlin, *Rép.* v° *Moulin*, § 12.

3

la compétence de l'autorité administrative. Depuis la loi des 12 et 20 août 1790, c'est, suivant les cas, tantôt au préfet, au ministre ou au pouvoir exécutif qu'il appartient de les dresser ; au préfet, lorsqu'il n'y a à régler que la distribution des eaux ; au pouvoir exécutif, agissant en vertu d'une ordonnance et avec l'avis du conseil d'état, lorsque le règlement se complique de la répartition de certaines charges entre les intéressés (1).

La manière dont s'effectue la distribution de l'eau n'est pas uniforme dans tous les règlements. Pour qu'elle existe aussi égale que possible entre tous les ayants-droit, on la fait soit par temps, soit par mesure, ou même par la combinaison de ces deux modes, c'est-à-dire que pendant tant d'heures, on aura droit à tel volume d'eau. Dans le deuxième et dernier cas, la dimension de l'ouverture sert à mesurer le débit du liquide, et dans le premier, le riverain dispose seul de l'eau pendant le temps fixé par le règlement.

« Ce dernier moyen sera même le seul possible sur les
« cours d'eau qui ne peuvent suffire à la fois aux besoins de
« tous les riverains. Dans ce cas, on en accorde exclusi-
« vement et successivement, à chacun d'eux, l'usage pen-
« dant un temps déterminé, et ce mode de distribution est
« généralement adopté partout où les eaux sont rares (2). »

L'usage simultané, en divisant le courant principal en plusieurs dérivations de peu d'importance, enlève à chacune d'elles la force motrice qui est la principale puissance de l'eau, et la soumet ensuite sur une plus grande surface aux déperditions naissant de plusieurs causes, et surtout de l'insolation.

En Provence, l'abaissement des eaux est considérable pendant l'été, saison des arrosages, et il convenait de

---

(1) Dumont, n° 103. — Bertin, n° 174. — Dufour, 232. — *Décret du 25 mars 1852.*

(2) Cappeau, n° 84. — Dubreuil annoté, t. I, p. 180, note. — Pardessus, n° 116. — Merlin, *Rép.* v° *Moulin*, § 12. — Nadault de Buffon, t. III, p. 31. *Hydraulique agricole.*

donner la préférence au mode qui partage les eaux par mesure de temps. C'est effectivement ce que l'on remarque dans la plupart des règlements d'eau du département du Var, où la distribution est faite par ordre de jouissance successive et non par volume.

Comme aussi, la quantité d'eau étant ordinairement plus volumineuse dans la partie supérieure du canal ou ruisseau, on voit quelquefois le règlement appliquant l'usage simultané pour les supérieurs, et l'usage successif pour les inférieurs. Ces derniers peuvent ainsi mieux utiliser ce qui leur reste. Le règlement des Pinchinats, à Aix, des années 1639 et 1644 est conçu dans ce sens: En dessous de la ville, les particuliers jouissent par heures; en dessus, par volume, au moyen de *butières* d'une dimension déterminée placées sur les berges du canal.

Dans les communes où l'on a adopté l'arrosage simultané, les possédants-biens sont exposés plus facilement à souffrir de l'insuffisance d'eau. Au Luc, les eaux après avoir servi au fonctionnement des moulins, sont dévolues aux propriétés voisines. Lorsque leur tour est arrivé, chacun des propriétaires reçoit en même temps la part d'eau qui lui a été concédée.

Mais par les raisons précédemment déduites, les règlements qui limitent le temps de l'arrosage, sans déterminer le volume, sont les plus nombreux.

A Barjols, un règlement de 1641 accorde l'usage des eaux aux arrosants, du mercredi matin au jeudi matin et du samedi matin à l'heure de minuit du lundi. Le reste du temps, elles sont affectées au service des moulins. La distribution de l'eau était opérée par ordre et non par volume. Un nouveau règlement du mois de mars 1833 consacra l'état de choses suivi depuis un temps immémorial, et il a aussi divisé les eaux par nombre d'heures (1).

---

(1) Autres règlements dans la commune de 1650, du 30 juillet 1685 et 6 mars 1757.

La commune de Saint-Zacharie possède également un règlement à heures; c'est celui du 2 septembre 1764, homologué par un arrêt du Parlement du 10 février 1765. La même clause se retrouve dans le règlement du 23 mai 1803 qui régit les irrigations à Ollioules, et dans un grand nombre de communes, parmi lesquelles on peut citer Draguignan, Camps, Trans, Saint-Césaire, Fayence, Hyères, Le Val, Roquebrussanne, Varages (règlement de 1749), Bauduen (règlement du 27 avril 1817), etc., etc.

Ces règlements font connaître les heures auxquelles commence et finit le tour d'irrigation de chaque riverain; tous doivent s'y conformer, afin d'éviter la confusion que l'ordre établi a précisément pour but de faire disparaître. Des peines sont ordinairement édictées contre les contrevenants.

La jouissance des eaux n'est plus permise en dehors des heures réglées. Cependant, ce droit d'usage concédé par la loi et limité par le règlement fait partie du patrimoine du riverain, et doit compter parmi les choses dont il a le droit de disposer. Les conditions de la cession seront toutefois subordonnées à ce que l'intérêt des autres arrosants n'ait point à souffrir de cet arrangement. Les usages concordent sur ce point avec l'avis des jurisconsultes. Car, si parmi une douzaine d'arrosants, le huitième cède son droit au second, une double conséquence s'ensuit : le neuvième, au lieu de recevoir immédiatement les eaux, sera obligé d'attendre qu'elles aient parcouru le front de propriété de presque tous les ayants-droit avant d'arriver jusqu'à sa prise, et comme le lit sera resté à sec sur une assez grande distance et pendant toute la période d'arrosage attribuée au cédant, une absorption inévitable se produira au détriment du propriétaire inférieur et, plus encore, un retard dans la jouissance (1).

La cession ne pourrait être faite à un tiers non riverain

(1) Dubreuil, n° 125. — *Règlement à Varages* 1749.

que du consentement de tous les usagers bordant l'eau courante (1).

Lorsque quelques-uns des intéressés font entre eux de semblables accords, tous les autres qui ne sont point parties peuvent exiger qu'il n'en résulte pour eux aucun préjudice, c'est-à-dire, qu'ils doivent recevoir l'eau à l'heure même assignée par le règlement, et sans retard ou diminution dans le volume provenant des causes signalées plus haut.

Voilà pour le cas où l'un des riverains transmet à un autre son droit d'usage sur les eaux. Mais, si le riverain se borne à ne point s'en servir pendant les heures de sa jouissance et qu'il n'ait pas cédé son droit d'usage à un autre des intéressés, on se demande qui pourra les utiliser? Dans un assez grand nombre de cantons, cette eau qui ne suit plus sa destination réglementaire ne sera pas divisée proportionnellement entre tous les autres riverains. Mais, le propriétaire immédiatement inférieur se trouvant en présence d'une chose que pour le moment l'administration ne confère à personne, puisque le seul ayant-droit néglige de s'en servir, s'en empare par droit de première occupation et à cause de son caractère de *res nullius*. A moins de dispositions contraires dans les règlements, le propriétaire inférieur cumule ainsi les heures de son voisin et les siennes propres ; pour celles-ci, suivant le titre, et pour celles-là, à cause de sa position de riverain supérieur. Cet usage est suivi à Soliès, près Toulon.

Mais c'est une coutume contraire qui régit la même hypothèse à Varages. Il existe dans cette commune un règlement très-détaillé de l'année 1749, dont l'exécution est confiée à la surveillance d'un syndicat et d'un conducteur d'eau ou eygadier, rétribué à frais communs. Parmi ses nombreuses dispositions, il en est qui soumettent préalablement les contestations concernant l'arrosage à l'arbi-

(1) Dubreuil, n° 91.

trage du syndicat, et qui prononcent des amendes contre les infractions. Le dernier arrosant jouira seul des eaux que le riverain laissera dans le canal sans les prendre, et cette faveur est justifiée par un principe fondé beaucoup moins en droit rigoureux qu'en équité. On a remarqué que la position du dernier arrosant est toujours la plus mauvaise ; car les causes de déperdition et les obstacles qui entravent la marche de la colonne d'eau se multiplient avec la distance. Alors, pour accorder à ce propriétaire un dédommagement, on lui permet de se servir des eaux que chacun des autres intéressés a abandonnées. Il profitera donc de toutes celles qui couleront dans le lit soit par la négligence des propriétaires supérieurs, soit par leur volonté de ne pas s'en servir.

Cette attribution particulière de l'eau a de l'analogie avec un usage reproduit par quelques auteurs. Lorsque le tour d'arrosage complet de tous les riverains était terminé, le plus rapproché de la source, c'est-à-dire celui qui se trouvait le premier sur la rive au point où l'eau devenait publique, recommençait à l'appliquer à son usage. Mais aussitôt que le courant était ainsi interrompu, le canal se trouvait rempli dans toute sa longueur. Fallait-il suivre la loi du premier occupant et donner à chaque riverain, par préférence à l'inférieur, toute la portion du courant qu'il pouvait convertir à son avantage ? La nature des droits que l'on exerce sur les eaux semblerait indiquer qu'il en était ainsi.

Cependant, par une exception favorable au dernier arrosant dont la position est la moins bonne, et, sans doute, à titre de compensation, on lui accordait toute la colonne d'eau qui se trouvait disponible dans le canal. A cette raison, toute d'équité, on en ajoute une autre, et l'on dit que le dernier doit profiter de cet excédant parce qu'il est en possession, que les arrosants intermédiaires n'y ont aucun droit, et que le premier n'en reçoit aucun préjudice.

On désignait ce restant sous le nom de queue de l'eau : *Cauda aquœ* (1).

Pendant la saison d'hiver, presque tous les cours d'eau soumis à des règlements sont exclusivement affectés au service des usines (2). Le jour précis qui détermine l'ouverture des arrosages pendant l'été n'est pas le même partout. Néanmoins, l'usage le plus répandu fait durer la période consacrée à l'agriculture depuis le 25 mars jusqu'à la fin de septembre, et quelquefois d'une Croix à l'autre, c'est-à-dire du 3 mai au 14 septembre. Si quelques règlements anciens, adoptant la coutume usitée en Lombardie, arrêtaient la saison des arrosages au 8 septembre, il faut convenir qu'ils ne seraient plus aujourd'hui en harmonie avec les besoins agricoles. A Barjols, dans l'acte de 1644, il est stipulé que la communauté et possédants-biens jouiront de l'eau pour s'en servir à l'usage et arrosage de leurs propriétés depuis le dimanche devant Notre-Dame de mars jusqu'au jour de Notre-Dame de septembre. Mais, comme par l'effet des progrès notables réalisés en agriculture, des récoltes nombreuses mûrissent sur le chaume, il serait utile, dans les règlements à faire ou à modifier, de retarder le terme des irrigations.

C'est aussi ce que l'on remarque dans les règlements modernes. En général, les arrosages ne sont point clos avant la fin septembre ; dans quelques-uns même, le cas de sécheresse étant prévu, l'irrigation pourra être continuée jusqu'au mois de décembre pour faciliter l'extraction des garances (3).

La période pendant laquelle doit s'accomplir la succession de tous les arrosages est à peu près la même partout ; c'est ordinairement celle de la semaine. L'irrigation ainsi faite satisfait à tous les besoins de l'agriculture, et elle a

(1) Dubreuil, n° 174. — Pecchius, chap. 9, quest. 25. — Cappeau, *Traité des Alpines.*

(2) Arrêt de cassation, *bulletins*, ann 1834,

(3) Art. 4 du règlement du 18 août 1859 pour le canal de Peyrolles.

l'avantage, en s'effectuant aux jours et heures correspondants de chaque semaine, de rendre plus régulier et plus simple l'exercice des droits de chacun (1). Cependant, cette règle n'est pas sans exception, et l'on peut citer, entre autres, le canton de Cannes où quelques irrigations ne se renouvellent qu'apres dix et même quinze jours ; la commune de la Roquebrussanne où le retour ne s'opère qu'à l'expiration des deux semaines, etc. Il en est encore ainsi, par des raisons tirées du climat, dans la partie haute du département des Basses-Alpes. Mais, la rotation ne doit jamais excéder la quinzaine, parce qu'on ne pourrait pas, pour contenter un plus grand nombre de personnes, exposer le corps des arrosants à ne jouir de l'eau qu'à des époques trop éloignées l'une de l'autre, ce qui rendrait, pour ainsi dire, le bienfait de l'irrigation illusoire.

Quelquefois les heures d'arrosage sont changées toutes les années, pour faire profiter à tour de rôle chacun des propriétaires de celles qui sont le moins incommodes. A Gonfaron, les arrosants usent de l'eau tantôt pendant le jour, tantôt pendant la nuit. Ainsi celui qui arrose à une heure de l'après-midi en 1862, arrosera à une heure après minuit en 1863 (2).

La mesure habituelle de l'arrosage, avons-nous dit en commençant, est de 0,75 centilitres par seconde, pour un hectare, chaque semaine. Cette proportion est observée dans les départements du Var, des Bouches-du-Rhône et la région méridionale des Basses-Alpes. Ce n'est là, si l'on veut, qu'une règle générale soumise à des exceptions tirées d'un grand nombre de circonstances, dont les principales sont la nature du terrain et la spécialité des cultures. Cependant de 0,60 centilitres à 1 litre par hectare, on peut être certain d'obtenir, dans les circonstances ordinai-

(1) Nadault de Buffon, *Cours d'hydraulique agricole*, t. III, p 243.
(2) Il y a dans cette commune un réglement du 30 mai 1822, Bosc, p. 91.

res, un arrosage excellent. Par ce moyen, on verse chaque semaine sur un hectare de terrain, de 4 à 600 mètres cubes d'eau, et l'expérience a démontré que les quartiers ou l'irrigation est pratiquée, suivant ces règles, présentent l'aspect le plus florissant.

Il y a double préjudice à verser sur chaque hectare une quantité plus considérable; car la privation éprouvée par d'autres propriétaires qui pourraient profiter de l'excédant n'est point rachetée, tant s'en faut, par le bénéfice des parcelles sur lesquelles les abus se commettent. Au contraire, il est démontré que si l'arrosage, fait dans les proportions convenables, est un des stimulants les plus actifs de la végétation, il deviendra pour la terre une cause d'appauvrissement, s'il est répandu avec excès.

C'est pourquoi on est forcé de convenir, que les communes où cette mesure est appliquée, se font remarquer par la richesse de leurs produits. Il suffira de citer, comme exemple, avec l'auteur des *Cours d'eau du département du Var*, le résultat des irrigations à Tourves, Cuers, Lorgues, etc.

Les cultures maraîchères réclament naturellement une plus grande quantité d'eau qui peut être évaluée de 8 à 900 mètres cubes par hectare; c'est la consommation usuelle dans les environs de Toulon, d'Hyères et d'Ollioules. Les eaux de la Reppe, de la rivière de Dardennes et du Gapeau sont distribuées d'après le débit ci-dessus indiqué; et le Gapeau est peut-être de tous les cours d'eau du département du Var celui qui est le mieux utilisé; car ses dérivations fournissent de l'eau à 8 ou 10 communes et s'étendent sur une superficie d'environ 1,000 hectares (1).

Dans toutes les contrées de Provence, où l'on se livre à la culture des produits recherchés, la quantité d'eau employée est supérieure à un litre par seconde. Il en est

(1) Bose, p. 67, 83, 101, 109, 126.

encore ainsi à Grasse et dans certaines communes du département des Bouches-du-Rhône, où les jardins dominent.

III. — Canaux de dérivation. — Barrages. — Prises d'eau.

Les eaux des petites rivières se prêteraient difficilement à l'irrigation ou au mouvement des usines, si l'on n'avait recours à deux moyens principaux pour les utiliser complètement. Ces moyens sont les barrages et les canaux de dérivation qui soutiennent le niveau des eaux. Pour peu que les terrains s'abaissent inclinés vers la rivière, il est d'un usage fréquent, de ne point pratiquer de prise particulière sur le front de chaque propriété, mais de se contenter d'une seule située en amont, au point le plus favorable. Cette prise alimente un canal commun qui conduit les eaux, à travers les fonds des riverains intéressés, aux endroits d'où la distribution s'opère de la manière la plus facile.

M. Dubreuil cite, comme exemple, l'état des lieux des environs d'Aix, dans les vallons des Pinchinats et de la Torse. Il serait facile de multiplier les citations empruntées à divers points de la Provence.

Ce fait, conséquence du droit d'aqueduc conventionnel qui n'a jamais été contesté, à la différence du droit d'aqueduc obligatoire, semble donner un démenti à la règle qui attribue aux riverains seuls l'usage de l'eau. Car, on voit un certain nombre de propriétés non riveraines participer au bénéfice de l'irrigation. Mais, cette dérogation apparente s'explique, si l'on considère que telle propriété, qui aujourd'hui est séparée de la rivière par une autre à cause du morcellement, faisait autrefois partie d'un tènement bordant le cours d'eau, et qu'elle n'a fait que transmettre aux possesseurs successifs les droits qu'elle tirait de sa position et que le règlement avait consacrés (1).

D'autres propriétés, quoique n'ayant jamais été riveraines, jouissent aussi de l'eau ; mais c'est en vertu d'anciennes concessions parfaitement légales, puisqu'elles émanaient de ceux à qui on reconnaissait le droit de les faire. Ces concessions sont encore protégées par la légalité de leur principe, et surtout parce que, selon l'opinion de Julien, *on ne peut rien changer à la forme ancienne des arrosements.*

Ces canaux , à qui l'on donne assez souvent le nom de *béals* ou *béalières*, retournent à la rivière après l'avoir longée dans une direction presque parallèle, et lui rendent les eaux par l'application de l'ancien usage et de l'art. 644. Ils réalisent avec plus d'aisance et moins de déperdition la transmission du supérieur à l'inférieur.

L'agriculture, en Provence, gagnerait beaucoup à la multiplication de ces canaux secondaires de dérivation qui ne sont pas aussi nombreux qu'on pourrait le désirer. On se contente presque partout de saignées particulières faites en amont de la propriété à irriguer, et il suit de là, que comme la prise, l'emploi et la sortie des eaux doivent s'effectuer dans la même parcelle, pour recommencer sur les suivantes, l'irrigation ne peut atteindre aucun développement, et le bénéfice que pourrait procurer l'usage de l'eau est en partie perdu (2).

Dans le département du Var, abondent ces dérivations privées qui exigent des barrages multipliés, souvent coûteux, là où un seul en réunissant les eaux dans un canal commun, servirait à un grand nombre de riverains.

Les avantages offerts par ce mode d'irrigation collectif, sont si évidents par l'économie en tous genres et la surveillance qu'il permet d'exercer, qu'ils ont attiré l'attention

(1) Dumont, n° 116.
(2) Nadault de Buffon: *Hydraulique agricole*, t. III. Préliminaires.

des hommes compétents. On lit au sujet de la Florieye, qui
coule à Flayosc, cette appréciation : « Cette rivière pré-
« sente presque tout le long de son cours une foule de sai-
« gnées ou prises individuelles qui échappent à toute
« espèce de réglementation et donnent naissance à un
« véritable gaspillage. Indépendamment de ce qu'il en
« résulte une consommation outre mesure, ces dérivations
« ayant peu d'étendue s'opposent à ce qu'on applique
« l'irrigation à tous les terrains qui en sont susceptibles,
« et que des canaux collectifs d'une grande longueur pla-
« ceraient au-dessous du niveau de leurs eaux, à l'aide
« d'une pente moindre que celle de la rivière (1). »

Pour faciliter l'introduction de l'eau dans le canal, la
prise ne suffirait pas toujours si l'on n'avait soin de jeter
en travers de la rivière des barrages afin d'élever les eaux.

Le droit qui régissait ces constructions a subi des variations. Aucun doute n'a jamais existé pour les rivières
domaniales, et autrefois, comme aujourd'hui, aucune entreprise de ce genre ne pouvait être tentée sur ces eaux
sans l'autorisation administrative. (Art. 42, 43, tit. 27 de
l'ordonnance de 1662).

De même sur les rivières non navigables, pour lesquelles
les seigneurs, en qualité de justiciers, jouissaient du droit
de police, il paraît aussi que des barrages ne pouvaient
être construits sans leur permission. Plusieurs d'entre eux,
comme les dérivations elles-mêmes, ont été autorisés par
le pouvoir qui était investi de la propriété ou de la police
des eaux, comtes de Provence, seigneurs, parlement.

Depuis la Révolution jusqu'en 1852, le doute existait
sur cette question, en ce qui concerne les cours d'eau non
navigables. Fallait-il pour établir un barrage, l'autorisation administrative, ou pouvait-on s'en passer ? Il y
avait à distinguer entre le cas où le barrage devait servir

(1) Bosc : *Cours d'eau du Var*, p. 81.

à l'irrigation, et celui où il était construit pour faire fonctionner un moulin, une usine quelconque.

S'il s'agissait d'irrigation, on pensait généralement que le propriétaire des deux rives pouvait, sans permission de l'autorité administrative, établir un barrage pour introduire les eaux dans sa propriété. Mais, il était également certain que l'administration avait le droit de rendre des règlements prohibant tous barrages ou saignées qui ne seraient pas autorisés préalablement, auquel cas on était obligé de se conformer aux termes de l'arrêté.

Dans le cas, au contraire, où le barrage était construit en vue d'une usine, la jurisprudence se trouvait à peu près unanime pour reconnaître la nécessité de l'autorisation préalable. Il est vrai que des auteurs tels que Dubreuil et Cappeau ont soutenu que sur les rivières non navigables, ni flottables, on pouvait élever des engins sans autorisation ; d'où la conséquence qu'on pouvait se passer de permission pour le barrage qui n'était que l'accessoire. Cette diversité d'opinions était cause que, sur un grand nombre de petites rivières de Provence, certains barrages étaient munis de l'autorisation, tandis que la plupart n'ont jamais été autorisés (1).

Mais cette difficulté a été définitivement tranchée par le décret du 25 mars 1852, qui simplifie la procédure des autorisations à donner par l'administration. C'est, désormais, dans tous tous les cas, au préfet qu'il appartient de statuer en matière d'autorisation sur les cours d'eau non navigables, ni flottables, de tout établissement tel que moulin, usine, barrage, prise d'eau d'irrigation, etc., etc.

Ces barrages dont nous venons de parler sont permanents ; construits au moyen d'assises de blocs en retrait,

---

(1) Estrangin sur Dubreuil; n° 178, 302. — Cappeau : *Législ. rur.* § 89; *Code rural*, verbo *Moulins*.— Merlin, verbo *Moulins*— Daviel. n° 531, 560 et suiv.; 503. — Bertin : *Des Irrigations*, n° 166. — Dumont, n° 118.— Dufour : n° 234, 266. — Garnier : n° 873. — Dalloz : *Rép.* verbo *Eaux*, n° 345. — Demolombe : *Servitudes*, n° 172. — Bosc : *Cours d'eau du Var.*

les uns sur les autres, on les voit échelonnés sur presque toutes les petites rivières. Le peu de progrès que l'esprit d'association a fait jusqu'à ces dernières années dans le département du Var, qui est le plus riche en eaux publiques, a contribué à multiplier ces barrages particuliers qui coupent la rivière en une infinité de points. Car, sans parler de ceux plus importants établis sur le Nartuby, l'Argens, le Gapeau, dont quelques-uns remontent jusqu'au 15e siècle, il en est d'autres, plus nombreux encore, ne servant point à des surfaces très-étendues, et construits avec une grande économie, à l'aide de pieux et fascines et autres moyens peu dispendieux.

Il est à désirer que tous les obstacles, qui s'opposent au libre écoulement des eaux, soient prohibés, et soit qu'il s'agisse d'un barrage permanent ou d'un barrage temporaire et provisoire, tel que *ramade*, *restanque*, *rebute*, l'autorisation administrative doit toujours, aujourd'hui, précéder son établissement. Avant 1789, les avis et les usages étaient partagés sur cette question (1).

Quant aux levées en terre et en gazon, appelées par les Romains *septa*, peu usitées dans le lit des rivières, elles le sont davantage pour faciliter la prise des eaux amenées dans les canaux de dérivation. Mais, ceux-ci formant propriété privée des arrosants, les divers particuliers peuvent s'autoriser réciproquement à ce mode de prise d'eau, sans que l'administration ait le droit d'intervenir. Cependant, l'usage des vannes mobiles soit en tôle, soit en bois, sera toujours préférable, parce que quand le courant rencontre plusieurs fois ces obstacles en terre, dont il ne peut manquer de rester une partie dans la cuvette du canal, il se mélange avec eux, et bientôt toutes ces matières délayées sont déposées au fond du lit qu'elles obstruent. D'ailleurs, cette méthode se recommande encore parce qu'elle empêche la déperdition de l'eau. En effet, quand le canal est barré

(1) Cappeau § 89. — *Bulletin des arrêts de la cour d'Aix*. 1860, — Dubreuil; n°° 89, 139, 140, 111. — Zachariæ, comm. de l'art. 644.

complètement par une vanne, et que toutes les prises sont
hermétiquement fermées, moins celles de l'arrosant actuel,
toutes les eaux profitent à celui-ci, et le même avantage se
renouvelle successivement pour tous les riverains. Aussi,
les règlements modernes prescrivent-ils l'emploi des vannes
et martellières, à la place des coupures faites sur la rive
et des levées en terre disposées en travers du courant.
Parmi les titres anciens, une ordonnance du 14 mai 1582,
dans la commune de Flassans, contient une disposition
pour le service des vannes établies sur l'Issole. Elles doivent être enlevées pendant les saisons de pluie et de sèche-
resse pour prévenir les débordements et les conséquences
de la stagnation des eaux (1).

Il est inutile de démontrer plus longuement l'influence
que peut exercer sur l'irrigation l'établissement et la disposition de la prise. Aussi, ne doit-on rien négliger pour
qu'elle donne passage à tout le volume, quand elle est
ouverte, et n'en laisse plus entrer la moindre partie quand
elle fermée. C'est pour arriver pleinement à ce résultat,
que dans certaines communes, à Tourves, par exemple, le
seuil des prises situées sur les rigoles de distribution ne se
trouve point au niveau du sol du canal, mais doit être
placé à fleur d'eau, c'est-à-dire au niveau du courant pris
à une époque moyenne (2). Après que le propriétaire supérieur a usé pleinement de son tour d'arrosage, la nappe
d'eau reprenant son cours arrive au fonds inférieur avec
tout son volume ; car la couche extérieure n'atteint plus

(1) Dans cette même commune, les eaux destinées à l'irrigation
sont soumises à un règlement en date du 30 mai 1809. Elles sont
distribuées aux riverains, et à des heures déterminées, et la durée de
l'arrosage est réglée suivant la superficie du terrain. Au quartier de
Campduiny, transaction entre le représentant du duc de Bourbon,
seigneur de Flassans, et divers riverains, ensuite de laquelle ceux-
ci sont autorisés à se servir d'une écluse par eux construite depuis
longtemps sur l'Issole, et de laquelle ils n'ont pu rapporter le titre
de concession : elle est du 18 septembre 1781.

(2) La commune de Tourves est arrosée par des dérivations de
Caramy et par les eaux de la source de Lafoux. Il y a un règlement
de l'année 1779 qui régit les droits des intéressés et dont l'exécution
est confiée à la surveillance d'un syndicat composé de trois membres. (Bosc, p. 67.—Daviel, n° 631).

l'ouverture de la prise, et il est impossible que le moindre écoulement s'opère par l'ouverture qu'on aurait oublié de fermer.

A l'aide de ce procédé, les pertes d'eau préjudiciables aux riverains inférieurs qui arrosent, et superflues pour le supérieur dont le tour d'arrosage est terminé, ne se produisent plus, et l'économie obtenue sur le volume permet de l'affecter successivement à un plus grand nombre de parcelles.

Cet usage, d'ailleurs, n'est pas spécial à quelques règlements de Provence, et ses avantages ont été reconnus dans d'autres départements. M. Daviel cite le règlement des rivières de Risle et d'Iton (Eure), ordonnant que le seuil des vannes de prise d'eau soit placé à 0,50 cent. au-dessus du niveau naturel du lit de la rivière ; mais il ajoute que cette disposition doit avoir pour conséquence d'anéantir le droit sous prétexte de l'organiser. Car, il peut arriver que lorsque la rivière est saignée aux jours d'irrigation dans toute l'étendue de son cours, la nappe d'eau qui reste dans son lit n'ait pas 0,50 cent. d'épaisseur, et dès-lors, il n'en pourra point passer par dessus le seuil des rigoles. Cette objection n'a pas, pour la Provence, du moins, une grande portée, et c'est précisément parce que la colonne d'eau reste en dessous du seuil de la prise des arrosants, dont l'irrigation est consommée, que la disposition est bonne. Car, il sera bien facile, par l'emploi des vannes transversales au courant, de l'élever à la hauteur de l'ouverture.

Le dernier arrosant est le seul qui, par sa position, soit dispensé de se conformer à cette obligation. Car, il ne doit rendre les eaux à personne, et quand il a fini d'arroser, il n'y a pas d'inconvénient à ce que toutes les eaux qui restent dans le canal s'écoulent dans son fonds.

IV. — Règlements dans les Bouches-du-Rhône.

Les observations générales que nous venons de présenter sur les règlements d'eau qui existent en Provence, nous ont permis de passer successivement en revue plusieurs de ceux du département du Var, qui sont, pour cette contrée coupée de petits cours d'eau, mais non de rivières importantes, une des bases essentielles sur lesquelles repose la richesse publique.

Moins nombreuses, les eaux publiques du département des Bouches-du-Rhône sont classées sous les dénominations suivantes : L'Huveaune, l'Arc, la Touloubre ; parmi les ruisseaux, le Jarret, la source de Gémenos, les eaux des Pinchinats, de la Torse, le ruisseau de Luynes, celui de Jouques, la Durançole. De tous ces cours d'eau, il en est peu au sujet desquels on ne retrouve des règlements et des décisions.

L'Huveaune, qui prend sa source dans les montagnes de Saint-Zacharie, vient se jeter dans la mer à Marseille, ce qui lui a fait donner par quelques historiens le nom de fleuve. Elle distribue l'arrosage dans les communes d'Auriol, Roquevaire, Aubagne et Marseille.

Divers règlements sont en vigueur à Auriol, et portent les noms des quartiers en vue desquels ils ont été faits. Ce sont, sur la rive droite de l'Huveaune, ceux des 13 mai 1773 et 7 juin 1781. Les eaux sont distribuées entre les anciennes terres seigneuriales, les irrigations des autres particuliers et les besoins de l'industrie. Les arrosages s'étendent depuis le moulin de Redon jusqu'à la ville.

Sur la rive gauche ; le règlement du 17 septembre 1715 et celui du 30 octobre 1808 pour le quartier des Ortaux.

La transaction du 5 janvier 1838 entre le sieur de Cabre, successeur de l'abbé de Saint-Victor, et la commune de Roquevaire fixe les droits respectifs des parties. Ledit sieur

de Cabre aura droit de tenir moulin à blé, audit lieu de
Roquevaire et son terroir, privativement à tous autres, et
cependant, il sera permis aux consuls et habitants de
prendre les eaux de la rivière d'Huveaune et de faire tous
autres engins sans préjudicier au moulin dudit de Cabre.
Cette transaction fut modifiée par un autre du 21 juillet
1758, principalement en ce qui concernait le curage des
fossés. Dans la même commune, divers actes de vente
passés en 1701 et 1703 portent, en faveur de plusieurs
propriétaires, concession d'arrosage au quartier de l'Etoile
avec les eaux de l'Huveaune.

A Aubagne, ce sont les règlements des quartiers de
Camp-Majour et de Beaudinard. Un de ces derniers porte
la date du 2 septembre 1825. Le ruisseau du Gast avait
également motivé divers arrêts du Parlement de Provence,
des années 1768 et 1773, qui réunissaient en syndicat les
riverains de ce cours d'eau. Un arrêt de la cour royale
d'Aix, de 1825, a statué sur des contestations élevées entre
les arrosants possédants biens du quartier du Gast (1).

Toutes ces eaux, dérivées de l'Huveaune, coulent dans
des canaux ou *béals* placés sous la surveillance d'un syndicat. Celui-ci répartit le montant de la dépense entre les
intéressés et veille à la rentrée des cotisations individuelles.
Le taux de la contribution, par hectare, varie d'un béal
à l'autre ; il en est pour lesquels le montant de la contribution est presque insignifiant, et en général, la somme mise
à la charge de chaque riverain est peu considérable, et
proportionnée aux dimensions, à l'étendue et aux travaux
d'art du canal distributeur.

C'est surtout, pour la ville et le territoire de Marseille
que les titres concernant l'Huveaune présentent de l'intérêt. Les règles spéciales que l'on y observe pour la distri-

---

(1) Rapports de MM. les Juges de Paix. — *Recueil de la Commission
centrale des Bouches-du-Rhône*, p. 22. — *Statistique* de M. de Villeneuve,
p. 374, 394. — Dalloz, *Répert.* verbo *Commune*, t. II, p. 33. — Estrangin
sur Dubreuil, n° 130, note.

bution des eaux tiennent à deux considérations : l'utilité
publique, qui lui permet d'invoquer des droits de préférence
vis-à-vis des communautés placées plus haut sur le cours
de la rivière, et le mode d'investissement, qui a fait passer
de la propriété des seigneurs dans celle de la ville la libre
disposition de ses eaux. C'est à la première considération,
à la nature impérieuse et sacrée des besoins d'une grande
cité, pour l'alimentation de ses fontaines, qu'est due la restriction apportée quelquefois à la jouissance des habitants
d'Aubagne ou des communes supérieures. L'usage qu'ils
faisaient des eaux de l'Huveaune souleva à diverses époques les réclamations de la ville de Marseille, qui se plaignait d'usurpations commises à son préjudice. Ces plaintes
devenaient plus vives, lorsque la sécheresse diminuait l'eau
de ses fontaines et embarrassait la marche de ses moulins.
C'est pourquoi, de nombreuses délibérations furent prises
pour demander le retour à l'ancien état de choses. Celles
des années 1465 et 1474 furent suivies de lettres-patentes
du roi René, de 1475, ordonnant la destruction de certains
ouvrages élevés par les habitants d'Aubagne et le rétablissement de l'état primitif (1).

D'autres sentences et arrêts d'une date postérieure ont
confirmé la ville de Marseille dans la préférence qu'elle a
droit d'exercer en certains moments : « C'est en vertu de
« ces précédents, que les préfets du département ont fait
« réduire les arrosages d'Aubagne, de Roquevaire, d'Au-
« riol et de Saint-Zacharie, lorsque l'eau a manqué aux
« fontaines publiques de la ville de Marseille. (2). »

Parvenues dans le territoire, les eaux appartiennent à la
ville et ses droits, à cet égard, s'appuient sur des titres très-
anciens et sur les concessions qui lui furent faites par les
propriétaires. A partir du XIᵉ siècle, les vicomtes possédant
en grande partie la souveraineté de Marseille procédèrent

(1) Méry et Guindon, *Recueil d'archives*, t. 5, p, 314.
(2) *Mémoire* de M. Desolliers pour la ville de Marseille, p, 18.

au démembrement de celle-ci. En 1079, l'abbaye de Saint-Victor obtint des droits de moulin et d'arrosage sur la rivière d'Huveaune. Mais, la cession la plus importante est celle qui fit passer des vicomtes à la communauté, en 1214 et 1226, les droits qu'ils avaient précédemment sur cette ville et sur son territoire : *In terris, videlicet et terris, et* AQUIS, *et ripis et insulis.* Depuis cette époque, nonobstant quelques contestations qui s'étaient élevées entre la communauté et l'abbaye et qui furent terminées par une transaction de 1229, la ville de Marseille jouit et dispose des eaux de l'Huveaune, et les concessions faites aux propriétaires ou usiniers riverains ont toujours été subordonnées aux besoins de la cité, ainsi qu'il conste de plusieurs délibérations et notamment de celle du 13 juillet 1473 (1).

Comme les eaux de l'Huveaune, celles de Jarret appartiennent à la ville de Marseille par suite de la cession que les princes de la famille des Baux lui firent en 1214 et 1226. C'est pour cela, que les statuts municipaux renferment certains articles sur le cours et la distribution des eaux de ce ruisseau dont la direction a été changée et qui coulait anciennement dans le port. Ces statuts sont de l'année 1228. Ils partagent les eaux entre le service des jardins et celui des lavoirs publics, et il était défendu aux jardiniers de les laisser couler dans le port, sous peine d'amende, pour empêcher que cette rivière, en temps d'orage surtout, ne charriât du gravier ou d'autres matières :

Ordinamus præsenti statuto quod duo vel tres probi viri eligantur qui debeant et teneantur adducere aquam Jerreni versus Massilliam ad ortos et blancarias adaquandas, et illi teneantur, quod aqua taliter ducatur ne fluat in portum Massiliæ.... et si contrà hæc facerent aliqui, puniantur

(1) Cartulaire de Saint-Victor, *Carta de aqua*, n° 38. — Méry et Guindon, *Recueil d'archives*, t. 5 p. 327. — Estrangin sur Dubreuil, I. II, p. 522. — *Mémoire* Desolliers pour la ville de Marseille, pag. 50-51.

indè quotièscumque cor *afacerent in XX solidos et ad hoc tres probi homines statu...tur* (1).

Dans le seizième siècle, une grande partie des eaux de Jarret fut introduite dans l'aqueduc pour augmenter le volume destiné aux fontaines publiques. La ville en a donc toujours disposé comme d'une chose sienne, et chaque fois que des propriétaires ont voulu faire remonter leur droit à une source autre que celle de la concession ou de la tolérance de la ville elle-même, ils ont été déboutés de leurs prétentions ou obligés de reconnaître qu'elles n'étaient point fondées (2).

Une association d'arrosants est formée dans la commune de Gémenos, pour la répartition des eaux de la source de Saint-Pons. Elle est soumise à un règlement du 16 mai 1816. Cette association fut organisée d'abord par un arrêté du 5 avril 1793 rendu par le directoire du département. Plus anciennement, une transaction du 5 janvier 1567 entre le seigneur et la communauté de Gèmenos avait réglé la distribution des eaux de cette source. Les terrains situés en amont du moulin à farine recevaient les eaux à des heures fixées; mais en-dessous de ce moulin, les particuliers les prenaient, chacun à son tour, et le seigneur de Gèmenos lui-même ne pouvait en jouir que comme un des particuliers.

Dans l'arrondissement d'Aix, la Touloubro, petite rivière qui passe à Salon, est régie par un ancien règlement de 1203, rendu par l'archevêque d'Arles, seigneur du lieu. Les arrosages ne peuvent avoir lieu que du samedi soir au lundi matin. Aussitôt que l'irrigation d'une parcelle sera terminée, le propriétaire de celle-ci devra ouvrir son écluse sous peine d'amende, dont la moitié sera dévolue au dénonciateur. D'autres eaux de la même commune sont

---

(1) *Statuts de Marseille*; d'autres, pour obvier aussi à l'encombrement du port, ordonnent l'ouverture, dans chaque traverse aboutissant, de réservoirs destinés à faire reposer les matières entraînées par les eaux pluviales.

(2) Estrangin sur Dubreuil. *App.* t. II, p; 533.

également employées aux arrosages, de Pâques à Saint-Michel (1).

A Cornillon, une dérivation de la Touloubre a été règlementée par acte du 28 septembre 1803. A Saint-Cannat et à Lambesc, les eaux de cette rivière sont distribuées entre les riverains par un règlement du 7 août 1742. Les arrosages commencent en avril et finissent en octobre (2).

A Berre, un règlement du 10 août 1780 régit l'association dite du *Béalet*. Il y a encore des associations, pour l'irrigation, à Labarben et à Lafare. Les canaux de Berre et de Lafare sont dérivés de la rivière de l'Arc (3).

L'Arc fournit principalement aux besoins des usines par des canaux qui n'ont pas un long développement. Les terres riveraines profitent aussi de l'arrosage, et les dérivations sont opérées à l'aide de barrages dont quelques-uns sont très-anciens.

A Aix, les eaux des Pinchinats ont été l'objet de plusieurs règlements et décisions judiciaires. Un règlement commencé en 1630, continué et fini en 1644 régit encore les intéressés. Il fut rédigé pour mettre un terme à des abus qui s'étaient glissés dans l'usage des eaux. En 1763, une nouvelle délibération fut prise par un certain nombre de riverains pour remédier aux infractions commises.

Ces eaux sont dévolues seulement pendant 48 heures aux propriétaires des prés et jardins.

Un jugement du tribunal d'Aix du 6 juin 1860 statue sur la manière dont doivent fonctionner les vannes des écluses destinées à donner l'eau aux moulins. Il sanctionne l'obligation où sont les meuniers pendant la saison des arrosages, c'est-à-dire depuis la Notre-Dame de février

---

(1) *Histoire du droit français*, de M Giraud, t. II, p. 246. — Estrangin sur Dubreuil: *App.* t. II, p. 514-523. — Dalloz, *Prescription*, n 151, note.

(2) Dans le canton de Lambesc, d'autres règlements sont indiqués et analysés par M Ch. Tavernier, secrétaire de la commission centrale des Bouches-du-Rhône.

(3) Villeneuve, *Statistique*, t. III, p. 713, 794.

jusqu'à la Notre-Dame d'août, et du samedi, au lever du
soleil, jusqu'au lundi à pareille heure, d'ouvrir les vannes
de leur moulin aussitôt que l'éclusée est pleine, conformément à l'article final du règlement de 1044, appelé vulgai-
rement le règlement *Bonfils*, du nom du magistrat qui
l'avait dressé (1).

. Le mouvement des eaux faisant marcher les usines a
lieu par éclusées, ce qui forme encore une des particularités
du règlement des Pinchinats. En effet, en Provence comme
partout, ce mode n'était autorisé que lorsque le courant
n'avait point un volume suffisant pour que les moulins
pussent fonctionner d'une manière continue. Hors ce cas,
le système par éclusées est vicieux ; car il expose les usagers inférieurs à recevoir périodiquement plus d'eau qu'il
ne leur est nécessaire ou à n'en pas recevoir du tout.

L'arrosage des prairies et jardins doit se faire au moyen
de *butières*, qui sont des ouvertures pratiquées à une pierre,
aux dimensions de trois demi-quarts de pan de diamètre et
d'un pan et demi quart de pan de circonférence.

Ce règlement de 1639 porte avec lui le signe distinctif
de son ancienneté ; car il fait cesser la saison des arrosages
au 15 août. Il applique l'usage simultané dans sa partie
supérieure, et l'usage successif dans la partie inférieure
du canal. En dessous de la ville, les particuliers jouissent
par heures ; en-dessus, par volume au moyen de l'orifice
des *butières*.

Le ruisseau de la Torse a été également règlementé.
Charles II, comte de Provence, accorda, le 4 mars 1208,
un privilége aux religieuses de Saint-Barthélemy d'Aix
pour avoir les bans sur les eaux de la *Touesso*. En 1325, le
roi Robert opéra la distribution des eaux entre les divers
riverains. Les eaux sont partagées par égales portions, en
ayant égard aux moulins et autres biens que chacun possède, et ce règlement avait été motivé par l'usage abusif

(1) Arrêt de la Cour d'Aix du 12 avril 1861. — *Bulletin des arrêts*
année 1861, p. 148.

de certains propriétaires. Il a pour titre : *Quod aqua Tossiæ debeat dividi proportionaliter habitâ consideratione possessionum per quas ipsa aqua confluere est solita.* Ce ne sont pas, du reste, les seuls documents qui se rapportent au ruisseau de la Torse ou *Touesse* (1).

En 1426, Louis III, comte de Provence, rendit l'ordonnance, déjà mentionnée, par laquelle il accorda aux moulins situés sur le cours de la *Touesso*, la jouissance exclusive des eaux (2).

Actuellement, le ruisseau de la Torse est surveillé par un syndicat. Les droits des intéressés sont réglementés par un jugement du tribunal d'Aix du 13 février 1826 et un arrêt de la Cour du 30 août 1830.

Des barrages très-anciens établis sur le torrent de Luynes donnent aussi les eaux aux terres riveraines. Il existe, dans le quartier de ce nom, un corps d'arrosants qui jouissent des eaux à tour de rôle, à raison de deux heures par semaine pour chaque superficie de 25 ares.

Dans le canton de Peyrolles, la transaction du 14 juin 1491 entre le seigneur et les arrosants présente une particularité signalée déjà plusieurs fois, c'est-à-dire que les eaux, en amont du moulin, ne servent à l'arrosage que pendant deux jours et demi par semaine, tandis qu'en aval, l'arrosage n'est plus limité par les besoins du moulin et s'effectue tous les jours.

Un règlement du mois de septembre 1791 est encore en vigueur dans la commune de Jouques. Il distribue les eaux du ruisseau principal et de ses affluents. Son autorité avait été contestée, quoique émanant du Conseil général de la commune et approuvé par l'administration départementale. Mais dans un arrêt du 9 mai 1857, la cour d'Aix a

(1) Archives de Marseille, *vol. Rubei*. — D'autres pièces relatives au ruisseau de la Torse et aux eaux de *Font-Lèbre*, se retrouvent également dans les archives de la bibliothèque de Carpentras; manuscrits, nᵒˢ 633, 636.

(2) Faurls Saint-Vincent, notes.

reconnu que les règlements ainsi rendus étaient obligatoires.

« Attendu que sous nos lois actuelles, c'est à l'administration
« supérieure qu'il appartient de dresser les règlements locaux
« relatifs à l'irrigation et à l'usage des eaux ; qu'en cette matière
« les attributions des maires et des conseils municipaux se bor-
« nent à proposer les mesures à prendre, d'où il résulte qu'une
« délibération telle que celle de la commune de Jouques, en 1791,
« ne doit être considérée que comme une simple proposition
« que l'autorité supérieure s'approprie en l'homologuant, et non
« comme un de ces actes propres à la commune sur lesquels
« s'exerce la tutelle administrative du préfet ; que, d'après les
« principes, le règlement de 1791 revêtu de l'homologation du
« directoire du département et de toutes les formalités prescrites
« par la législation de l'époque, constitue un véritable règle-
« ment, émané de l'autorité compétente et obligatoire à tous les
« points de vue. »

Cet arrêt a été confirmé par la cour de cassation le 29
novembre 1859.

Le canton de Trets, traversé par l'Arc presque à sa naissance, offre peu de chose à recueillir sur le cours des eaux;
car le lit de la rivière y est assez profondément encaissé.
Cependant, on met en pratique dans la commune de Château-
neuf-le-Rouge un usage qui doit être mentionné. C'est la
méthode d'arrosage par infiltration, différente de la méthode
ordinaire, en ce que, au lieu de déverser les eaux, à la
surface du sol, on les distribue dans des rigoles horizontales, espacées de quelques mètres d'où elles se répandent
par imbibition dans les couches de terrain à irriguer. Mais
il faut d'abord, pour que ce mode exceptionnel d'arrosage
puisse être convenablement employé, que la nature du
terrain s'y prête ; il faut ensuite que la pente soit suffisante. La condition de pente est à la fois nécessaire pour
expliquer l'arrosage par infiltration et pour le favoriser.
C'est afin d'éviter que par l'effet de l'inclinaison, les eaux
ne glissent à la surface, sans s'arrêter et sans pénétrer la
première couche, qu'on établit une ou plusieurs rigoles

horizontales, qu'on remplit d'eau en les fermant ensuite à leurs extrémités. N'ayant plus d'issue, l'eau filtre à travers les parois latérales, et arrive par le sous-sol dans le champ ainsi préparé pour l'irrigation.

Cette méthode, qui n'est guère employée que dans des cas fort restreints, dépense moins d'eau et n'exige pas beaucoup plus de la moitié de la quantité nécessaire dans les irrigations ordinaires. Mais l'arrosage est loin d'être aussi satisfaisant et surtout aussi uniforme (1).

Dans le troisième arrondissement, les règlements d'eau sont en plus petit nombre ; nous voulons parler de ceux qui sont dressés pour le partage des eaux des petites rivières dont l'usage appartient aux riverains exclusivement. Si dans cette partie du département, l'irrigation a atteint un degré de développement qu'on ne rencontre pas ailleurs, c'est grâce aux grands canaux d'arrosage dérivés de la Durance (Craponne, Boisgelin et autres), mais qui ne suivant pas les mêmes règles que celles examinées jusqu'ici, trouveront place dans un chapitre subséquent.

V. — Règlements dans les Basses-Alpes.

Les règlements d'eau sont moins nombreux dans le département des Basses-Alpes, à cause de l'intermittence de la plupart des sources et de la difficulté d'assurer l'arrosage pendant la saison d'été. En effet, cette partie de la Provence est la région des torrents, c'est-à-dire de ces cours d'eau qui, abondants à certaines époques, se dessèchent à l'approche des chaleurs, et si par accident ils coulent toute l'année, cette exception ne change ni leur nature ni leur qualification.

Leur intermittence les a fait ranger dans la classe des eaux privées.

(1) Nadault de Buffon, *Hydraulique agricole*, t. III, p. 111 et suiv.

Ces cours d'eau ne peuvent être réglementés, soit à cause de leur nature d'eaux privées qui s'y oppose, soit parce que l'application de ces règlements serait presque toujours impossible au moment où les riverains sentiraient le besoin d'en réclamer l'exécution ; de sorte que, mieux vaut encore laisser à chaque propriétaire, le long de sa rive, l'usage complet de l'eau qui s'y ramassera.

Insusceptibles de former l'objet d'un règlement, ces eaux ne peuvent davantage, à cause de leur discontinuité, s'acquérir par les effets combinés de la prescription et de la préoccupation. « Si le fleuve n'est pas public, la préoc- « cupation ne sert de rien ; et le fleuve est réputé public, « quand il coule toute l'année, et privé, quand c'est un « torrent qui ne coule que l'hiver (1). »

Quant aux rivières publiques, dont le cours est continu, elles ont donné lieu, avant 1789, à plusieurs transactions entre les communautés et les seigneurs, ou à des conces-sions faites par ceux-ci. Nous n'entrerons pas dans de longs détails à ce sujet, parce que l'irrigation n'a pris réellement quelque importance dans le département des Basses-Alpes que depuis 1789. Car, il ne faut pas oublier que, dans cette contrée, les rivières coulent dans un lit assez profond pour ne pas permettre aux petites parcelles situées sur la rive d'être arrosées facilement au moyen de saignées particulières ; et comme l'esprit d'association, le seul qui, par l'établissement de petits canaux collectifs, pouvait corriger cet inconvénient, n'était pas alors très-développé parmi les riverains, il s'ensuivait aussi que la plupart des cours d'eau baignaient le pied des terres sans servir à l'ir-rigation.

Le démembrement des terres seigneuriales, en opérant entre de nombreux particuliers le partage des biens et des fossés destinés à l'arrosage, fit comprendre tout l'avantage que procurerait à l'agriculture l'entente des intéressés pour

(1) Dupérier, *Notes manuscrites*, verbo *Eau*.

la conduite et la répartition commune des eaux. A partir
de ce moment, les associations devinrent plus fréquentes,
et le mouvement qui pousse les agriculteurs à se constituer
en syndicats, les mettra bientôt en possession de presque
tous les cours d'eau de ce département.

C'est donc depuis la Révolution, que l'étude des règlements offre, dans les Basses-Alpes, son principal intérêt. Ce
n'est pas que là, comme sur d'autres points, des questions
délicates n'aient été soulevées entre les seigneurs et les
riverains qui se disputèrent quelquefois la propriété et
l'usage des eaux des petites rivières. Il semble résulter
d'une sentence arbitrale de 1234 et d'une transaction de
1293 entre l'ordre de Malte, seigneur de Manosque, et la
communauté, que les droits des seigneurs hauts-justiciers
sur les cours d'eau du territoire, n'étaient point à cette
époque parfaitement établis. Sur les ruisseaux de Drouille
et de Conchette, les Hospitaliers firent valoir des prétentions
que les syndics combattirent, et, la question paraissant
douteuse, le commandeur de l'Ordre, pour aplanir toute
difficulté, renonça au droit qu'il pouvait avoir de dériver
lesdites eaux, qui furent abandonnées aux arrosants en
proportion de l'étendue de leurs prés.

En 1315, une nouvelle transaction, contrairement aux
prétentions de l'ordre de Malte, reconnut à tous les habitants le droit de prendre impunément des pierres dans
le lit des ruisseaux, ce qu'ils n'auraient pu faire si
ceux-ci avaient été la propriété du seigneur haut-justicier.

Ainsi, les mêmes incertitudes, les mêmes caractères se
reproduisent ici dans l'ancien régime des eaux ; comme
ailleurs, les moulins avaient en général des priviléges
plus étendus que les arrosages, puisque encore, dans
certaines communes, et par l'effet d'une tradition observée
depuis longtemps, les propriétaires joignants ne peuvent
dériver aucune partie de l'eau pour arroser leurs terres. Il
convient de remarquer que cette possession exclusive des

moulins n'a lieu que sur les cours d'eau qui sont presque complètement à sec pendant l'été.

La préférence des moulins, ainsi que nous l'avons déjà dit, cessait avec la nécessité qui lui avait donné naissance, et s'ils avaient de l'eau superflue ou qu'ils ne travaillassent point actuellement, ils devaient laisser prendre l'eau aux riverains. « *Fuit conventum inter partes prædictas, quod* « *cùm hospitale non indigebit, dicti homines aquam super-* « *fluam possint libere accipere et ortos suos et prata sua* « *adaquare, et postquàm adaquaverint adaqualia ipsa* « *claudere teneantur sub pœnd V solidorum ; reservatis* « *juribus suis quibuscumque habentibus titulum accipiendi* « *aquam prædictam, quibus per supradicta nullum præju-* « *dicium generetur* (1). »

Les règlements modernes renferment des clauses identiques à celles insérées dans les départements voisins, c'est-à-dire, que la jouissance a lieu en faveur des riverains exclusivement, qu'elle est fixée suivant la contenance en prenant pour mesure de 0, 75 à 1 litre par seconde, pour un hectare, que le tour des arrosages recommence toutes les semaines, qu'il se fait successivement et non simultanément, et a lieu pendant les mois de mai, juin, juillet, août, septembre et quelquefois octobre.

Le règlement de la source des Seignières du 3 novembre 1857, dans la commune de Manosque, résume ces divers caractères. Le jaugeage de cette source fait au mois de mars a donné 85 litres, et la surface est de 61 hectares. On a constaté que le volume d'eau était le double de celui qui serait nécessaire pour un arrosage excellent ; car, par une rare singularité, le débit de la source est plus considérable pendant la saison d'été que pendant le reste de l'année, à cause des infiltrations provenant des arrosages supérieurs et du canal de la Brillanne.

Aux termes des articles 2 et 5 de ce règlement, cet arro-

(1) *Etudes historiques sur Manosque au moyen-âge* par D. Arbaud. *Transaction de 1818.*

sage commencera le dimanche à midi, jusqu'à la même
heure de midi le dimanche suivant, de manière que le
quartier entier sera arrosé dans une période d'une semaine
ou de sept jours. Dans chaque section, l'arrosage sera
opéré suivant l'ordre des parcelles en remontant de l'aval
vers l'amont et de proche en proche, de manière que
toutes les propriétés du quartier soient arrosées à leur
tour.

Quoique ne se rapportant qu'à une surface peu étendue,
le règlement du 20 août 1855, de la source du Caudon,
dans la commune de Céreste, contient quelques dispositions utiles à connaître. Suivant l'art. 3, l'arrosage commencera chaque année, le premier dimanche après le
1er mai et se terminera le premier dimanche après le 15
octobre. Pendant les années de rang impair comme 1855,
il commencera à minuit, et pendant les années de rang
pair comme 1856, il commencera à midi, pour que les
heures de nuit ne tombent pas toujours sur les mêmes parcelles.

Depuis le village de Limans jusqu'à son embouchure
dans le Largue, la Laye fait tourner plusieurs moulins et
fournit de l'eau à l'irrigation des propriétés riveraines
dans les communes de Mane, Saint-Maime et Dauphin.
Un béal très-ancien sert à l'arrosage. Il paraît qu'il avait
été établi par le seigneur. Lors du démembrement de la
terre seigneuriale, les acquéreurs se partagèrent les droits
d'arrosage, et un règlement, ayant été demandé par quelques-uns d'entre eux, fut rédigé le 5 février 1840. C'est le
titre qui fixe aujourd'hui la répartition entre tous les intéressés.

Un petit canal pour l'irrigation de quelques parcelles
riveraines du ruisseau de l'Encrème est soumis à un règlement du 31 octobre 1851. Les propriétaires pourront
amener l'eau du torrent devant la prise pendant les basses
eaux par des bourrelets en gravier et en fascinage ; mais
ces bourrelets ne pourront jamais exhausser le niveau des

eaux de plus de trente centimètres. Cette clause est insérée
à peu près dans tous les règlements modernes.

Dans l'arrondissement de Sisteron, les eaux sont réparties
entre les arrosages et les moulins avec un plus grand nombre
de jours tantôt pour les premiers, tantôt pour les seconds,
suivant l'importance relative des uns et des autres. Il y a
des règlements dans plusieurs communes. Le Buech, le
Jabron, la Bléone, la Sasse fournissent des dérivations.

La Sasse alimente le canal de Saint-Tropez dont il sera
question ultérieurement.

Les eaux de la Bléone qui traversent le territoire de
Malijay pour venir arroser la plaine de l'Escale ont fait
l'objet d'une concession seigneuriale de l'année 1545. Cette
communauté obtint le droit de dérivation et de passage
moyennant une redevance, et le canal arrose aujourd'hui
non-seulement les parcelles riveraines, mais encore une
grande partie de la plaine. Ainsi, plus de deux cents hectares participent à l'irrigation, et les ayants-droit se con-
forment beaucoup plus à l'ancienne coutume qu'aux règlements qu'on a pu confectionner depuis.

A Volonne, un canal dont la construction date des dernières années du quinzième siècle, arrose une superficie
assez considérable, à partir du 1er avril jusqu'au 1er octobre.

Le Jabron donne de l'eau aux riverains dans les communes des Omergues, de Peypin, d'Aubignosc Dans les
deux dernières, l'arrosage s'y effectue depuis le 25 avril
jusqu'au 1er novembre. Presque tous ces canaux sont
administrés par des syndicats; et la distribution s'opère
sous la surveillance d'eygadiers assermentés.

Il y a aussi des règlements à Salignac, à Saint-Vincent,
à Mison, remontant la plupart à une époque assez ancienne
et divisant l'arrosage par temps, mode suivi de préférence
en Provence.

A mesure que l'on s'élève vers les parties plus hautes du
département des Basses-Alpes, les conditions de périodicité,
de quantité d'eau et de durée des arrosages se modifient et

ce résultat commence à se faire sentir dans l'arrondissement de Sisteron. Pendant qu'ailleurs, la quantité *minimum*
d'eau à verser sur chaque hectare n'est pas en dessous de
100 mètres cubes, toutes les semaines, ici, dans beaucoup
d'endroits, on n'en dépense guère plus de 25 à 30 mètres
cubes par jour, ce qui donne une moyenne d'environ 200
mètres cubes par semaine (1).

Les arrondissements de Digne et de Castellane possèdent
aussi des règlements d'eau, et l'habitude des syndicats y
est assez répandue. On en trouve à Digne, à Moustiers, à
Seyne. Les commissions syndicales règlent le partage des
eaux suivant la contenance des terrains à arroser, et les
particuliers jouissent à certains jours et à certaines heures.

Les cantons de Colmars, d'Entrevaux, d'Annot et de
Saint-André sont également pourvus d'un certain nombre
de syndicats qui distribuent les eaux aux usines et aux
propriétés, par jours et heures. Ce sont eux qui veillent à
l'entretien et à la réparation des canaux et qui font ensuite
la répartition des dépenses au prorata du temps que chacun
en a joui. A Castellane, une plaine conquise sur le Verdon,
à l'aide d'une digue qui fut construite aux frais de la province, est arrosée par un canal placé sous la surveillance
d'un syndicat qui répartit les frais au moyen d'un rôle
rendu exécutoire par le préfet, et qui est chargé à la fois
de la direction des eaux et de l'entretien du canal et des
digues. Très-souvent, dans ces diverses communes, il n'y
à d'autre règlement que l'usage ancien qui est toujours
respecté, et le rôle du syndicat se borne à veiller à son
observation. Ces associations syndicales sont en général le
résultat des conventions passées entre les particuliers qui
les composent.

L'Ubaye qui coule dans la vallée de ce nom est utilisée
pour les usines dans les communes de Jausiers et de Barcelonnette, les deux plus importantes de l'arrondissement.

(1) Rapports des juges de paix.

Au moyen de plusieurs canaux ou *bélières*, environ soixante hectares sont arrosés dans les communes de Jausiers et de Faucon. Il existe, pour chacun d'eux, des règlements placés sous la surveillance d'une commission syndicale nommée par le préfet. Les fonctions du syndicat ont la même nature et la même étendue que partout ailleurs.

La dérivation la plus considérable d'Ubaye est celle qui va fertiliser, à Barcelonnette, le quartier situé sur la rive gauche de la rivière. Elle s'effectue au moyen d'un canal qui débite environ 120 litres d'eau par seconde. Un partage d'eau fait entre les intéressés en règle l'usage.

Des prises établies sur l'Ubayette et le Parpaillon donnent de l'eau aux deux syndicats de la commune de la Condamine, constitués depuis quelques années.

Ainsi, dans cet arrondissement, la jouissance de l'eau est souvent déterminée par les règlements ; en l'absence de ceux-ci, elle appartient par préférence au riverain supérieur, à la charge de la rendre après qu'il s'en est servi, et quelquefois, dans les cantons de Barcelonnette et de Saint-Paul, par exemple, au propriétaire le plus vigilant, usage dont les inconvénients ont été remarqués déjà, et qui est le plus vicieux de tous à cause des contestations et des rixes auxquelles il donne lieu. Quant à la mesure et à la saison des arrosages, elles ne sont plus les mêmes dans les contrées montagneuses du département des Basses-Alpes, plus froides et plus humides, que dans le restant de la Provence. Les prairies, entretenues par la fraîcheur habituelle du sol et de la température exigent une irrigation moins abondante ; les arrosages s'y font seulement pendant quatre mois de l'année, juin, juillet, août et septembre, et leur retour n'a lieu que tous les quinze jours.

Le rapport de M. l'Ingénieur en chef des Basses-Alpes présente la statistique des irrigations dans ce département. Les canaux d'arrosage d'un intérêt collectif sont nombreux, mais peu importants. Le volume d'eau concédé ou employé est à peu près de 7 mètres cubes, et la surface

arrosée de 9,500 hectares, ce qui, d'après les calculs effectués, donne en moyenne un volume d'eau de 0, 71 cent.
par seconde, pour un hectare. Le rapport de l'ingénieur
ajoute : « On a admis également, ainsi que les faits le con-
« firment, que dans toute la partie haute et froide du
« département des Basses-Alpes, où ne viennent ni les
« vignes, ni les oliviers, la quantité d'eau nécessaire à
« l'arrosage était moyennement de 0, 50 cent. par seconde
« et par hectare, tandis qu'elle s'élevait à 1 litre pour
« toute la partie basse du département. Nous ferons remar-
« quer en outre, que dans la partie haute, les terrains
« arrosés sont généralement des prairies naturelles, et que
« l'irrigation, qui dure seulement pendant quatre mois,
« n'a lieu que tous les quinze jours. Les terres à jardinage
« peu étendues d'ailleurs, qui existent dans le haut
« du département, s'arrosent également pendant quatre
« mois, mais une fois tous les huit jours ; dans la partie
« basse, les prés, les jardins, toutes les récoltes en général
« s'arrosent pendant six mois (mai-octobre), et une fois
« tous les huit jours (1). »

En rapprochant ces conclusions de celles du rapport sur
les cours d'eau du Var, on trouve que les eaux sont encore
moins bien utilisées dans ce dernier département, puisque
en 1845, 13 mètres cubes d'eau ne servaient qu'à l'arrosage
de 6,000 hectares, tandis qu'ils auraient pu arroser une
surface triple (2).

Les études à l'effet de répartir et de réglementer toutes
les ressources hydrauliques, disponibles dans les trois départements, sont activement poussées. Dans les Basses-Alpes,
il n'existe pas moins d'environ vingt projets nouveaux
dont la réalisation est en voie de s'opérer. Dans le Var et
les Bouches-du-Rhône, indépendamment des petits canaux
collectifs dont le nombre tend à s'accroître, il y en a aussi

---

(1) *Rapport de l'Ingénieur en chef au Conseil général des Basses-
Alpes*; session de 1860, proc.-verb. p. 147 et suiv.
(2) Bosc, *Cours d'eau du Var*, p. 150.

d'un développement plus considérable et qui sont destinés à irriguer de vastes étendues.

VI. — Organisation et attributions des Syndicats.

Les règlements ont donné naissance aux syndicats, et nous devons entrer dans quelques détails sur l'organisation et les attributions de ceux-ci.

De l'existence des canaux collectifs de dérivation, ressort la nécessité d'une administration chargée de la distribution des eaux et de veiller à tous les intérêts des propriétaires arrosants. Les règlements ne seraient rien par eux-mêmes, s'il n'y avait pour les appliquer et les interpréter une commission choisie parmi les propriétaires et investie du soin d'en assurer l'exécution. C'est à cette nécessité que l'on doit la constitution des syndicats déjà assez nombreux en Provence, et qui, par les services qu'ils rendent à l'agriculture, font espérer que toute leur importance sera bien comprise, et qu'une large part leur sera faite dans la rédaction d'un code rural.

Le syndicat est l'expression du principe d'association ; il doit prendre les mesures propres à conserver le droit de chacun en particulier et de l'association en général. L'intérêt personnel des syndics qui se lie intimément à cette observation, et la responsabilité morale qu'ils encourent, assurent ordinairement de leur part un concours dévoué. Plusieurs de ces syndicats sont antérieurs à 1789, et d'autres postérieurs à cette époque. Mais les uns, comme les autres, ont une existence légale, et les décisions ou mesures émanées de leur autorité ont la même force. C'était au Parlement de Provence qu'il appartenait, autrefois, d'homologuer le contrat constitutif des associations syndicales.

La cour d'Aix a consacré par plusieurs arrêts l'efficacité des actes accomplis par les syndics, comme représentant

la société. Un arrêt, du 26 mai 1841, admit que la demande
devait être dirigée, non point contre les arrosants indivi-
duellement de l'eau des Pinchinats, mais contre leur syndic.
La cour de cassation n'accueillit point ce système, et sa
doctrine à cet égard a été critiquée (1). De son côté, la
jurisprudence de la cour d'Aix n'a point varié. En effet,
par un jugement du 23 mai 1850, le tribunal de cette
ville a considéré qu'une association homologuée par le
Parlement de Provence dans les formes alors usitées, devait
être réputée avoir une existence civile, et par suite pouvoir
agir en justice par les syndics. La cour d'Aix a confirmé
purement et simplement cette décision (2).

Mais les associations syndicales, qui réunissent parfois
dans leur sein une portion considérable des habitants d'un
même lieu, ne peuvent être assimilées à des sections de
communes, et, par conséquent, sont dispensées de l'autorisation préalable pour ester en justice (3).

De l'examen des règlements du Var, des Bouches-du-
Rhône et des Basses-Alpes, auquel nous venons de nous
livrer, il résulte, dans l'état des irrigations de ces départements, une différence assez notable. Nous avons déjà
constaté que, dans le département du Var, l'action individuelle des riverains avait une trop large place dans la
distribution des eaux, nuisait à l'essor de l'association et
enlevait aux syndicats le rang qu'ils sont appelés à occuper
prochainement. Dans les vallées des Bouches-du-Rhône, on
suit d'autres règles, et le système des syndicats est plus
familier aux populations. Depuis une époque assez reculée,
cette contrée bornée au nord par la Durance, à l'ouest par
le Rhône et une grande étendue de terrains marécageux a
senti la nécessité de faire concourir tous les intéressés aux
travaux dans lesquels l'action isolée de un ou de quelques
particuliers serait presque toujours infructueuse. Ce qu'on

(1) Dumont, n° 202.
(2) Dalloz, *rec. périod.* 1850. 2° part., p. 181.
(3) Arrêt de cassation du 3 décembre 1828. *Arrosants de Tourves.*

a fait pour arrêter le débordement des rivières, pour assainir et dessécher des surfaces considérables, on a pris également l'habitude de le faire pour tirer le meilleur parti possible des eaux des petites rivières, et des associations se sont formées presque partout. Aux prises particulières ne donnant l'irrigation que sur un faible parcours, on a substitué des canaux communs appelés *béals*, économisant la pente, distribuant l'eau à tous les riverains, et entretenus aux frais de l'association. Quelques propriétaires, sous le nom de syndicat, composent l'administration et surveillent les intérêts de la société.

C'est ce que l'on remarque à peu près dans tout le département des Bouches-du-Rhône. « Dans toutes les vallées,
« il y a de ces béals qui non-seulement arrosent les terres,
« mais encore font mouvoir un grand nombre de moulins
« et de rouages (1). »

Les attributions du syndicat sont variées. Il représente l'association dans toutes les affaires où elle est engagée et sert d'intermédiaire entre les particuliers qui la composent et l'administration. Comme il connaît à fond les besoins et les ressources de la société, dont il n'est qu'une délégation, il trouve pour celles-ci le meilleur emploi possible et fait accorder satisfaction à ceux-là.

S'il est constitué pour l'exécution d'un règlement ancien, il se borne à répartir les dépenses nécessitées par l'entretien et les réparations du canal, fait procéder au curage et veille à la rentrée des contributions imposées sur les intéressés. C'est également lui qui propose les modifications qu'il croit utile d'apporter aux règlements, dans l'intérêt de la société (2).

Quelquefois, les contestations concernant l'arrosage lui sont soumises, et il doit faire tous ses efforts pour rapprocher les parties. Cette sorte d'arbitrage n'est pas un de

(1) Villeneuve, *Statistique*, t. III, p. 711.
(2) Dumont, n° 100. — Dufour, n° 250 et suiv.

ses moindres avantages, surtout dans une matière qui, comme celle du régime des eaux, est féconde en discussions de toute nature. Dans la transaction de 1571, sur le canal de Craponne, les différends doivent être soumis à trois arbitres. A Varages, par le réglement de 1749, les contestations concernant l'arrosage seront, avant tout, portées devant le syndicat, qui devra faire ses efforts pour concilier les parties et éviter un procès. Ce droit pour les syndics, reflet amoindri d'une institution qui contribue à la prospérité agricole du royaume de Valence (Espagne), pourrait, s'il était introduit dans un plus grand nombre de règlements, rendre de véritables services à l'agriculture (1).

S'il ne s'agit que de l'exécution et de la surveillance d'un règlement ancien, les fonctions du syndicat sont moins importantes que dans l'hypothèse de l'établissement d'un canal nouveau.

Dans ce cas, le premier acte des intéressés est de se former en association. Toutes les associations entre arrosants sont volontaires, et le droit de coaction n'existe pas encore dans nos lois. Elles se forment, soit par un acte ordinaire dans lequel toutes les parties insèrent leurs accords, soit par voie administrative. Réunis en assemblée générale, les divers particuliers rédigent un projet de règlement qu'ils font parvenir au préfet, avec une demande à l'effet d'être organisés en syndicat. Le dossier est examiné par l'administration supérieure, et le préfet nomme les syndics; il ne fait le plus souvent que ratifier la liste qui lui a été présentée par la réunion des riverains.

Le décret du 25 mars 1852 accorde au préfet le droit de statuer, sans l'autorisation du Ministre des travaux publics, « sur la constitution en associations syndicales « des propriétaires intéressés à l'exécution et à l'entretien

---

(1) Un tribunal qui porte le nom de *Acequieros*, juges choisis parmi les intéressés, statue sur les contraventions et contestations relatives à l'arrosage; Jaubert de Passa, *Voyage en Espagne*, t. II, p. 114 et suiv.

« des canaux d'arrosage, lorsque ces propriétaires sont
« d'accord pour l'exécution desdits travaux et la réparti-
« tion des dépenses. »

« Cependant, ajoute M. Dufour, il est sans exemple
« qu'un préfet se soit prévalu de cette attribution.
« L'administration supérieure se fait un devoir d'attirer
« jusqu'à elle toutes les affaires de ce genre (1). »

Le décret qui est rendu définitivement pour organiser le
syndicat se compose ordinairement de plusieurs titres.
Le premier se rapporte à la formation du syndicat : nomination, droits et devoirs spéciaux du directeur; durée des
fonctions des syndics et attributions de ceux-ci. Le
deuxième comprend les travaux, leur mode d'exécution et
de paiement. Le troisième : la rédaction des rôles et leur
recouvrement. Ils sont rendus exécutoires par le préfet et
recouvrables de la manière et avec les priviléges établis
pour les contributions publiques.

Une commission spéciale, composée de propriétaires
étrangers à l'association, détermine le périmètre et le classement des propriétés intéressées à l'établissement du
canal projeté, et établit les bases de la répartition entre ces
propriétés (2).

La nomination d'un conducteur d'eau rétribué, appelé
eygadier, eygalier ou *arroseur*, est également de la compétence des syndics et non de celle du préfet. Ce préposé,
agent direct du syndicat, est l'instrument actif au moyen
duquel celui-ci exerce sa surveillance. C'est l'eygadier
qui, dans presque toutes les localités, est chargé de la
distribution des eaux et prévient ainsi les usurpations des
riverains. Cette partie de ses attributions dérive d'un
usage pratiqué dans beaucoup de communes, et d'après
lequel, si l'un des arrosants n'est point présent devant sa
prise, quand son tour arrive, il est déchu momentanément

(1) Dufour, n° 252.
(2) Voir le règlement pour le canal d'irrigation de Saint-Pons
(Basses-Alpes) — Dumont, n° 198; — Dalloz, *Rép.* v° *Eau*, p. 356.

et doit attendre que son tour arrive de nouveau. Cela tient
à ce que nous avons dit précédemment que l'ordre d'arrosage étant déterminé, il n'est plus permis de l'intervertir (1).

Les infractions à l'ordre établi sont punies d'une amende
prononcée contre les contrevenants et quelquefois même
contre les cygadiers qui les ont facilitées par leur négligence, sans préjudice des dommages-intérêts pour la
partie qui prouvera en avoir souffert. Le produit de ces
amendes n'était point affecté exclusivement dans les règlements anciens à l'association ; très-souvent les dénoncia-
teurs en recevaient une partie (2).

La loi de 1807 fait varier le nombre des syndics de 5 à
9. Il est ordinairement impair. Avant cette époque, il
descendait quelquefois jusqu'à trois (3).

Les syndicats sont, avons-nous dit, la conséquence de
l'association entre les riverains d'une eau publique. L'association, en cette matière, est aussi favorable à la cause
de l'agriculture que l'action individuelle des riverains lui
est préjudiciable par le gaspillage des eaux et le rétrécis-
sement qu'elle apporte à la zone des irrigations. Si les
petites rivières sont choses publiques, ne convient-il pas
de les soustraire aux inconvénients d'une appropriation
illimitée pour les répartir d'après des règles qui assurent
l'usage de tous les ayants-droit en mettant un terme aux
abus de jouissance de quelques-uns. L'association seule
peut produire ce résultat. Aussi un écrivain très-versé dans
ces sortes de matières, M. Nadault de Buffon assigne-t-il
aux syndicats toute l'importance qu'ils méritent pour la
distribution des eaux entre les riverains. Il termine ses
appréciations sur l'utilité des canaux collectifs en disant :

---

(1) Règlements à Besse, de 1728; à Lambesc, du 7 août 1712; à
Peyrolles, transaction du 14 juin 1491.

(2) Règlements à Varages de 1749; à Barjols, du 31 août 1656; à
Salon, pour le canal de la Touloubre, de l'année 1293; à Sisteron,
pour le canal de Saint-Tropez, du 5 avril 1779.

(3) Règlement à Tourves, de 1779; à Ollioules, du 18 octobre 1834.

« Ce n'est donc pas en partageant les cours d'eau naturels,
« entre les divers usagers, par petites fractions de leur
« débit que l'on peut assurer leur bonne utilisation ; mais
« on peut parvenir à ce but en attribuant par jours et
« heures, à ces mêmes usagers, tout ou partie du volume
« disponible pour chaque cours d'eau; c'est-à-dire que
« l'on ne peut résoudre cet important problème, sans
« recourir au principe salutaire des *syndicats* et des règle-
« ments généraux, à l'aide desquels on parvient à établir,
« sur des bases convenables, *l'usage commun des eaux cou-*
« *rantes*, source de richesses si elles sont bien administrées,
« sources de dommages si on les laisse sans contrôle aux
« entreprises incessantes de l'intérêt privé (1). »

Tous ces canaux collectifs, administrés par des syndicats
et entretenus par les eaux des petites rivières non flottables, ne peuvent étendre l'arrosage au-delà de la zône des
propriétés riveraines ; car ils ne sont, en définitive, qu'une
application intelligente de l'art. 644. Ce n'est pas que, pour
favoriser davantage encore l'agriculture, on n'ait demandé
quelquefois la faculté de dérivation pour toutes les terres
que leur niveau rend susceptibles d'être arrosées, riveraines
ou non, en dépouillant les propriétés contiguës du privilége que l'art. 644 leur accorde ; et l'on a dit, que si les
eaux tendent de plus en plus à être considérées comme
choses communes et devant satisfaire aux besoins généraux,
au lieu d'être réparties suivant les vues bornées de l'intérêt privé, il fallait les laisser aller là où l'utilité publique
les réclame. Ces considérations ont prévalu dans plusieurs
législations étrangères, pour convertir les eaux de la
jouissance exclusive des riverains à l'usage de tous ceux
qui peuvent s'en servir. Mais cette extension n'est point
encore écrite dans nos Codes, et il est réservé à une loi
nouvelle de décider cette importante question.

En attendant, les riverains seuls peuvent s'organiser en

(1) Nadault de Buffon, *Hydraulique agricole*, t. III, p. 21-22.

syndicats et partager entre eux les eaux qui bordent leurs héritages. Une prise d'eau ne pourrait être concédée par l'administration à des non-riverains, et s'il est arrivé quelquefois qu'on a concédé à des associations le droit de dériver des cours d'eau non flottables pour l'irrigation, c'est que ces canaux ont été considérés comme d'utilité publique, et c'est en vertu du droit d'expropriation pour cause d'utilité publique que la concession a eu lieu (1).

Mais l'utilité publique doit avoir ses limites, et pourrait-elle permettre d'enlever aux riverains autre chose que le superflu des eaux? pourrait-elle autoriser la spoliation complète des droits accordés par la loi et la nature, sans faire participer les riverains eux-mêmes aux bénéfices ultérieurs de cette expropriation et de la répartition qui en sera la conséquence? Cette question vient d'être soulevée devant le Sénat à propos de la dérivation des eaux de la Dhuys que l'on veut amener à Paris. Les habitants des communes traversées par cette rivière ont formulé d'énergiques protestations qui, préalablement à toute discussion sur le fonds, ont reçu un accueil favorable (2).

***

(1) Observations de M. le Ministre des travaux publics et de M. Odilon Barrot sur la discussion de la loi du 15 juillet 1847; Moniteur du mois d'avril 1847. — Bertin, Code des irrigations, n° 163.

(2) Moniteur du 20 mai 1862. — Un vote du Sénat du 27 juin 1862, s'est prononcé en faveur de la constitutionnalité du décret qui autorise les travaux à faire pour la dérivation des sources de la Dhuys; Moniteur du 28 juin.

CHAPITRE III.

EAUX PRIVÉES.

Eaux privées. — Émulation. — Fontaines publiques. — Versures. — Prescription.

A la différence des eaux publiques qui appartiennent à tous les riverains pour l'usage, les eaux privées deviennent l'objet d'une propriété déterminée et exclusive. On entend par eaux privées celles qui naissent sur le fonds d'un particulier. Le propriétaire est maître d'en user, comme il veut, sans avoir à redouter les prétentions des inférieurs sur les fonds desquels elles coulent par l'effet de la pente naturelle.

Hors deux cas, le propriétaire conserve la libre disposition de sa source.

La possession immémoriale qui n'était point dépourvue d'effet en ce qui concerne les eaux publiques, ainsi que nous l'avons constaté ci-dessus, pouvait-elle attribuer la propriété d'une eau privée ? Les commentateurs de nos statuts répondent négativement. Dupérier dit que « celui « qui pendant 200 ans s'est servi, pour son moulin ou « autre usage, de l'eau qui sort du fonds de son voisin, ne « peut pas empêcher que ledit voisin ne lui coupe et diver- « tisse l'eau quand il voudra, sinon que par le moyen de « quelque fossé fait dans le fonds dudit voisin, ou autre- « ment, il montre qu'il a pris ladite eau, *Jure servi-* « *tutis.* (1). »

Pour que le droit du propriétaire de la source éprouvât

(1) Dupérier, *notes manuscrites*, v° *eau.* — Julien, *Statuts*, t. II, p. 549, 550. — Bonnet, *Arrêts du Parlement*, p. 305.

une restriction provenant de la possession de l'inférieur,
il fallait que celle-ci revêtit un caractère de contradiction
à l'encontre du premier. Alors, si, pendant un certain
nombre d'années le propriétaire de l'eau a gardé le silence
et n'a pas protesté contre les tentatives d'appropriation
dont sa source est l'objet, il y a de sa part présomption de
renonciation, et la prescription est alors susceptible de
s'accomplir.

Le principe était donc, en Provence, ce qu'il est aujour-
d'hui dans toute la France. Seulement le nombre d'années
nécessaires pour compléter la prescription n'est pas le
même, puisque la prescription d'une eau privée s'accom-
plissait par une prescription de 10 ans entre présents et
20 ans entre absents, tandis que l'art. 642 du code Napoléon exige la condition de la période trentenaire.

Les travaux à exécuter par l'inférieur, comme manifes-
tation de son intention de prescrire, devaient être établis
sur le fonds supérieur lui-même. Ce point est devenu
douteux depuis la promulgation du Code, et si les anciens
usages peuvent fournir des inductions utiles, ceux de
Provence appuieraient l'opinion qui veut que les ouvrages
soient placés dans le fonds même de la source. « La pres-
« cription aura lieu si le propriétaire des fonds inférieurs
« a des ouvrages faits de main d'homme dans le fonds
« supérieur, au vu et su du propriétaire : *Sciente et pa-*
« *tiente domino fundi in quo aqua oritur* (1). »

Dans la nécessité publique se rencontrait une seconde
exception aux droits du propriétaire, c'est-à-dire que celui
qui possédait une source dans son fonds était obligé de la
céder lorsqu'elle était reconnue nécessaire à une communauté d'habitants.

M. Dubreuil rappelle que cet ancien principe avait été
consacré en Provence par divers arrêts. Il en cite plusieurs
comme exemples (2).

(1) Julien, *Statuts*, t. II, p. 550.
(2) Dubreuil, n° 82.

En-dehors de ces deux hypothèses, le propriétaire de la source en disposait comme de sa chose et nul n'était admis à lui contester l'exercice de ce droit absolu. Cependant, nous devons ajouter qu'on lui refusait encore quelquefois le droit de détourner l'eau au préjudice des inférieurs, lorsqu'il le faisait par *émulation* et sans profit pour lui-même. La jurisprudence du Parlement de Provence contient quelques décisions dans ce sens.

Boniface, en son recueil d'arrêts notables, rapporte une décision du 12 décembre 1671, rendue entre deux propriétaires de fonds situés le long du *vallat* des Pinchinats, et il ajoute : « On doit convenir, dans la question de droit, « que celui qui a un fonds supérieur se peut servir des « eaux qui naissent dans ce fonds et les couper pour son « usage ; la raison est tirée de ce que chacun est maître « de son fonds, et que l'eau appartient au maître du fonds. « Il n'y a que deux cas auxquels cette maxime cesse, « savoir : Lorsque le coupement et divertissement de l'eau « est fait par *émulation*, et l'autre cas est, quand il y a « servitude établie de l'eau pour l'arrosage du fonds in- « férieur.

« Par arrêt du 12 décembre 1671, la Cour ordonna qu'il « serait fait descente sur le lieu par un commissaire pour « faire rapport si Tournon se peut servir de l'eau pour sa « commodité, et si elle tombe dans un lieu commun et « public ; car le propriétaire de l'eau qui entre dans le « fonds d'autrui la peut divertir, *nisi aqua publico usui* « *servire*t (1). »

Cette exception empruntée à l'émulation, favorable à l'inférieur, n'avait d'autre cause que l'inutilité des eaux pour le supérieur, et il faut croire que lorsque cette cause venait à disparaître et que, par une circonstance nouvelle, le propriétaire ainsi dépouillé, n'obéissant plus à un senti-ment d'émulation, pouvait mettre à profit la source nais-

(1) Boniface, t. IV, p. 631-632.

sant dans son fonds, il reprenait le droit de la retenir pour la convertir à son avantage.

L'émulation semble ne pas avoir survécu, en Provence, à la publication du code Napoléon. Dubreuil la mentionne; ses annotateurs en parlent comme d'un motif de décision qui n'est plus adopté, et les auteurs modernes s'élèvent en général contre son application. Les raisons, en effet, ne manquent pas pour condamner ce système. Préciser l'émulation devient, dans la plupart des cas, chose difficile. Où finira l'exercice légitime du droit de propriété, ou commencera l'émulation ? Telles sont les questions qui se présenteront toujours et pour la solution desquelles on se trouve trop facilement exposé à prendre pour de la malveillance l'obstination de celui qui s'efforce de maintenir intacte sa prérogative de propriétaire. L'art. 642, étant du reste limitatif, paraît ne pas permettre que son application s'étende à des cas imprévus (1).

Nous en dirons autant d'une règle, d'après laquelle on exceptait anciennement de la libre disposition du propriétaire la source née dans son fonds, mais qui a accoutumé d'entrer dans un canal public pour l'utilité publique : *Si sit principium et caput fluminis.* Si l'on voulait continuer à appliquer cette règle, l'art. 641 perdrait toute sa force et deviendrait inutile (2).

Les eaux des fontaines publiques, quoique servant à l'usage de tous les habitants, n'en sont pas moins pour cela des eaux privées qui appartiennent aux communes. Mais, la disposition que celles-ci pourraient en faire est limitée par les besoins auxquels ces fontaines doivent accorder satisfaction, c'est-à-dire que, si des concessions sont faites à des particuliers, ce n'est jamais qu'à titre précaire

(1) Tardif et Cohen sur Dubreuil, n° 85. — Dalloz, *répert.*, v° *servitudes*, n° 114. — Demolombe, *servitudes*, n° 66.

(2) Dubreuil, n° 6. — Dupérier, *notes manuscrites*, v° *eau*. — Dalloz, *servitudes*, *répert.* n° 161. — Daviel, n° 768. — Pardessus, n° 94 et suiv.

et seulement pour ce qui excède les besoins de la communauté (1).

De là, cette double conséquence que les communes ne pouvaient aliéner les eaux servant à alimenter les fontaines publiques et que la prescription ne pouvait pas davantage les atteindre (2).

Cela a été ainsi jugé, le 10 mars 1836, par le tribunal de Brignoles pour la source de Saint-Siméon dont les eaux alimentent les fontaines publiques de cette ville ; et l'opinion des auteurs est conforme, soit qu'ils aient écrit sur le droit général français, soit qu'ils aient plus spécialement envisagé le droit local. C'est pour cela que Cappeau, établissant une distinction, disait : « Nul particulier ne peut prescrire la fontaine, l'abreuvoir ou le « lavoir public et s'en approprier la jouissance exclusive ; « mais les égouts des fontaines ayant rempli l'intérêt « public et satisfait les besoins de l'habitation ne sont « plus que des eaux prescriptives (3).

Cette distinction nous amène à examiner quels sont les droits que l'on peut exercer à l'égard des versures des fontaines publiques, et à signaler sur cette question l'état de la jurisprudence locale. Il est en effet rationnel de ne pas confondre les eaux avant leur introduction dans la fontaine et après qu'elles en sont sorties. Dans le premier cas, l'usage public les réclame et il est défendu de rien faire qui puisse préjudicier à la satisfaction des besoins de l'habitation. Dans le second cas, au contraire, elles ont rempli le but auquel elles etaient destinées, et par conséquent la commune, disposant alors d'une chose inutile, peut en consentir la cession à certains particuliers.

Son droit d'aliénation emporte, au profit des tiers, le pouvoir de prescrire. Aussi, quiconque, en se conformant

(1) Arrêt du Conseil d'État du roi : du 16 nov. 1695. — *Délibération de l'Assemblée des États Provence*, cahiers, ann. 1771 p. 87-88.
(2) Dubreuil, nᵒˢ 123-124.
(3) Cappeau, nᵒ 91.

aux règles édictées par le Code, aura pratiqué des ouvrages suffisants et les aura possédés pendant le laps de temps requis, pourra se prévaloir de la prescription pour s'attribuer privativement les versures des fontaines publiques.

Voici maintenant diverses décisions judiciaires rendues pour la Provence et qui se rattachent à cette question.

C'est d'abord un jugement du tribunal d'Aix, du 22 août 1856, contre la commune de Rognes, confirmé par arrêt de la Cour du 25 novembre 1858. Les motifs du jugement sont les suivants :

« Attendu que la commune se prévaut de ce que les égoûts
« de la fontaine sont imprescriptibles à cause de leur nature
« d'eau publique ; — Attendu que la commune confond ici l'eau
« qui alimente une fontaine publique et celle qui, après que les
« besoins de cette fontaine sont satisfaits, est jetée sur la voie
« publique ; — Attendu que si la première est à l'abri de toute
« prescription, il n'en est pas de même de celle-ci, que son jet
« sur la voie publique en fait une chose abandonnée et laissée à
« la disposition de ceux qui veulent l'utiliser ; — Attendu que
« les égoûts dont il s'agit, abandonnés ainsi qu'ils l'ont été
« comme constituant pour la commune une eau superflue et
« inutile, ont donc pu être l'objet d'une possession légale, et qui,
« dès lors, en a pu faire acquérir la prescription, etc. »

La Cour d'Aix confirma purement et simplement, en adoptant les motifs des premiers juges.

L'année suivante, par arrêt de la même Cour du 11 août 1859, une décision semblable a été rendue en faveur d'un habitant, contrairement aux prétentions de la commune de Tourves. La Cour reconnut encore que les versures ont un caractère d'eaux privées et sorties du domaine communal public ; qu'une longue possession, continuée avec toutes les conditions requises pour prescrire, en conférait la propriété et formait un obstacle à ce que le maire de la commune pût en dépouiller le possesseur actuel pour les céder ou les vendre à d'autres habitants ; que le propriétaire ainsi protégé par la prescription ne pourrait perdre le droit par lui acquis que par voie d'expropriation pour cause d'utilité publique. Par conséquent, elle déclara que la dame Natte avait, pour l'usage et l'irrigation de ses propriétés rurales sises à Tourves, le droit de dériver et d'employer les eaux provenant des versures des fontaines publiques de Tourves, à titre de servitude, après accomplissement et satisfaction de tous les besoins publics.

La jurisprudence de la Cour de Cassation a varié, et nous reproduisons ci-après les arrêts qui ont été rendus dans ces deux espèces, parce que sur une même question de principe elle a adopté, dans un intervalle très-rapproché, deux solutions différentes.

Le premier est du 9 janvier 1860 et concerne la commune de Rognes.

ARRÊT.

« Attendu que l'arrêt attaqué considère les eaux qui alimen-
« tent la fontaine publique de la commune de Rognes sous un
« double rapport: Eaux nécessaires aux usages des habitants,
« et celles qui, déversées sur la voie publique et abandonnées par
« la commune, sont qualifiées par l'arrêt d'eaux superflues et
« inutiles; — Attendu que cette dernière partie des eaux, pou-
« vant être l'objet d'une aliénation, se trouve dès lors dans le
« commerce et devient susceptible de prescription, tant qu'elle
« conservera cette qualité reconnue par le juge du fait; — Atten-
« du que par des travaux apparents construits par les frères
« Meynier ou leurs auteurs sur le fonds supérieur, les eaux re-
« cueillies ont été dirigées sur leurs propriétés pendant un temps
« plus que suffisant à prescrire; que si une partie des ces travaux
« reposent sur une voie publique, aucun arrêté de l'autorité
« administrative n'a prescrit jusqu'à présent la destruction de
« ces travaux; et que, d'ailleurs, cette circonstance ne saurait
« être un obstacle à la prescription puisqu'on ne prétend point
« l'appliquer à la voie publique elle-même, mais à des eaux qui
« ne font que la traverser et qui sont reconnues susceptibles
« de possession; — Que c'est, dès lors, à bon droit que, dans
« l'état des faits, l'arrêt attaqué à maintenu les frères Meynier
« dans la jouissance des eaux provenant de l'égoût de la fontaine
« publique dont s'agit; — Rejette. »

6

Le deuxième est du 20 août 1861; il casse l'arrêt rendu par la Cour d'Aix en faveur d'un habitant de la commune de Tourves.

ARRÊT.

« La Cour; — Vu les articles 583, 2226, 2229 et 2232 du Code
« Napoléon; — Attendu qu'il est constaté par l'arrêt attaqué
« que les eaux employées par la défenderesse à l'irrigation des
« propriétés dites de l'Enclos et du Grand-Jardin sont prises à la
« sortie des fontaines publiques de la ville de Tourves ;— Atten-
« du que ces eaux fussent-elles, à un moment donné et au
« point de vue de la satisfaction des besoins des habitants, dé-
« clarées surabondantes et superflues, cette circonstance, pure-
« ment accidentelle et essentiellement variable, ne saurait avoir
« pour effet de changer leur nature d'eaux publiques et de mo-
« difier les effets légaux qui en découlent, eu égard notamment
« à leur imprescriptibilité; — Attendu, d'ailleurs, et sous ce
« dernier rapport, qu'en ne s'opposant pas aux faits de posses-
« sion relevés par l'arrêt attaqué, la ville de Tourves n'a réelle-
« ment accompli qu'un acte de tolérance; que son inaction ne
« saurait avoir, en effet, un autre caractère, puisqu'en définitive
« elle a toujours pu et peut encore neutraliser les effets de la
« possession invoquée en affectant les eaux litigieuses à une
« destination d'intérêt public communal; — Attendu qu'une
« possession poursuivie et continuée dans ces circonstances et
« à de telles conditions est nécessairement précaire;— Attendu,
« en outre, qu'en présence du droit absolu de la ville de Tourves
« de mettre, à son gré, un terme à l'état de choses signalé, il ne
« saurait être admis que la possession de la défenderesse puisse
« être juridiquement considérée comme non équivoque et à titre
« de propriétaire; — Attendu, néanmoins, qu'une possession
« offrant ces caractères peut seule, aux termes de l'art. 2229 du
« code Napoléon, servir de base à la prescription; — D'où il suit
« qu'en décidant le contraire et en maintenant ainsi au profit de
« la défenderesse, à titre de servitude et comme légalement ac-
« quis par prescription aux termes des art. 641 et 642 du code
« Napoléon, le droit de dériver les eaux, dites superflues, des
« fontaines publiques de Tourves pour l'irrigation de ses pro-
« priétés, la Cour impériale d'Aix a fait une fausse application
« de ces articles, et de plus, formellement violé les articles 2229
« et 2232 du même Code; — Par ces motifs, casse. »

Ces deux solutions si rapprochées et contradictoires répandent sur la solution de cette question une nouvelle incertitude. Cependant, il nous paraît incontestable que si, pendant trente ans un habitant a fait des actes qui annoncent son intention formelle de prescrire, quand la période trentenaire sera écoulée, il devra être, par le bénéfice de la prescription qui le protégera, préféré à un autre habitant qui se prévaudrait uniquement de son intérêt ou des faveurs de l'administration municipale. D'un autre côté, si la partie des eaux qui était superflue à l'époque où la prescription s'est accomplie est devenue nécessaire aux besoins publics, le possesseur pourra-t-il refuser obstinément de laisser rentrer ces eaux dans le domaine c   1-nal ? L'intérêt général devant lequel toutes les   ogatives particulières s'inclinent, quand il s'agit de   distribution des eaux, ne saurait permettre cette appropriation au détriment des communes, et que deviendra alors, vis-à-vis de celles-ci, la position du propriétaire dont la jouissance a été consacrée par la prescription ? Les annotateurs de Dubreuil répondent d'une manière qui semble concilier le droit de la commune avec le respect qu'il faut accorder à la prescription acquise. « Il est vrai, disent-ils, que les « communes pourront toujours s'emparer des eaux si elles « sont utiles à leurs besoins. Mais c'est en vertu d'un « autre principe que celui de l'imprescriptibilité de ces « eaux. En effet, la prescription est acquise au profit d'un « individu qui, par ce moyen, est devenu propriétaire de « la source. Celui-ci se trouve dès-lors, par rapport à la « commune, dans la position de l'art. 643, c'est-à-dire « qu'il sera obligé de subir, au profit de la commune, « la servitude énoncée par cet article. Mais, ajoutons « qu'il pourra toujours aussi réclamer une indem-« nité.

« Ainsi, après la prescription acquise, la commune « pourra toujours réclamer les eaux pour son usage ; mais « ce ne sera qu'à titre de servitude légale, car la

« prescription a pu éteindre et a éteint en effet la pro-
« priété (1). »

En fait, le danger qui peut résulter pour les communes
de la prescriptibilité des versures ne sera pas bien grand,
puisque, pour conférer à un ou quelques habitants la propriété de celles-ci il faudra supposer l'incurie, pendant
trente ans, de l'administration municipale, et l'établissement d'ouvrages apparents qui dénonceront, dès les premières années, l'intention véritable du possesseur. La
complaisance que, dans ces circonstances, l'administration
mettra à laisser continuer ces travaux et cette jouissance
exclusive préjudiciables à l'intérêt général, trouvera sa
peine dans l'indemnité que la commune devra payer plus
tard au propriétaire dépossédé.

---

(1) Tardif et Cohen sur Dubreuil, n° 123, note. — Le recueil périodique de Dalloz contient la reproduction des jugements d'Aix et de
Brignoles, des deux arrêts de la Cour impériale d'Aix, et des deux
arrêts de la Cour de Cassation, rec. périod., 1861, 1° part., p. 385; —
1862, 1° part., p. 125.

CHAPITRE IV.

CANAUX.

I. — Canaux d'irrigation. — Propriété privée — Canal de Craponne.

Les canaux d'irrigation forment une branche très-importante des eaux privées. Exécutés ordinairement pour le service de plusieurs communes, ils appartiennent intégralement à ceux qui en sont devenus concessionnaires, quoique les eaux qu'ils transportent soient dérivées d'un fonds public; car elles deviennent l'accessoire du fonds sur lequel elles coulent : *Aqua ingressa meum fundum, mea est.* « L'eau « qui est une fois entrée dans notre fonds, dit Dupérier, « est à nous, et nous en pouvons faire à notre plaisir. »

Ainsi, tandis que l'irrigation, au moyen des eaux courantes et naturelles de l'article 644, ne s'exerce que sous le patronage et la surveillance de l'administration qui a le droit de rédiger les règlements nécessités par l'intérêt public de tous les riverains, les canaux, au contraire, appartiennent, en toute propriété, à la personne, à la compagnie ou à l'association qui les a établis, et ces propriétaires ne cèdent leurs eaux que suivant les conditions qu'il leur plaît d'imposer aux tiers.

Cependant, comme dans cette matière de l'arrosage qui a tant de rapports avec la prospérité publique, il faut épargner aux propriétaires les illusions qui leur feraient accepter trop facilement les conditions qui pourraient devenir onéreuses, le gouvernement a le soin, dans les ordonnances de concession, de fixer un *maximum* du taux de l'arrosage qui est ordinairement de 31 à 33 francs par hectare.

L'usage en Provence, lorsque l'utilité publique permettait cette exception, autorisait le passage sur le fonds des particuliers. Il y avait plus : toutes les fois qu'un canal était destiné à arroser plusieurs communes, les concessionnaires obtenaient non pas seulement une servitude sur les fonds qu'ils avaient à traverser, mais la pleine propriété des terrains qui étaient nécessaires à l'établissement du canal. Aussi existe-t-il, en leur faveur, une présomption de propriété du canal et de tous ses accessoires, tels que les francs-bords. Mais, cette présomption n'est pas légale; elle constitue une présomption simple, susceptible d'être combattue par toutes sortes de preuves, ou présomptions contraires (1).

Presque tous les canaux qui arrosent le sol de la Provence sont dérivés de la Durance qui traverse le département des Basses-Alpes du nord au midi, touche à peine au Var et sépare les département de Vaucluse et des Bouches-du-Rhône, en coulant de l'est à l'ouest.

CANAL DE CRAPONNE. — En l'année 1554, Adam de Craponne, écuyer de la ville de Montpellier et habitant de la ville de Salon, se fit autoriser par la chambre des comptes du pays de Provence, à construire un canal qui aurait sa prise à Janson, et coulerait jusqu'à la mer en passant par les lieux de la Roque et Sauvecanne, Valbonnette, Mallemort, Alleins, Lamanon, Salon, Cornillon, Saint-Chamas.

Ayant fait exécuter à ses frais, dans le délai de cinq ans, tous les travaux que nécessitait une pareille entreprise, il se mit en mesure de vendre de l'eau aux particuliers et aux communautés, pour faire face à ses nombreuses dépenses et aux dettes qu'il avait contractées. La plupart de

---

(1) Dubreuil, n° 164; la note cite plusieurs arrêts. — Voir aussi Dalloz; *Rec. périod.* ann. 1854, p. 337; arrêt de la cour d'Aix du 7 mai 1856, confirmé en cassation le 16 août 1858. — Cappeau, *Traité des Alpines*, p. 93.

ces concessions contemporaines de l'origine du canal se ressentent des préoccupations auxquelles Craponne fut livré. L'épuisement de ses ressources, ses besoins pressants, son amour du bien public lui firent céder de l'eau à des conditions quelquefois désavantageuses. Tantôt il vendit à bas prix ; dans d'autres communes, il se contenta d'une somme d'argent une fois payée, qui fut bientôt absorbée dans les dépenses de l'entreprise, laissant l'avenir du canal grevé d'une charge perpétuelle. La commune de Salon, surtout, avait tenté le patriotisme d'Adam de Craponne ; il y avait trouvé des encouragements et des secours d'argent ; aussi de nombreuses concessions furent-elles accordées à des particuliers et à la ville elle-même (1).

De là résultait une grande variété dans la quotité et la nature des redevances. Les unes se percevaient en argent, d'autres en blé. On remarquait également que la quantité d'eau n'était point toujours déterminée dans les concessions où l'on se contentait d'insérer la mention *à suffisance*.

Les difficultés fréquentes suscitées à Adam de Craponne par les obligations auxquelles il était soumis, mais qu'il ne pouvait toujours remplir avec des ressources bornées, lui firent concevoir l'idée de se démettre d'une administration et d'une responsabilité bien lourdes pour un seul homme, et « parce que ledit Adam de Craponne n'a le « moyen, ni la commodité ni de réparer, récurer, ni en- « tretenir lesdites prises, canal, ponts et fossés, lesquels, à « faute de ce, viennent en toute ruine, comblement et « démolition, tant qu'est et serait une perte et dommage « inestimables, tant pour toutes lesdites parties que pour « le bien et utilité de la chose publique, » il s'entendit avec quelques-uns de ses créanciers et concessionnaires les plus importants, par une transaction du 20 octobre 1571,

---

(1) Transaction du 16 novembre 1556 à la Roque d'Antheron ; acte du 18 septembre 1560 à Mallemort ; du 13 juin 1564 à Alleins ; du 11 juin 1564 à Grans ; du 22 juin 1567 à Péilssanne ; du 4 mai 1559 à Lançon. Elles sont relatées dans le *Rapport de la Commission nommée par arrêt du Préfet, du 30 septembre 1818.*

notaire Catrebards, à Aix, à l'effet de leur céder ses priviléges et ses facultés.

Quelques-unes des dispositions rédigées par ces nouveaux associés tiennent à l'essence même de l'œuvre, et il
est bon de les connaître parce qu'elles servent encore à ce
canal d'acte fondamental.

Les parties contractantes :

1° Respectent les droits établis au profit des divers particuliers et des communes antérieurement à l'époque de
cette transaction.

2° La communion entretient la prise, le grand canal, les
ponts et fossés communs desdites eaux de la Durance,
ainsi que les martellières, pierres et esparciers qu'il con-
viendra de faire le long du grand canal, tant pour les des-
partements desdites eaux, auxdits moulins et engins, que
pour les arrosages. Mais, ils laissent aux divers intéressés
le soin de faire et d'entretenir les fossés et ponts qui leur
sont nécessaires, ainsi que les autres esparciers, martellières, pierres et mesures qui seront mises auxdits particuliers fossés.

3° Elle fixe à raison des facultés et engins de chaque
associé la contribution qu'ils doivent consacrer à la dépense
générale de l'œuvre.

4° Elle établit en principe que la base de la cotisation
pour lesdits associés réside dans le revenu ; la cotisation
une fois établie est invariable et tiendra perpétuellement.
Les particuliers, autres que les associés, qui auraient à
l'avenir aucuns engins ou arrosages provenant de la dérivation desdites eaux de la Durance, seront également
cotisés suivant le même mode.

Les cotisations sont donc proportionnelles aux jouis-
sances, c'est-à-dire que l'eau ne devient point une propriété de laquelle on puisse se servir d'une manière absolue ;
elle n'est cédée au concessionnaire qu'à titre d'usage ; le
droit de celui-ci n'excède point les limites de la concession,

et, si la même quantité d'eau par une distribution intelligente peut augmenter les services qu'elle rend soit à l'agriculture, soit à l'industrie, elle rapportera à la caisse de la communion une plus forte somme (1).

Cet article de la transaction de 1571 qui donnait aux individus la faculté de créer des engins et des arrosages nouveaux, en supportant une cotisation proportionnée au revenu, a reçu dans plusieurs circonstances, et reçoit encore son application. A diverses époques, la compagnie qui pliait sous le poids de charges toujours croissantes, avait fait dresser le plan des entreprises récentes, afin de trouver une compensation dans la cotisation des nouveaux usagers. A la suite d'un arrêt du parlement de Grenoble (5 août 1650), des experts nommés se livrèrent à la recherche des arrosages, moulins et engins dont l'origine était postérieure à la délibération de 1586. Le rapport est du 22 octobre 1676, et l'on y trouve leur avis motivé sur l'opportunité des cotisations à établir.

5° S'il s'élève entre les associés quelque différend, ils seront tenus d'en soumettre la décision à trois amis communs, et le compromis devra être vidé dans la semaine suivante.

6° Le cas de pénurie est prévu, et le rang des associés est réglé pour ce cas; chacun ne devant prendre que la quantité d'eau qui lui est accordée par la présente convention, l'excédant qui coulerait dans la cuvette du canal après ces divers usages, appartient à ladite communion pour les moulins, engins et arrosages qu'elle fera aux lieux et terroirs de Saint-Chamas, Confoux et Cornillon et autres lieux que sera avisé.

La transaction indique également le moyen d'assurer les eaux à ceux qui devront en jouir par préférence à d'autres. « Seront mises lesdites pierres, espaciers et mar-
« tellières, en telle forme, telle profondité et hauteur res-

_____

(1) Estrangin, *Appendice sur les Eaux industrielles.*

« pectivement dudit fossé, que l'eau puisse être prise,
« conduite et dérivée, les uns après les autres, selon l'ordre
« et quantités ci-dessus déclarés, et en telle sorte que
« l'eau de soi-même naturellement découle suivant ledit
« ordre. »

7° La surveillance, du canal est confiée à des gardes et
eygadiers. Ils doivent, bien et dûment, garder les prises et
les fossés, faire la distribution desdites eaux, suivant les
règles établies, et dénoncer ceux qui se livreraient à des
actes d'usurpation. Tous les empiétements qui seront
constatés sur l'étendue du canal, tels que ruptures des
fossés, ouvertures indues des prises, diminutions ou
agrandissements des martellières, altération de leurs
formes, seront poursuivis non-seulement par la voie des
dommages-intérêts, mais soumettront encore les délin-
quants à la peine de 50 livres, dont la moitié sera applicable au roi et l'autre moitié à la communion. Aucun des
associés ne pourra libérer les contrevenants des obligations
qu'ils auront contractées vis-à-vis de la société, à moins
qu'il n'ait le consentement exprès des autres.

Au-dessus des eygadiers se trouve placé un agent d'un
ordre plus élevé, appelé trésorier. Celui-ci est l'adminis-
trateur par excellence ; il concentre entre ses mains les
pouvoirs nécessaires pour arrenter les engins, arrosages
et commodités quelconques appartenant à la communion,
et retirer les revenus qui en proviennent. Il veille à la
réparation de la prise, canal et fossés communs, et exerce
en justice les actions de la société. Les eygadiers sont
placés sous sa direction, et c'est à lui que ceux-ci réclament le paiement de leurs salaires.

La charge du trésorier expire à la fête de la Toussaint
de chaque année ; à cette époque, il rend ses comptes en
présence des membres de la compagnie dont le nombre ne
peut être inférieur à trois, avec faculté pour les absents
de contredire dans le mois. Le reliquat doit être versé
entre les mains du successeur, à moins qu'il ne fût point

jugé nécessaire pour les réparations, dans lequel cas, il serait partagé et distribué entre lesdits associés. Il fut également convenu que chacun des propriétaires remplirait les fonctions de trésorier à tour de rôle. Trésorier et *syndic* sont synonymes.

8° Les cas de gelée ne donnent ouverture à aucune action en dommages-intérêt, soit contre Adam de Craponne, soit contre les associés.

Par un article de cette transaction, Adam de Craponne se réserva la faculté d'agrandir la prise et le canal et d'y introduire une quantité d'eau plus considérable dont il disposerait à son profit, à la charge par lui de contribuer proportionnellement à l'entretien du grand canal, et de ne prendre des eaux dérivées que celles qui resteront après que la quantité des eaux promises auxdits associés respectivement leur sera premièrement distribuée.

Il mourut peu de temps après, laissant pour héritier son frère Frédéric, et celui-ci, par acte du 1er septembre 1581, vendit le privilége résultant de cette clause aux frères Ravel de Salon, qui avaient conçu le projet de conduire les eaux jusqu'à Arles. Le marché fut conclu moyennant le prix de 2,000 écus. Mais des contestations allaient s'élever entre les acheteurs et l'œuvre ancienne, lorsqu'une transaction du 16 février 1583 vint régler les nouveaux rapports de la société et des cessionnaires de Frédéric de Craponne.

L'œuvre ancienne ne peut exiger, en cas de pénurie, une plus grande quantité d'eau que celle qui lui est dévolue par la transaction de 1571. Mais elle sera préférée, pour cette quantité, à l'œuvre nouvelle. Enfin, par délibération du 23 décembre 1586, il fut convenu que, la contribution des nouveaux associés s'élevant à la somme de 900 écus, comme celle de l'ancienne compagnie, ils auraient droit à une égale quantité d'eau, c'est-à-dire à dix moulans; que, pour l'entretien de la prise et fossés communs, et autres affaires concernant ladite compagnie, les anciens associés fourniraient la moitié, et les nouveaux associés l'autre moitié, sans que ladite côte put être modifiée à l'avenir.

Les nouveaux associés devront participer à la nomination du trésorier et seront, à leur tour de rôle, investis de cette charge.

Ainsi fut constituée l'œuvre de Craponne par la fusion des intérêts des deux compagnies.

D'après ces transactions, le canal doit donc transporter 20 moulans d'eau pour le service des deux branches pendant la saison des arrosages, et 10 moulans pendant l'hiver pour faire marcher les moulins et engins (1). Mais, comme le canal doit aussi donner de l'eau aux divers concessionnaires ou acheteurs particuliers autres que les associés, il faut qu'il en débite, pour ces divers usages, une plus grande quantité.

Les arrosages s'effectuent du 1er avril au 30 septembre.

Malgré toutes les précautions déployées dans les transactions dont nous avons présenté l'analyse succincte, la voie des procès ne fut point complètement fermée, et leur multitude s'explique autant par le grand nombre d'intérêts qui se relient à la création de ce canal, que par des causes empruntées à sa nature et à sa constitution particulières.

Au nombre de ces causes, il faut ranger les changements brusques du lit de la Durance, et les variations incessantes dans la hauteur de ses eaux. C'est quelquefois par des travaux très-coûteux et exécutés à une assez grande distance qu'il faut amener à la prise, au milieu d'un lit de cailloux, des eaux devenues très-basses par la sécheresse de l'été. A mesure que les difficultés augmentent pour la compagnie, les propriétaires arrosants se montrent plus exigeants, et la lutte de ces divers intérêts fait naître des contestations dont le poids est une charge nouvelle pour l'administration du canal.

_____

(1) Le moulan est estimé approximativement à un quart de mètre cube par seconde. Estrangin; *Eaux Industrielles*; note. — Cappeau, *Traité des Alpines*, p. 62.

La distribution des moulans de préférence aux communes éloignées de la prise du canal n'est pas toujours, non plus, d'une application facile. Il paraît même que les moyens indiqués dans la transaction de 1571 et qui consistaient à placer les ouvertures à une hauteur proportionnée, au-dessus du plafond du canal, n'avaient pas produit tout l'effet attendu, puisque la commission, instituée en 1818, ne put s'empêcher de reconnaître que l'ordre des degrés présentait des difficultés qu'on ne pourrait vaincre dans la répartition.

Adam de Craponne n'avait point limité la quantité d'eau vendue à la plupart de ses concessionnaires, antérieurement à 1571 ; là, se trouvait aussi le germe de contestations nombreuses, et, si à toutes ces causes réunies qui tiennent à la constitution même du canal on ajoute celles que les usupations des riverains ont fait naître, on comprendra facilement entre la compagnie, d'une part, et les concessionnaires, de l'autre, le retour de ces conflits au milieu desquels l'administration du canal usa ses ressources, et désespéra bien souvent de réaliser la pensée généreuse de son fondateur.

En 1700, les représentants des anciens co-propriétaires du canal, obéissant à la nécessité qui avait fait souscrire à Adam de Craponne la transaction de 1571, firent à leurs propres créanciers l'abandon de lours droits. Depuis cette époque, les abus continuèrent et l'établissement ou agrandissement des martellières et coupures sur tout le parcours du canal en font suffisamment foi.

Plus tard, l'administration de l'œuvre résida pendant quelques années entre les mains des agents du Gouvernement, et cette mesure d'extrémité ne rétablit point l'ordre.

Enfin, la commission de 1818 présenta ses observations qui redressèrent quelques irrégularités, mais ne purent les déraciner toutes.

En 1850, la déconfiture des principaux intéressés provoqua, de la part de l'autorité, des mesures conservatoires, et l'arrêté préfectoral du 7 mars 1850 a régi pendant quelque temps l'administration du canal. Un autre arrêté préfectoral du 4 janvier 1854 a confié la gestion de l'œuvre à un syndicat composé des maires des principales communes arrosées, et du principal intéressé, acquéreur de la branche d'Arles.

Des délais ont été accordés en 1856 et 1857 afin de donner à l'œuvre le temps de se reconstituer et de faire cesser les abus qui se sont glissés dans la distribution des eaux. On a même proposé de prononcer la déchéance de la concession, sauf à réunir tous les intéressés en association territoriale et à reporter sur cette association l'effet de la concession faite à l'auteur du canal. Mais la situation provisoire continue, et c'est encore le syndicat institué en 1854 qui est chargé de l'administration du canal.

II. — Canal de Boisgelin ou des Alpines. — Canaux de la Brillanne, de Saint-Tropez, de Peyrolles, etc., etc.

Le CANAL DE BOISGELIN ou des Alpines commencé en 1773 n'est point encore terminé (1).

Il fut primitivement conçu pour l'arrosage des plaines de la Viguerie de Tarascon, comprises entre la Durance, le Rhône et la chaîne des Alpines, et son nom lui vint de Monseigneur l'Archevêque d'Aix, président des états de Provence.

C'était la province qui se chargeait de l'exécution de ce grand travail d'utilité publique, et l'assemblée générale des communautés dans une session de l'année 1772 délibéra qu'une somme de 100,000 livres provenant de l'impôt

---

(1) Ouvrages à consulter · avant 1789, *Délibérations de l'Assemblée des Communautés*; Coriolis, de l'*Administration de la Provence.* — Après 1789; Cappeau, *Traité des Alpines*; De Villeneuve, *Statistique des Bouches-du-Rhône*; Estrangin sur Dubreuil; *Appendice*; V. Courtet, *mémoire Délibérations du Conseil général des Bouches-du-Rhône.*

sur le sel serait versée annuellement entre les mains du trésorier pour être consacrée à la construction d'un canal, dont la prise serait établie à Mallemort et amènerait les eaux dans une grande partie de la Viguerie de Tarascon.

Un arrêt du Conseil du roi du 3 avril 1773 autorisa la dérivation, la construction du canal et la vente par les procureurs du pays aux différentes communautés et aux propriétaires des *moulans* d'eau dont ils auront besoin. Par cela même, il autorisa implicitement le passage des eaux sur les fonds intermédiaires. D'ailleurs, l'arrêt du conseil du 20 février 1783 fit disparaître tout doute à cet égard.

Les travaux commencèrent ; ils furent poussés jusqu'à Orgon. Mais à partir ce point, ils ne devaient être repris et continués que bien longtemps après.

Pendant les premières années, plusieurs oppositions avaient été soulevées et aplanies ; formées par la compagnie du canal de Provence, et par les états du Comtat Venaissin agissant dans l'intérêt d'une dérivation que l'on voulait établir sur le territoire de Mérindol, elles n'eurent pas de suite.

Pour répondre à la demande de plusieurs communes situées sur le versant méridional de la chaîne des Alpines, une nouvelle autorisation fut accordée de dériver 10 moulans 1/2 d'eau au bassin de Lamanon pour les conduire dans les lieux d'Istres, Grans, Miramas, Saint-Chamas et Entressens, en suivant, à peu de chose près, la direction du canal de Craponne, et parcourant les territoires sillonnés par celui-ci. Par l'acte du 30 janvier 1783, les procureurs du pays s'engagèrent envers les représentants desdites communautés. Une des conditions principales de cette nouvelle concession consistait à payer à la province dix mille livres par moulan d'eau, libérables en dix années, avec intérêts au cinq pour cent depuis la jouissance.

La compagnie de Craponne craignant que la concurrence de nouveaux arrosages et de nouvelles usines ne vint diminuer les avantages qu'elle retirait de ses eaux, adressa des réclamations qui furent écoutées par l'administration du pays. Celle-ci se montra disposée à faciliter un arrangement entre deux œuvres éminemment utiles qui devaient concourir au même but, sans cependant se contrarier réciproquement, et le 26 juillet 1783, les représentants de Craponne et les procureurs du pays rédigèrent une convention qui régla les rapports de ces deux entreprises (1).

La réception des travaux depuis la prise jusqu'à Lamanon est du mois de juillet 1786 ; mais l'année suivante, on se trouva dans la nécessité de les susprendre, à cause du manque de fonds.

Depuis cette époque, les événements politiques détournèrent l'attention de cette entreprise, et ce fut le gouvernement de l'Empereur qui, le premier, renoua la série des documents destinés à faciliter l'achèvement des travaux et à donner à ce canal son véritable caractère.

L'ancien état de choses n'existait plus ; l'état avait remplacé la province et il s'était soumis envers les concessionnaires à remplir toutes les obligations qui incombaient à l'administration provinciale.

Le décret du 22 juin 1811 eut pour effet de consacrer et de maintenir les concessions d'eau faites à titre onéreux par les états de Provence, et de fixer tous les détails de l'administration entre les mains du directeur des domaines ; Il disposa que la mise de l'eau dans le canal serait faite annuellement, le plus tard, le 15 avril (2).

Ainsi, ce qui, dès les principe, ne devait être que la partie secondaire et accessoire du canal, c'est-à-dire la dérivation faite à Lamanon pour porter les eaux dans les communes avoisinant la Crau, devint le canal lui-même, et la branche septentrionale, celle qui s'arrêtait à Orgon, n'avait qu'une bien moindre importance.

_____

(1) *Cahier des Délibérations des Etats* : ann. 1784, p. 67. — Coriolis, do l'*Administration de la Provence*. — Cappeau, *Traité des Alpines*, p. 113 et suiv.

(2) *Bulletin des Lois*

Les concessionnaires des deux branches s'étant aperçus que la diligence qu'il fallait déployer presque toujours dans la construction des travaux destinés à amener les eaux dans le canal, travaux urgents et souvent imprévus, ne s'alliait point avec l'observation de toutes les formes administratives, sollicitèrent d'avoir à supporter les charges de l'entretien du canal, pourvu qu'on leur fit l'abandon des produits qui constituaient le revenu de l'œuvre, tels que jouissance des francs-bords, coupe des herbages, service d'intérêts de sommes principales encore dues, rentes en blé, etc.

Ce contrat, qui substituait ainsi un certain nombre de concessionnaires au domaine, porta le nom de contrat d'abonnement. Arrêté entre les parties, le 17 novembre 1811, il fut approuvé par le décret du 18 janvier 1813 ; la durée de l'abonnement était fixée à 60 ans ; il commençait au 1er janvier 1813.

Le règlement de l'œuvre générale des Alpines suivit de près l'acte de concession ; il fut approuvé par le décret du 5 février 1814, qui en fit la loi fondamentale de l'œuvre.

Ce règlement confie l'administration du canal à diverses personnes ; le syndic général est, de tous les administrateurs, celui qui a les pouvoirs les plus étendus. Il préside le conseil ; il est chargé de l'exécution des délibérations ; il en conserve le dépôt comme de tous les autres titres quelconques concernant l'œuvre ; il exerce les actions en justice et fait procéder aux travaux d'urgence. Il doit veiller spécialement à ce que l'eau soit mise dans le canal au 1er avril, au plus tard.

Le Conseil est composé de quatre membres. Parmi ses attributions, figure celle de nommer le trésorier qui ne peut payer aucune dépense que sur le mandat du syndic.

Au-dessous d'eux, se trouve le garde-canal et l'éclusier chargés, le premier, de la conservation des canaux, de leurs berges et des arbres qui y sont plantés ; le deuxième, spécialement de la manutention et de la surveillance des

7

martellières, de l'introduction des eaux dans le canal et de leur distribution entre les concessionnaires (1).

Les abonnataires du canal étaient seulement tenus d'entretenir en bon état de réparations les parties existantes et n'avaient point pris l'engagement de poursuivre l'exécution des sections qui restaient à construire. Aussi, ces traités, consentis par le Gouvernement et utiles à la zône des terrains les plus rapprochés de la prise, ne renfermaient aucune promesse pour les communes inférieures qui demandaient instamment l'accomplissement du projet conçu par les états de Provence.

Pénétré de la justice de ces réclamations, le Gouvernement attendait une occasion favorable pour modifier, en vue de l'intérêt général, les conditions de l'abonnement passé avec les divers concessionnaires. En 1823, une compagnie se présenta et demanda la concession, à perpétuité, du canal des Alpines, de ses francs-bords et d'une portion notable de ses revenus, s'obligeant à poursuivre son achèvement dans le délai de dix ans, et à faire, à ses frais, les travaux d'entretien et de réparation. Mais, les abonnataires de 1813, qui avaient des droits acquis, firent d'abord résistance. Cependant ils ne tardèrent pas à se désister, considérant que la branche principale, celle d'Orgon, entraînait plus de dépenses qu'elle ne procurait de revenus. Alors, l'œuvre générale des Alpines limita ses prétentions à la branche méridionale et fit l'abandon de la partie comprise entre le Pont-Donneau et l'origine du canal à Mallemort.

L'état, en faveur de qui cette renonciation avait été opérée, devait, en conséquence, par lui ou ses adjudicataires, entretenir une seule prise et se chargeait du service des moulins d'eau à distribuer à la branche méridionale. Ces clauses furent rédigées dans les délibérations de l'œuvre du 6 novembre 1826 et 20 septembre 1838.

---

(1) Le texte du contrat d'abonnement et du règlement général de l'œuvre est rapporté *in extenso* dans le *Traité des Alpines*.

De leur côté, les anciens concessionnaires, dont les martellières étaient établies sur la branche du Pont-Donneau, à Orgon, renoncèrent aussi à leur bail, en exigeant, par priorité, le service d'un certain nombre de moulans.

La branche septentrionale du canal des Alpines devenait ainsi parfaitement distincte de la branche méridionale et rentrait dans la libre disposition de l'Etat. Mais des difficultés surgirent pour le règlement des rapports respectifs de ces deux parties qui, prenant un développement égal, devaient avoir bientôt des intérêts opposés ; les questions de priorité furent soulevées de part et d'autre, et la série d'entraves et de déchéances qui signale l'existence de ce canal depuis 1823 jusqu'en 1854, arrêta encore une fois l'essor de la branche septentrionale.

Jusqu'à cette dernière époque, diverses compagnies s'étaient présentées qui devaient se charger de l'exécution définitive de ce grand travail, en 1823, en 1838 et 1845. Mais, elles ne furent pas plus heureuses les unes que les autres, et ne pouvant remplir leurs engagements, encoururent successivement la déchéance.

La dernière de toutes les concessions, celle en qui réside pour le moment l'avenir du canal des Alpines (branche septentrionale), est réglementée par le décret du 14 juin 1854. Les concessionnaires sont tenus de terminer, dans un délai limité, la branche d'Orgon, se dirigeant à la sortie du percé vers Saint-Rémy et de là vers Saint-Gabriel et Arles, après avoir fourni au bassin de partage de Saint-Rémy une certaine quantité d'eau pour les dérivations d'Eyragues, de Château-Renard et de Noves. Ils devront ensuite, indépendamment de ces divers travaux qui se relient entre eux, creuser un second canal distinct ayant sa prise à Rognonas, et qui prendra le nom de deuxième branche septentrionale du canal des Alpines.

Depuis 1854, les travaux ont repris, mais avec une certaine lenteur, et on attend encore la promulgation des règlements d'administration publique qui doivent tarir la source des conflits, en fixant d'une manière définitive les rapports de la branche septentrionale des Alpines avec la branche méridionale et avec le canal du Viguerat (1).

Tel est l'abrégé historique de ce canal d'irrigation, conçu il y a près de cent ans, et à peine commencé, du moins en ce qui concerne la branche septentrionale.

La dérivation faite au bassin de Lamanon, pour les communes voisines de la Crau, et qui forme la branche méridionale est donc la seule qui, jusqu'à aujourd'hui, ait été pour l'agriculture d'une utilité véritable. Elle est comme un canal distinct, ayant sa constitution et ses règles particulières, et obéissant, jusqu'en 1873, pour ce qui appartenait jadis à la province, aux clauses de l'abonnement passé avec les représentants du domaine.

C'est au bassin de partage de Lamanon que les anciens concessionnaires de la Province prennent les eaux. Une fois entrées dans leurs canaux respectifs, elles deviennent leur propriété particulière et les diverses compagnies d'arrosants ou de concessionnaires, disposent de ces eaux d'après les règlements qui ont été adoptés par chacune d'elles.

Toutes ces dérivations ont un caractère commun. Après le paiement de son prix, chaque concessionnaire est devenu, non plus simple usager, mais propriétaire de la quantité d'eau à lui concédé; c'est-à-dire qu'il peut la distribuer suivant ses convenances et sa volonté, sans que les redevances soint proportionnées à l'extension prise plus tard par ses usines ou ses arrosages. C'est le contraire que l'on remarque dans l'œuvre de Craponne. Quant à celle-ci, il n'y a point de propriétaires de l'eau, mais seulement des usagers, et si les revenus de quelques-uns augmentent par la multiplication des établissements industriels ou des arrosages, l'imposition à eux afférente sera augmentée dans la même proportion (2).

---

(1) Rapports du Préfet au Conseil général, ann. 1860, 1861.
(2) Estrangin sur Dubreuil, *Des eaux industrielles*, t. II, p. 477-478

La plus ancienne des concessions est celle du 30 janvier 1783. Elle accorde 3 moulans à la compagnie d'Istres et d'Entressens; 3 au corps des arrosants de Saint-Chamas; 2 1/2 à la commune de Miramas, et 2 à la commune de Grans. Les plus importantes, après cette époque, sont celles des communes ou associations d'Eyguières, de Foz, de Salon et d'Arles.

Le canal du Merle est commun aux premiers concessionnaires; et pour assurer la distribution des eaux, le recurage et l'entretien du canal, ils prirent, en 1791 et 1799, diverses délibérations. Un eygadier administre et répartit les eaux.

Ceux des concessionnaires qui n'auraient pas payé, avant le mois de février, le montant des impositions de l'année précédente mis à leur charge seront privés du bénéfice de l'arrosage pour l'année suivante.

En sortant du bassin du Merle, les eaux entrent dans les fossés particuliers de chaque compagnie ou réunion d'arrosants.

Les irrigations ont lieu du 1er avril à la Saint-Michel, c'est-à-dire pendant la saison d'été. En hiver, l'eau pourra être portée sur les terres vagues, *Coussous* et *Campas* qui servent à la nourriture des troupeaux.

Le règlement de la Compagnie d'Istres et d'Entressens, en particulier, du 24 novembre 1811, distingue parmi les arrosants deux catégories, les actionnaires et les facultataires.

Les actionnaires seuls ont à l'eau un droit incontestable. Ce sont eux qui supportent toutes les charges et impositions établies pour l'entretien du canal, et qui se partagent proportionnellement les produits. Comme le canal, à proprement parler, n'existe que par eux, ils prennent toujours l'eau avant les facultataires qui ne jouissent que du superflu, et ne peuvent invoquer aucun droit.

Le facultataire qui emploie les eaux à l'irrigation de ses propriétés les paie au taux fixé par le règlement; chaque année, il est libre de les laisser on de les prendre, comme aussi les actionnaires sont libres de les lui retirer. L'usage qu'il en fait n'est point la conséquence d'un contrat. Ce n'est qu'un quasi-contrat que le fait seul de l'arrosant forme, et la mensuration d'un expert détermine la somme à payer, suivant la surface arrosée (1).

Le règlement de 1811 contient encore plusieurs dispositions sur la manière de dériver et d'employer les eaux. Toutes les prises doivent être en pierres de taille avec martellières de planches ou bouchons en bois, et il est expressément défendu de faire aucune *rebule* ou batardeau dans les canaux de la compagnie avec pierre, terre ou autrement ; car toutes ces *rebules* et obstacles encombrent les fossés par le déblai des matières qui ont servi à les élever. Ce n'est que dans le cas de pénurie, lorsque le tour de rôle est établi et que chacun des actionnaires prend successivement la totalité de l'eau, que l'emploi des *redoutes* est exceptionnellement autorisé. Alors, il y a nécessité de barrer le canal ; mais l'actionnaire qui veut arrêter les eaux, ne pourra le faire qu'avec des planches ou autres choses faciles à enlever, et ne faisant pas encombrement (art. 2, 3 et 11).

En cas de pénurie d'eau, nul ne peut arroser que sur l'ordre de l'eygadier, et à tour de rôle.

Dans ce même règlement, l'arrosage des *Coussous* est prévu et limité, et enfin, pour assurer la rentrée de toutes les impositions, l'art. 15 porte que les actionnaires, facultataires et généralement tous ceux qui se servent des eaux de la compagnie, ne peuvent les prendre qu'en représentant la quittance de l'imposition ou rente de l'année précédente. Jusqu'à cette représentation, leur martellière restera fermée avec défense de l'ouvrir sous peine de 60 fr, d'indemnité pour la Compagnie.

(1) Cappeau, *Traité des Alpines*, p. 178, 311 et 313,

CANAUX DE LA BRILLANNE, DE ST-TROPEZ, DE PEYROLLES.
— Le canal de la Brillanne est actuellement la propriété
d'une Compagnie. En 1511, les habitants de la communauté de Manosque obtinrent, par lettres-patentes du roi
Louis XII, la faculté de dériver l'eau de la Durance et de
Lauzon, tant pour les moulins que pour l'arrosage des
terres. Ils jouirent des fossés ouverts pour la conduite de
l'eau jusqu'en 1675. Alors, les débordements de la Durance
bouleversèrent les ouvrages d'art de la prise, et le canal
ne fut plus [alimenté, d'une manière insuffisante, que par
les eaux du Largue.

En cet état, la communauté vendit au baron d'Alle-
magne, en 1720, le moulin neuf et ses fossés, mais se
réserva le droit de verser dans ceux-ci les eaux des rivières
de Durance et de Lauzon.

En 1774, l'assemblée générale des Etats de Provence fut
saisie d'une proposition tendant à établir un canal d'arrosage à travers les terroirs de Villeneuve, Volx, Manosque,
Sainte-Tulle, Corbières, Beaumont, et qui aurait sa prise
à la Brillanne. Deux projets furent présentés, le second
reçut l'agrément des Etats, parce que, quoique devant
arroser un peu moins d'étendue que le premier, il serait
établi avec plus d'économie en suivant en partie le cours
de l'ancien canal. La Province déclara qu'elle donnerait
pour son contingent une somme de soixante mille livres
sur les fonds destinés à des travaux d'utilité publique (1).

La Révolution interrompit les travaux commencés.

Cependant ce projet abandonné fut repris en 1807.
Depuis cette année jusqu'en 1837, plusieurs compagnies
concessionnaires se succédèrent et furent frappées de
déchéance. Alors, une compagnie nouvelle, composée de
quelques principaux habitants se forma et rapporta, le
12 décembre 1837, le bénéfice d'une troisième concession.
Ce canal, terminé peu de temps après, ne reçut point tou-

(1) *Délibération des Etats de Provence*, ann. 1774 et 1777, p. 111 et
suiv.

tefois le développement que comportait le projet soumis à l'assemblée des Etats en 1777. Car il n'arrose qu'une portion des territoires de Villeneuve, Volx et Manosque.

Ce canal, étant la propriété d'une compagnie ou société, cède ses eaux aux arrosants, et ne rentre point par conséquent sous l'application des règles spéciales aux associations syndicales. Ce caractère de propriété privée n'exclut point cependant l'intervention de l'administration, et l'art. 13 de l'ordonnance de concession dit formellement, que les concessionnaires devront se soumettre aux règlements d'eau que l'administration croira devoir faire. Jusqu'à présent, celle-ci n'en a fait aucun.

La redevance a été fixée à 31 fr. 25 cent., par hectare. Chaque année, un géomètre dresse le relevé de tous les terrains qui ont profité de l'irrigation. Ce travail sert au recouvrement des cotes.

A l'époque de l'arrosage, les arrosants dérivent les eaux dans leurs fonds, sans permission préalable des propriétaires du canal ; l'autorisation résulte pour eux de l'offre qui est faite à la généralité des possédants-biens et en vertu de laquelle, aussitôt que les eaux sont arrivées en tête de leur propriété, ils peuvent s'en servir, en se conformant aux règlements établis et en payant le prix que ceux-ci ont fixé. C'est une sorte de concession tacite de la part des propriétaires du canal, et l'obligation imposée aux arrosants résulte du quasi-contrat formé entre eux et les membres de la compagnie, par le fait de l'arrosage.

L'origine du canal de Saint-Tropez, devant servir à l'arrosage des possédants-biens dans le territoire de Sisteron et lieux circonvoisins, remonte à l'année 1776. Il emprunta son nom à l'Evêque.

Une délibération du 24 novembre 1776 députa des représentants, auprès des Etats de Provence, pour en obtenir quelques secours. On traita d'abord avec M. de Valernes pour la dérivation, à travers ses terres, des eaux de la rivière de Sasse; puis, avec Madame de Châteaufort, pour l'acquisition de l'eau et l'établissement de la prise du canal sur son territoire.

Cette concession fut faite au prix de 2,400 livres que la communauté, par délibérations du 1er avril 1777 et du 2 novembre de la même année, s'obligeait à payer. En sus, elle devait contribuer pour le montant de 15,000 livres à la confection des travaux. La Province, de son côté, promit une somme égale, par le motif que parmi les établissements qui favorisent l'agriculture et le commerce, les canaux tiennent une première place et sont dans la classe de ces ouvrages d'utilité publique auxquels la Province a toujours contribué (1).

L'excédant de la somme nécessaire pour la construction du canal restait à la charge des possédants-biens intéressés.

Ces bases ainsi posées, l'association syndicale fut organisée par acte du 5 avril 1779. Le corps des arrosants devait faire procéder à l'établissement du canal et des fossés principaux de distribution, de même qu'à l'entretien et au curage desdites œuvres. Mais les petits *béals*, portant les eaux d'une propriété à l'autre, seront construits par les particuliers qui en useront, et ils seront obligés de se donner le passage des uns aux autres. Ces béals ne pourront excéder la largeur de trois pans.

Des arroseurs surveillent la distribution des eaux. Ils commencent par une extrémité du territoire et donnent l'eau à chaque possession. Il n'est permis ni aux arroseurs ni aux propriétaires d'intervertir l'ordre, à peine de 50 livres d'amende pour les derniers et de la perte des gages échus pour les premiers.

Le paiement des cotes pouvait faire l'objet d'une contrainte, comme pour les deniers du roi et du pays.

Presque au début, l'entreprise fut menacée d'interruption, par suite d'une dissidence qui s'éleva dans le sein de

---

(1) *Délibération des États de Provence*, ann. 1777, p. 120.

la société. Mais l'intervention des mandataires de la Province termina le différend (1).

Plus tard, en 1826, on décida que les rôles seraient rendus exécutoires par le préfet pour en faciliter le recouvrement. L'année suivante, il fut procédé à un nouveau cadastre. La cotisation est déterminée suivant la contenance; toutefois, sur les surfaces de terrains arrosables qui excèdent une certaine contenance, il est fait un retranchement.

Le canal de Peyrolles, de date tout-à-fait moderne, a été constitué par acte des 6 mai 1850 et 8 mai 1851. Son but est d'arroser les communes de Peyrolles, Meyrargues, le Puy Sainte-Réparade et sa longueur est d'environ 12,000 mètres.

La prise de ce canal a été remontée de quelques kilomètres, et placée à peu près à l'endroit où se trouvait l'ancienne prise du canal de Provence ; car les eaux éloignées de la première par la construction d'une digue éprouvaient de grandes difficultés pour parvenir jusqu'à son ouverture.

Le règlement le plus récent concernant ce canal est celui qui a été approuvé par arrêté préfectoral, le 18 août 1859.

Il distingue parmi les arrosants trois catégories : 1° ceux auxquels l'eau est vendue à perpétuité ; 2° les actionnaires qui peuvent échanger leur droit au dividende contre un droit à l'arrosage ; 3° ceux auxquels l'eau n'est vendue que pour une saison d'arrosage. Ces derniers ne pourront obtenir que la portion d'eau excédant les besoins des arrosants à perpétuité et des actionnaires, et devront préalablement faire connaître leur intention, en s'inscrivant sur un registre ouvert à cet effet chez le garde général.

Cecte déclaration étant ainsi faite, ces trois catégories

---

(1) *Délibérations des Etats de Provence*, ann. 1783, p. 77.

d'arrosants jouissent de droits égaux et sont soumises aux mêmes dispositions.

La durée de l'arossage s'étend du 1er avril au 30 septembre et même, dans un cas exceptionnel, elle peut être prorogée jusqu'au 15 décembre (art. 4).

La période d'arrosage est hebdomadaire ; on y procède le jour et la nuit. Dans le cas de pénurie, on cesse d'observer la condition du renouvellement par semaine, pour ne plus se conformer qu'au tour de rôle auquel a droit chaque arrosant.

Alors, l'irrigation commence en amont par la première parcelle de la première dérivation de la première commune, en suivant l'ordre des parcelles, et se termine en aval par la dernière parcelle de la dernière dérivation de la dernière commune.

Comme à peu près partout, en Provence, la quantité d'eau est fixée à une nappe de 0,06 cent., donnant, pour un hectare , un litre d'eau par seconde, coulant pendant une semaine.

Les branches secondaires de dérivation recevront l'eau aux jours indiqués par le gérant. Pour chacune d'elles, les eygadiers ouvriront la martellière et ne la fermeront qu'à l'heure fixée.

Parmi les obligations imposées aux arrosants, celle-ci est une des principales : Ils ne peuvent se céder entre eux leur tour d'arrosage sous aucun prétexte, et si l'un d'eux ne prend pas l'eau au moment ou son voisin supérieur la quitte, il doit attendre que tous les inférieurs aient arrosé ou laissé passer leur tour pour reprendre le sien.

Le taux de la redevance est de 1 litre 1/2 de blé, par chaque are de terre arrosé, et l'arrosant est tenu de la payer au mois d'août. La déclaration qu'il a faite, conformément à l'art. 2, suffit pour le constituer débiteur de son prix, alors même qu'il n'aurait pas employé l'eau ; et s'il n'a pas acquitté le montant de sa redevance, l'arrosage lui sera refusé pour l'année suivante.

Les eygadiers, outre leur droit de surveillance et de distribution des eaux, sont aussi chargés de la constatation des contraventions.

Le canal de Marseille, jusqu'à présent du moins, n'est guère employé aux usages de l'agriculture. Concédé à la ville en 1838, il débite environ 6 mètres cubes d'eau par seconde. Ses eaux servent principalement à l'assainissement et à l'embellissement de la ville de Marseille et de ses environs. Aussi la redevance imposée aux propriétaires est-elle plus élevée que pour les autres canaux, et les règles suivies pour la distribution des eaux sont-elles différentes.

Les canaux réunis de Sénas, Cabanes, Château-Renard et Saint-Andiol transportent 4 mètres cubes d'eau et arrosent plus de 3,000 hectares.

Dans le département des Basses-Alpes, le canal de Saint-Pons, qui devait arroser une certaine étendue de terrains sur la rive droite de l'Ubaye, n'a jamais été exécuté. S'il n'est pas permis de l'étudier, par conséquent dans les différentes périodes de son développement, on peut cependant consulter l'ordonnance royale qui organise en syndicat les propriétaires intéressés, et qui est considérée par divers auteurs comme le type des ordonnances à rendre en pareille matière (1).

Parmi les principaux canaux qui sont en projet ou en cours d'exécution, on peut citer : ceux de la haute Crau et de la Crau centrale ;

Le canal du Verdon, pour la ville d'Aix ; celui qui sera dérivé du Buech pour conduire les eaux à Sisteron ; un grand canal qui, ayant sa prise sur la rivière d'Asse, porterait l'arrosage dans un grand nombre de communes de

---

(1) Dumont, *Organisation légale des cours d'eau.* Il rapporte, *in extenso,* au numéro 198 et suivants le texte de l'ordonnance constituant le syndicat des arrosants du canal de Saint-Pons. — Dalloz, *Répert.,* v° *Eau.*

l'arrondissement de Digne et sur le plateau de Valensoles.

La Siagne doit également alimenter un canal assez considérable destiné à l'arrondissement de Grasse.

Nous ne mentionnons point ici ceux de rang secondaire dont le nombre est considérable et qui sont appelés à compléter plus tard, en Provence, le réseau des irrigations.

III. — Observations générales. — Concessionnaires et Associations, — Conclusion.

Dans un chapitre précédent, nous avons dit que l'arrosage des riverains d'une eau publique, effectué par chacun d'eux en particulier, offrait des inconvénients que l'association seule pouvait empêcher, et que cette dernière était appelée à jouer un rôle très-important dans la réglementation et la distribution des eaux courantes.

S'il en était ainsi pour des canaux d'une très-petite étendue, des considérations puissantes recommandent également le système de l'association dans l'établissement de ces grandes artères d'arrosage qui traversent plusieurs arrondissements.

L'histoire des canaux d'irrigation de Provence qui font encore aujourd'hui l'admiration des ingénieurs, et qui sont pour tant de communes une source inépuisable de richesses, est féconde en enseignements de toute nature; et il est impossible de ne pas remarquer, combien a été laborieuse et pénible la destinée de ces entreprises auxquelles la reconnaissance des populations semblait promettre une marche paisible et régulière.

Construit par le plus habile ingénieur de son temps, le canal de Craponne dut à la pensée généreuse de son fondateur de porter, après quelques années, les eaux de la Durance dans les contrées pierreuses qui avoisinent la

Crau. Le bienfait fut immense ; et cependant la ruine de tous les propriétaires successifs du canal a contrasté avec l'abondance qu'il faisait naître autour de lui. L'œuvre de Boisgelin ou des Alpines, concédée, il y a près d'un siècle, n'est point encore terminée; et sans parler des grands travaux d'irrigation qui furent arrêtés , dès leur début, comme le canal de Provence , par exemple , il est facile de relever, dans la plupart de ceux dont nous avons présenté un rapide aperçu , des tiraillements et des embarras dont il importe de chercher à pénétrer les causes.

Chacun d'eux a eu certainement ses causes particulières de déchéance et de malaise ; mais il en est de plus générales qui résident dans l'essence même de leur constitution.

Remarquons d'abord , que pour les canaux d'irrigation proprement dits , l'association ne fut presque point pratiquée en Provence , et que tous devinrent la propriété de un ou de quelques particuliers, ou bien furent concédés à une compagnie. C'est peut être là , qu'il faut signaler le principe de toutes ces difficultés.

Car, le mobile décisif des compagnies formées pour la vente de l'eau est celui de la spéculation. Que des obstacles imprévus dans l'exécution des plans et devis viennent à se rencontrer, qui dérangent leurs prévisions et leurs calculs, on les verra s'efforcer de se soustraire à leurs engagements ou plier sous le poids des charges. Il faut pour les soutenir un bénéfice immédiat et actuel, et la pensée que les sacrifices seront rachetés plus tard par de grands bénéfices, ne peut remplir le but qu'elles se proposent. C'est, au contraire, cette pensée qui fait la force des associations ; car, ce qui écraserait quelques particuliers réunis ensemble n'altère point le crédit et n'épuise point les ressources de la généralité des tenanciers. Ceux-ci savent bien que la plus-value à retirer de l'arrosage ne se produira pas du jour au lendemain ; la certitude que leurs héritages profiteront inévitablement du bienfait de l'irrigation, les prédisposera à supporter même les dépenses sur lesquelles ils ne comptaient point. Ces dépenses, d'ailleurs, ne seront jamais bien onéreuses à cause de leur répartition sur une infinité de parcelles, et l'impulsion qui, dans des circonstances analogues, se retirerait des compagnies particulières, ne fera point défaut aux associations d'arrosants.

Ce n'est point le seul avantage de celles-ci. Dans tous les travaux d'utilité publique auxquels se rattachent un grand nombre d'intérêts, il faut éviter, autant que possible, qu'ils n'entrent en lutte, et la création des compagnies est loin de produire ce résultat. Entre elles et les diverses catégories d'arrosants, les conflits ne tardent pas à s'élever; ils finissent par jeter le découragement dans l'administration du canal et par commencer sa ruine. A mesure que l'on s'éloigne de son origine, la pensée du bien public est moins vivace chez les successeurs des premiers propriétaires, et, à leur tour, les arrosants, peu préoccupés du souvenir des sacrifices imposés aux fondateurs, ne comptent qu'avec leurs droits et se montrent exigeants. Alors viennent les procès longs et ruineux qui ébranlent le crédit de la compagnie; les titres vieillissent; ils sont susceptibles d'interprétation, et l'hostilité permanente qui règne entre ces intérêts rivaux est la cause de l'empressement que l'on met à les déférer à la connaissance des tribunaux.

Au lieu d'une grande société unie par les liens qui s'établissent entre ceux qui poursuivent un but commun et qui sont pénétrés aussi bien de leurs droits que de leurs obligations réciproques; au lieu de voir chaque intéressé dirigé dans ses rapports avec l'administration du canal par la connaissance parfaite des difficultés souvent inséparables de la distribution des eaux, on assiste, au contraire, au conflit perpétuel de prétentions opposées, puisque dans sa sphère, chaque catégorie recherche la spéculation et laisse de côté le bien public.

Si l'on pouvait trouver un système qui rendît les procès

plus rares et moins coûteux , une partie des inconvénients
cités disparaîtrait.

L'association paraît offrir cette double garantie. Dans
l'association , l'intérêt de l'individu se confond avec l'intérêt de tous et chacun peut participer, à son tour, à l'administration du canal. Celui qui , aujourd'hui, n'est que
simple arrosant , deviendra, demain peut-être , adminis-
trateur et syndic , par le choix de ses co-associés. Ainsi
tous , habitués plus ou moins à la direction générale de
l'œuvre , se garderont bien d'afficher des prétentions ou
des tendances qu'ils auront condamnées chez les autres ,
et qui , étant contraires à l'intérêt commun , le seraient
également à leur intérêt particulier.

Mais, c'est ailleurs qu'en Provence qu'il faut aller chercher des exemples de ces grandes associations qui auraient
assis sur des bases plus solides le bienfait des irrigations.
Dans les législations des peuples voisins, elles se montrent
avec tous leurs avantages. En Espagne , ce pays si longtemps troublé , l'importance des canaux d'irrigation tient
à leur développement, non moins qu'aux règles puissantes
de l'association qui leur sont appliquées. En les étudiant à
toutes les époques , on comprend combien ces règles différentes des nôtres ont contribué à produire et à entretenir
leur prospérité.

Dans plusieurs provinces , des canaux d'irrigation dont
les dimensions et les travaux d'art étonnent le voyageur,
traversent les plaines et sont suspendus sur le flanc des
collines, d'où ils distribuent les eaux et apportent un tem-
pérament nécessaire aux ardeurs de l'été. Tous les tenanciers sont compris dans l'association et contribuent à ses
charges, en proportion de l'étendue de leurs terres arro-
bles. Les administrateurs du canal ne peuvent être choisis
que parmi les propriétaires , et ils doivent même ne pas
posséder au-dessous d'une certaine contenance déterminée.
L'association qui existe entre les diverses communautés se
retrouve aussi pour chaque rigole, de manière à rapprocher

chaque intéressé de son administration particulière qui
correspond avec l'administration centrale. C'est là puissance de ces règles, toujours suivies, parce qu'elles sont
consacrées par le consentement de tous les arrosants con-
fondus dans un intérêt commun, qui a permis à ces associations de ne point éprouver le contre-coup des révolutions
qui ont agité la péninsule. Léguées par la domination
Arabe, elles peuvent encore aujourd'hui servir de modèles
aux entreprises de ce genre.

Le canal d'Alcira, dans le royaume de Valence, est
pourvu d'une juridiction exceptionnelle. Les 'juges, qui
doivent statuer sur les contraventions et les différends, sont
choisis parmi ceux des tenanciers qui réunissent certaines
conditions. Les avantages de cette juridition, qui peut
paraître extraordinaire en France, sont incontestables ;
l'absence de formes, l'économie des frais, la célérité dans
la décision, apaisent, dès leur début, des contestations qui
pourraient dégénérer en procès ruineux. Mais, ce qui fait
ressortir encore mieux l'influence bienfaisante exercée par
ce tribunal sur l'ensemble de l'association, c'est que tous
les associés, appelés à devenir juges, se pénètrent beaucoup mieux du respect de tous les règlements et s'habi-
tuent à une répugnance profonde pour les actes d'usurpation. Aussi, les sentences prononcées par le tribunal des
Acequieros sont-elles accueillies avec déférence. « La sen-
« tence, dit M. Jaubert de Passa, est écoutée dans un
« respectueux silence. L'infracteur se retire en saluant
« les juges et sans se permettre la plus légère plainte. On
« dirait, en le voyant si soumis, qu'il ne perd pas de vue
« le droit qu'il a de s'asseoir un jour sur le banc sacré, et
« il respecte une loi qui l'atteint, il est vrai, aujourd'hui,
« mais qui le protègera demain dans ses intérêts les plus
« chers (1). »

De l'autre côté des Alpes, l'Italie du nord et la Lom-

(1) Jaubert de Passa, *Voyage en Espagne, juridiction et tribunal des*
Acequieros ; t. II, p. 113 et suiv. — Dubreuil, annoté; *Préface.*

8

bardie principalement, sont devenues proverbiales par le
régime de leurs canaux d'irrigation. Là aussi, le rôle des
compagnies concessionnaires est assez secondaire. La plupart des canaux, dont quelques-uns ressemblent à des
fleuves, ont été construits par l'Etat, dispensateur du bien-
être général, et qui rentre dans les dépenses qu'il a été
obligé de faire par l'établissement de redevances imposées
sur les arrosants (1).

Ainsi, de la comparaison de notre législation et de nos
usages avec ceux des nations voisines, de l'examen des
vices relevés chez nous et des améliorations signalées
chez les peuples les plus rapprochés, il est au moins permis de conclure que toutes les questions relatives à l'arrosage n'ont pas été jugées en dernier ressort, et qu'il y a
peut-être à faire une plus large part au principe de l'association.

Depuis plusieurs années, l'application sur une vaste
échelle des syndicats ou associations en matière de canaux
a été réclamée comme un bienfait pour l'agriculture française. Les discours prononcés aux chambres à l'occasion
de la loi d'Augeville témoignent de ces dispositions favorables (2).

La Provence, de son côté, commence à participer à ce
mouvement. L'association, jusqu'à présent, n'y a régi que
les canaux d'importance secondaire, et on a maintes fois
exprimé le désir qu'elle pût recevoir un plus grand développement. Un rapport de M. le Préfet au Conseil général
des Bouches-du-Rhône en démontrait tous les avantages,
et on s'est même demandé si, pour faire sortir le canal de
Craponne de la situation précaire dans laquelle il se débat
depuis si longtemps, il ne conviendrait pas de substituer
l'association syndicale à son ancienne organisation (3).

(1) Dumont, *Organisation légale des cours d'eau; Législation lombarde.*
(2) Moniteurs.— Dumont n° 193 et suiv.
(3) *Procès-verbaux des délibérations du Conseil général,* ann. 1860.

CHAPITRE V.

DROIT D'AQUEDUC.

I. — Edits et usages anciens. — Epoque antérieure à la loi des 11 et 20 avril 1815.

Après le classement des eaux en plusieurs catégories : 1° Les eaux publiques; 2° les eaux privées; 3° celles qui coulent dans les canaux d'irrigation, se présente la question de savoir comment les propriétaires ou usagers pourront, dans certains cas particuliers, procéder à l'exercice de leur droit. Si, par exemple, un terrain intermédiaire sépare la source, du fonds que l'on voudrait arroser, ou bien si, à la rive même de l'eau courante, un obstacle quelconque s'oppose à la construction de la prise sur le bord de la propriété, quel sera le moyen offert aux ayants-droit pour utiliser complètement les eaux ?

Nous entrons ici dans l'examen de toutes les théories se rattachant à la loi moderne de 1815 qui a établi le principe de la servitude d'aqueduc ou de conduite d'eau sur les fonds intermédiaires. On s'est tellement efforcé, dans les projets et les discussions qui ont préparé cette loi, de démontrer son utilité et de lui faire comme un cortége de tous les précédents historiques qui se trouvaient dans les législations étrangères, qu'on est amené, par un sentiment tout naturel, à dire quel fût, en Provence, l'état de cette importante question à toutes les époques. Ce rapprochement pourra ainsi prendre sa place dans la généalogie de la loi de 1815.

L'usage qui permettait la dérivation à travers les fonds intermédiaires est ancien, en Provence, sans qu'on puisse préciser l'époque à laquelle il s'y introduisit. Les usines jouirent de ce privilége avant les arrosages, et les concessions d'eau pour le service des moulins étaient habituellement accompagnées de la permission de les conduire à travers les fonds d'autrui, en accordant préalablement satisfaction à tous les possédants-biens qui en éprouveraient un préjudice ou un dérangement quelconque. C'est ainsi qu'un acte du 15 mai 1414, entre les maîtres rationnaux et un habitant de Castellane, autorisa ce dernier à construire un moulin et à faire un aqueduc pour prendre l'eau du Verdon, avec pouvoir de traverser les fonds, jardins des particuliers et voies publiques de la susdite ville, en accordant préalablement satisfaction à tous les propriétaires traversés par l'aqueduc.

En l'année 1518, permission fut donnée à François Jarente de dériver l'eau de la rivière et torrent de la *Touesse* d'Aix, et de la conduire, par les fonds des particuliers, à un sien moulin en payant les dommages qu'il pourra causer auxdits fonds, et c'est *suivant l'usage ancien, de tout temps observé* (1).

Un statut du roi René consacra cet usage, et le fit passer dans le droit de la Provence. Il fut confirmé ensuite par un édit du roi Henri II, du 26 mai 1545. Il ordonnait touchant les conduites d'eau « qu'il serait permis à un chacun,
« ayant droit et faculté de moulins et engins, de conduire
« les eaux, faire fossés, levées et recluses par les proprié-
« tés de ses voisins, et ou sera convenable, en payant tou-
« tefois l'intérêt des parties ès fonds et propriétés des-
« quelles ils feront lesdites levées et fossés, et ce, non-
« seulement ès moulins à bledz, mais aussi en tous autres
« engins (2). »

L'agriculture resta longtemps sans avoir part à cette faveur. Seulement, en 1440, un édit d'Isabelle de Sicile

(1) Archives de Marseille
(2) Dubreuil, n° 181.

permit la dérivation des eaux pour l'arrosage à travers les chemins publics, à la condition pourtant qu'il n'en résultât point de grand dommage pour les chemins ou de préjudice pour les voisins; mais cette faculté de dérivation ne fut point étendue jusqu'aux chemins privés, et l'irrigation, à cette époque, ne parut point un bien assez général pour permettre, hors ce cas limité, de porter atteinte à l'inviolabilité du droit de propriété (3).

Cependant, si, au lieu de l'avantage d'un particulier, il s'agissait d'un intérêt public et d'une irrigation collective, l'usage accordait encore, moyennant indemnité, le passage sur les fonds intermédiaires; c'est ce qui explique, avant 1789, l'établissement de plusieurs canaux servant à arroser un certain nombre de communes et traversant une infinité de parcelles. C'est par l'application de cet usage, que la communauté de Manosque, en 1483, Adam de Craponne, en 1554, et les Procureurs du pays de Provence, en 1773, obtinrent l'autorisation de conduire leurs eaux, à travers les propriétés particulières, aux endroits pour lesquels la concession avait été faite.

Mais, aucune disposition en forme de loi n'avait posé le principe que la propriété privée dût céder à l'utilité publique, ni fixé la ligne exacte de démarcation entre ces différentes sortes d'intérêts. Le Parlement avait été appelé à apprécier les circonstances qui devaient soumettre les fonds particuliers à la création de la servitude pour le passage des eaux. Par conséquent, ce n'était point la loi, mais plutôt l'usage interprété par le Parlement qui autorisait le passage des eaux sur le terrain des particuliers, toutes les fois qu'il y avait profit évident pour une réunion de propriétaires. Les motifs d'un arrêt rendu le 30 mai 1778 font connaître l'esprit qui présidait au jugement de ces contestations : « Attendu que, si le canal d'arrosage, dont « s'agit, est une source de fertilisation et d'abondance

(1) Bomy, *Recueil*.

« pour les divers quartiers de Fugeiret, autrefois impro-
« ductifs, il ne peut être considéré par les avantages réels
« qu'il procure que comme un ouvrage utile et avanta-
« geux au public, non pas d'une utilité secondaire, mais
« d'une utilité première, parce qu'il tend au bien-être et
« au progrès de l'agriculture qui est la source de tous les
« biens, et qui verse dans la société les denrées les plus
« précieuses et les plus nécessaires à tous les citoyens,
« etc., etc. (1). »

Tels étaient, avant 1789, les usages en matière de servitude d'aqueduc, et nous n'avons pas besoin de revenir sur
les causes qui valurent aux moulins un privilège plus
étendu qu'aux arrosages.

Après la révolution, il semblait que la législation des
eaux par les rapports qu'elle avait avec l'ancien régime
féodal dut être, une des premières, modifiée. Au commencement du siècle, on mit à l'étude un projet de code rural.
Les corps judiciaires furent consultés, et les Cours d'Aix et
de Montpellier réclamèrent contre cette prérogative excessive du droit de propriété qui paraissait s'opposer par la
force passive et inerte d'un principe théorique à de grandes
améliorations. Elles furent unanimes pour solliciter, en
faveur du droit d'aqueduc, un développement plus en rapport avec l'essor que prenait l'agriculture, et elles demandèrent qu'un texte positif vint consacrer ces décisions
éparses qu'on n'avait rendues, jusqu'alors, que d'une manière incertaine et en les rattachant à l'usage plutôt qu'à
la loi.

Ce projet n'aboutit point, malgré les sérieuses considérations qui l'accompagnèrent, et ne devait être repris qu'à
l'époque de la loi définitive, c'est-à-dire en 1845.

Le droit provençal, à cause de la différence qu'il a
maintenue si longtemps entre les moulins et les irrigations ne peut revendiquer certainement dans les or gines

(1) Jannety, *Recueil d'arrêts.*

de la loi du 29 avril 1845 une aussi grande part que les lois Catalanes et les constitutions Milanaises du xiii° siècle. Cependant, ces premiers essais ne doivent point passer inaperçus.

Dans une partie de la province du Dauphiné, la plus voisine de la haute-Provence, le droit d'aqueduc remontait aussi à une époque très-reculée (1). Le code de Sardaigne et la législation lombarde des années 1804 et 1806 avaient admis la servitude d'aqueduc pour favoriser les irrigations. Dubreuil, qui fait mention de l'existence de cet usage dans les divers pays, ajoute que les principes ordinaires repoussent cette faculté, et que malgré l'opinion de Bretonnier sur Henrys, elle n'a pas été adoptée en France. Le temps a donné raison à Bretonnier contre l'opinion de Dubreuil.

De 1800 à 1845, la question des irrigations continue à présenter, dans le ressort de la cour impériale d'Aix, un certain intérêt. D'abord, chacun convenait qu'on ne pouvait obliger un propriétaire à livrer sur son fonds passage aux eaux. Mais il y avait une autre hypothèse qui divisait la jurisprudence et les auteurs ; c'était la suivante : il s'agissait de savoir si, avec la permission du propriétaire supérieur, le propriétaire inférieur pouvait établir une conduite d'eau sur le fonds du premier, ou bien si des considérations légales devaient empêcher la conclusion de ces accords.

Voici l'espèce ; *primus* est propriétaire riverain ; *secundus* l'est également. Mais, celui-ci ne peut introduire les eaux dans sa propriété à cause de l'escarpement de la berge de l'eau courante. Pourra-t-il obtenir de *primus* la permission de traverser son fonds, en prenant les eaux sur un point quelconque de la frontière de celui-ci, et cette convention valable entre les parties, le sera telle également à l'égard des tiers intéressés ? Cappeau prétend qu'il n'a point ce droit, parce que le riverain, étant simplement usager, son

---

(1) *Essai sur les anciennes institutions des Alpes cottiennes-Brianconnaises* par M. Fauché-Prunelles.

droit commence et finit avec les limites de son fonds, qu'il ne peut l'étendre au-delà, et que ne disposant de l'eau qu'à son passage, ce serait excéder le sens de l'art. 644 que de permettre la dérivation à un endroit où l'eau ne longe pas la propriété. Cette opinion est fondée sur l'intérêt des riverains inférieurs et sur l'interprétation la plus stricte de l'article 644 : « Celui dont la propriété borde une eau courante « peut s'en servir *à son passage;* celui dont cette eau tra- « verse l'héritage peut même en user dans l'intervalle « qu'elle y parcourt. » La cour d'Aix paraissait incliner vers cette solution, ainsi qu'il résulte d'un arrêt du 14 juin 1816 (1).

D'autres, au contraire, et Dubreuil est du nombre, soutenaient que le riverain emprunte à l'art. 644 son droit, d'une manière absolue, et qu'il suffit que cette condition soit reconnue pour qu'il se serve des eaux par tous les moyens que la loi ne lui refuse point. Or, s'il ne peut contraindre son voisin à lui céder le passage, aucun texte ne s'oppose à ce que celui-ci lui accorde volontairement l'autorisation. Autrement, le droit à l'irrigation, au lieu d'être attaché à la qualité de riverain, dépendrait plutôt d'un fait complètement accidentel, tel que la nature ou la forme particulière de la rive. Le même auteur ajoute avec beaucoup de raison que « la notoriété publique et l'ordre de « la nature auraient rendu à ce sujet toute explication « inutile; il suffisait de consacrer le droit, et la loi devait « laisser à celui en qui elle reconnaissait ce droit le soin de « prendre les dispositions nécessaires pour en user : *Qui* « *vult finem, vult media;* et le système contraire tendrait « à rendre les eaux publiques presque entièrement inu- « tiles. »

L'adoption de cette opinion explique l'existence des fossés collectifs, dont la prise, établie sur un des fonds supérieurs, les mieux placés pour la construction de cet

(1) Cappeau, n° 78.

ouvrage, sert en même temps à l'irrigation des parcelles
inférieures ? (1).

Même, dans la première opinion, les restrictions aux
droits du riverain, qui prend les eaux en un point supérieur, n'étant imposées que par l'intérêt des autres propriétaires joignant l'eau courante, il faut en conclure que,
lorsque cet intérêt n'existait plus, la prise établie supé-
rieurement au fonds pour lequel elle dérivait l'eau, devait
être conservée. Cela avait lieu :

1° Lorsqu'un titre était consenti à ce riverain par tous
les autres propriétaires ayants-droit ;

2° Lorsque, à défaut de titre, la prescription accomplie
suppléait à celui-ci ;

3° Lorsque les inférieurs ne pouvant, à cause de la
position de leurs terrains, user des eaux, n'ont aucun intérêt à empêcher celui qui les précède d'établir sa prise où
bon lui semble. Chacun serait alors non recevable, par
défaut d'intérêt, à en demander la démolition (2).

Tel était, dans le ressort de la cour impériale d'Aix,
l'état de la question en ce qui concerne le riverain qui, par
suite de l'escarpement de sa rive, ne pouvait directement
introduire les eaux dans son héritage, sans emprunter un
point quelconque des fonds supérieurs. On doutait que le
voisin eût pleinement qualité pour l'autoriser, seul, à traverser sa terre, et plusieurs auteurs soutenaient que la
nature de son terrain le condamnait à voir passer les eaux
sans qu'il pût les prendre et les utiliser.

La cour de cassation devant qui une question analogue
fut portée, avait jugé dans le sens de Dubreuil.

ARRÊT.

« Attendu que l'arrêt attaqué a décidé que les propriétaires
« riverains du cours d'eau dont il s'agit, avaient droit d'en user
« à son passage devant leurs propriétés, et pour l'irrigation de

_____

(1) Dubreuil, n° 89.
(2) Cappeau, n° 78.

« ces mêmes propriétés, quand même ils auraient besoin pour
« faciliter cet usage, de se servir, à raison de l'escarpement de
« leurs héritages, de la prise d'eau pratiquée sur le fonds rive-
« rain supérieur, et de la prolonger jusque sur leur terrain, à
« la charge de rendre les eaux à leur cours ordinaire; qu'en le
« jugeant ainsi, l'arrêt attaqué n'a fait qu'appliquer l'art. 644
« du Code Civil d'après son véritable esprit et d'après sa com-
« binaison avec l'art. 615 (11 avril 1837). »

II. — Lois des 11 et 29 avril 1845 et 11 juillet 1847. — Leurs applications diverses.

On voit quels furent, en Provence, les laborieux préliminaires et les antécédents des lois destinées à favoriser
les irrigations. Rendues les 11 avril 1845 et 11 juillet 1847,
elles devinrent pour l'agriculture ce que l'édit de 1545
avait été pour les moulins, et firent disparaître toutes ces
entraves contre lesquelles s'élevaient des vœux depuis
longtemps exprimés. Aussi, leur apparition fut-elle saluée
par des adhésions unanimes.

L'art. 1 de la loi de 1845 est ainsi conçu :

« Tout propriétaire qui voudra se servir pour l'irrigation de
« ses propriétés des eaux naturelles ou artificielles dont il a le
« droit de disposer, pourra obtenir le passage de ces eaux sur
« les fonds intermédiaires à la charge d'une juste et préalable
« indemnité. »

Les caractères principaux de cette loi se résument de la
manière suivante : 1° Elle s'applique à toutes les eaux
dont on a le droit de disposer, c'est-à-dire à celles qui naissent dans le fonds ; aux eaux publiques qui le bordent :
troisièmement, enfin, à celles dont on peut jouir par l'effet
d'une concession, telles que les eaux d'un canal. 2° Elle
n'a rien changé aux droits des riverains tirés de l'article
644.

Peu de temps après sa promulgation, la cour d'Aix eut
à se prononcer sur un litige élevé au sujet de la dérivation

d'une eau publique et elle suivit les errements de son ancienne jurisprudence. Un propriétaire riverain du ruisseau
de Drouille, à Manosque, ne pouvait se servir des eaux par
suite de la configuration naturelle de son fonds. Pour
remédier à cet inconvénient, il acquit du propriétaire supérieur une lisière de terrain longeant le courant, à l'extrémité de laquelle il pratiqua une prise, et les eaux arrivaient
ainsi dans son fonds principal, après avoir traversé un
chemin vicinal qui séparait les deux parcelles. Les autres
riverains se plaignirent, et la cour d'Aix, par un arrêt du
30 juin 1845, avait décidé que la dérivation utile et légale
ne pouvait être faite qu'en droit soi de la rive, et que, par
conséquent, si un domaine était composé de deux parties,
dont l'une très-restreinte pouvait profiter de l'irrigation,
et l'autre, très-considérable, ne le pouvait point avant la
réunion, par suite de l'escarpement de ses bords, on ne
serait admis à introduire dans la susdite prise que la quantité
d'eau suffisante pour arroser la première parcelle, en laissant suivre, pour le plus grand avantage des inférieurs,
la pente naturelle au reste du courant.

La conséquence de cet arrêt était d'empêcher le riverain
qui ne possédait qu'un seul fonds, trop élevé au-dessus des
eaux de la rivière, de pouvoir mettre à profit les dispositions de la loi de 1845 pour obtenir soit une prise d'eau,
soit le passage sur les fonds supérieurs.

Mais, ici encore, la cour suprême fut d'un avis différent :
elle considéra que les ayants-droit à l'usage de l'eau peuvent faire leur prise, où bon leur semble, parce que cette
jouissance est pour eux une véritable indemnité due aussi
bien aux propriétaires d'un rive escarpée qu'aux riverains
dont l'héritage dont l'héritage est au niveau de l'eau ;
car tous deux subissent de même l'action dommageable du
courant, et « attendu, qu'outre ce principe d'équité, la loi
« a également pour but de favoriser les travaux de l'agri-
« culture ; que la conséquence nécessaire est que l'arrose-
« ment est permis sans distinction entre le cas où la prise

« d'eau est impraticable dans la propriété même qu'on
« veut irriguer, et le cas où elle peut y être établie. —
« Attendu que, l'arrêt attaqué, au lieu d'accorder le
« volume d'eau, suivant les besoins combinés des deux
« terrains du demandeur d'une part et du défendeur
« d'autre part, n'autorise le demandeur en cassation à
« prendre, sur le terrain d'amont, pour le transmettre sur
« le terrain d'aval que la quantité d'eau suffisante à l'ir-
« rigation du premier seulement, etc., etc... par ces
« motifs... casse (1). »

Ces solutions ne tranchent cependant point l'une des
questions les plus importantes, celle de savoir si le propriétaire riverain qui ne possède qu'un seul fonds bordant
l'eau courante, pourra forcer les propriétaires supérieurs à
laisser établir, dans les parcelles qui leur appartiennent,
la prise d'eau et le canal nécessaires à la dérivation.

Il suffit que la loi de 1845 ait trouvé dans les statuts
provençaux quelque analogie pour que nous l'examinions
à ce point de vue, et que nous disions ce qu'elle s'est proposée et quels services elle est destinée à rendre.

De grandes discussions se sont élevées au sein des
chambres qui voulaient bien préciser le sens et l'étendue
de la loi, et l'on faisait remarquer avec raison qu'elle était
d'une application difficile surtout aux cours d'eau non
navigables ni flottables, c'est-à-dire aux petites rivières
qui traversent plusieurs héritages.

Cette loi n'a rien changé à l'économie de l'art. 644. Elle
s'est contentée de faciliter l'exercice des droits conférés par
le Code Napoléon, sans les étendre, sans créer au profit
des riverains aucune faculté nouvelle. Cela a été constam-
tamment et solennellement proclamé. Il en résulte que le
riverain ne pourra céder à un tiers qui ne l'est pas, son
usage personnel; que si le même individu possède un fonds
sur le bord de la rivière, et un autre plus éloigné et séparé

(1) Cassation, 14 mars 1849.

du premier par des fonds intermédiaires, il ne pourra transporter dans celui-ci que la quantité d'eau affectée et nécessaire aux besoins de celui-là ; que même l'arrosement
du fonds distant de la rivière sera presque toujours impossible, à cause de l'obligation imposée par l'art. 644, auquel
il n'est point dérogé, obligation consistant à rendre l'eau
à son cours primitif, afin que le propriétaire, immédiatement inférieur, puisse s'en servir.

Tout en renfermant les droits du riverain dans les
limites de l'art. 644, la loi de 1845 qui s'est proposée de
favoriser les irrigations et le développement de l'agriculture aurait, en partie, manqué son but, si elle ne donnait
à ces riverains le droit de l'invoquer. C'est principalement
lorsque ceux-ci, par suite d'un obstacle naturel, ne peuvent
exercer l'usage conféré par cet article, que la loi nouvelle
vient à leur secours, et les autorise à établir la prise en
amont, et à traverser les propriétés intermédiaires. Mais
rien ne leur est accordé au-delà ; cet avantage ne leur
permet point de méconnaître les droits des tiers dérivant
des titres, règlements, de la prescription ou de la préoccupation ; et même dans ce dernier cas, si une constestation
sur la priorité surgit, on devra, pour la résoudre, considérer, non point la prise qui n'est que l'accessoire, mais la
position relative du fonds à l'arrosement duquel elle est
consacrée (1).

Les décisions des auteurs et celles de la jurisprudence
tendent à conférer au riverain d'une eau courante le droit
d'établir sa prise et son canal sur le fonds du propriétaire
supérieur, toutefois après que les parties se seront enten-
dues, ou que l'examen de la question aura été fait par
l'autorité judiciaire. L'opinion des corps administratifs qui
ont été consultés est conforme à cette tendance. On a voulu
s'éclairer, par tous les moyens possibles, sur les applications diverses qu'il fallait donner à la loi du 29 avril 1845,

(1) Dumont, n° 169. — Daviel, *Commentaire sur la loi des irrigations.*

et une circulaire du ministre de l'agriculture du 16 août 1854, posait'aux conseils généraux plusieurs questions. Par l'une d'elles, il était demandé, si dans le but de faciliter les irrigations, il ne conviendrait pas d'autoriser l'exercice des servitudes de passage d'eau, même lorsque les ouvrages doivent, d'après les dispositions des lieux, être établis sur un point du cours d'eau où l'arrosant n'est propriétaire d'aucune des deux rives. Il a été délibéré par le Conseil général des Bouches-du-Rhône qu'il y avait lieu de répondre affirmativement à cette question.

Parmi les eaux dont on a le droit de disposer, il faut comprendre encore celles des canaux d'arrosage, soit qu'ils appartiennent, soit qu'ils n'appartiennent point aux arrosants ; et il suffit que l'autorisation de se servir de ces eaux ait été accordée par les propriétaires, pour que tous les intéressés puissent réclamer le passage à travers les les fonds qui les séparent du canal principal ou des fossés distributeurs.

On s'est demandé si, lorsque le fonds que l'on veut grever de la servitude est déjà pourvu d'un fossé pour l'usage particulier du propriétaire, on peut obliger celui-ci à céder la co-propriété de sa rigole.

On ne peut raisonner d'après une règle absolue. L'usage rapporté par Dubreuil n'était point tout-à-fait contraire à cette possession indivise, et dans son chapitre sur les *Aqueducs* on lit que le droit local consacré par un arrêt de 1694, oblige l'inférieur à dériver l'eau dans son fonds par le *rajeirol* le plus rapproché, suivant la position des lieux ; c'est-à-dire que si, à moins d'une nécessité absolue, on ne peut forcer un propriétaire à livrer passage, dans son propre fossé, aux eaux que l'on veut conduire, celui-ci pourra, s'il le préfère, offrir et faire agréer cette indivision comme lui étant moins préjudiciable.

C'est dans cette espèce qu'a été rendu l'arrêt entre les Dominicains d'Arles et d'autres particuliers. Sur l'offre de ceux-ci , le rajeirol dont ils se servaient fut déclaré commun aux deux parties (1).

Ce que l'usage permettait alors est à peu près ce que l'on retrouve dans l'art. 623 du Code Sarde, ainsi conçu :
« Celui qui, ayant un canal sur son fonds , est en même
« temps propriétaire des eaux qui y coulent, peut, en
« offrant de donner passage aux eaux par ce canal, em-
« pêcher qu'on en établisse un autre sur sa propriété ,
« pourvu qu'en usant de cette faculté , il ne cause pas un
« préjudice notable à celui qui demande le passage (2). »

On ne saurait dire qu'aujourd'hui les tribunaux soient tenus de se conformer sur cette question à une règle constante ou à l'usage ancien. La loi de 1845 qui les a constitués souverains appréciateurs des faits particuliers de chaque cause , leur donne aussi le droit d'adopter la solution qui conciliera le mieux les divers intérêts , et sera la plus propre à prévenir les contestations entre les arrosants. Mais, en général, il suffit que l'indivision soit repoussée par l'une ou l'autre des deux parties pour que les tribunaux la refusent.

Une prétention de cette nature avait été soulevée par un arrosant de Craponne qui voulait conduire les eaux dans le canal privé de son voisin pour les amener sur sa terre , et le tribunal d'Aix a rendu, le 20 août 1859, le jugement suivant :

« Attendu que la rigole, par laquelle le défendeur dérive du
« fossé du quartier des *Croses* l'eau nécessaire pour l'irrigation
« de sa propriété, constitue une œuvre particulière construite
« par lui pour en user à sa volonté et suivant son gré ; que les
« fins du demandeur tendant à être autorisé à dériver par cette
« même rigole l'eau qu'il se propose de prendre dans ledit fossé
« pour arroser sa propriété, aurait pour résultat de rendre cette
« rigole et même la prise communes et indivises entre lui et le
« défendeur ; attendu que cette communauté aurait pour con-

(1) Dubreuil, n° 168. — Cappeau, *C. rural*, v° *Canaux; Législ. rur.*
n° 116 ; *Traité des Alpines*, p. 89.
(2) Dumont, n° 167.

« séquence de priver celui-ci de la disposition pleine et entière
« de sa rigole et de sa prise, et de le soumettre aux exigences et
« et au.. bligations que toute communauté entraîne avec elle ;
« attendu que les prétentions du demandeur fondées sur la loi
« du 29 avril 1845 ne sont justifiées par aucune de ses disposi-
« tions; que cette loi n'autorise, en effet, que l'obtention, à titre
« de servitude, du passage des eaux sur les fonds intermé-
« diaire ; mais, qu'étendre ce droit jusqu'à contraindre le pro-
« priétaire voisin à céder l'usage de sa prise et de son canal,
« c'est outre-passer évidemment les dispositions de cette loi ,
« etc., etc. »

Cette affaire ayant été portée en appel devant la cour,
l'arrêt rendu par celle-ci fit une distinction, réserva le cas
de nécessité, et tout en confirmant le dispositif du jugement, elle arriva à une solution semblable par des motifs
différents.

ARRÊT.

« Attendu que les premiers juges ont eu raison de refuser à
« Bédouin le passage de ses eaux d'irrigation dans la rigole
« particulière établie sur la propriété intermédiaire de Durand
« pour l'arrosage de cette propriété , non pas, comme ils l'ont
« décidé, que les principes du droit s'opposent d'une manière
« *absolue*, à ce que Durand puisse être contraint à céder le co-
« usage de son canal en vertu de le loi de 1845 ; mais parce que,
« dans l'espèce , la grande proximité de son bâtiment d'exploi-
« tation rendrait la commune jouissance de sa rigole, sujette à
« trop d'inconvénients pour lui ; — attendu que ce premier point
« ainsi jugé, il reste à savoir si le passage des eaux pourrait
« être accordé à Bédouin sur une autre partie de la terre de
« Durand, etc., etc. (Arrêt du mois d'avril 1860). »

L'arrêt a statué pour des eaux dérivées d'un canal d'irrigation, et à ce propos, il importe de remarquer que souvent le co-usage d'un fossé sera préférable à l'établissement, pour chacun des arrosants, d'un fossé particulier. Ce
qui se voit tous les jours diminue en effet les appréhensions
qu'inspire au premier abord l'idée de cette communauté.
Les canaux les plus importants portent leurs eaux quelquefois à plusieurs kilomètres de la branche-mère , ou des

fossés principaux. Les terres favorisées par l'arrosage sont sujettes au morcellement, d'où suit cette conséquence, que si l'on voulait rigoureusement empêcher le co-usage des fossés, il faudrait établir, là où s'arrête la branche de distribution, autant de rigoles qu'il y a de parcelles distinctes. Ce serait échapper à un inconvénient, pour entrer dans un autre, pire sans doute, celui d'avoir un aqueduc dont la longueur serait en disproportion avec l'étendue de la terre à irriguer. Il faut convenir ensuite, que la nature particulière des terrains qui bordent nos canaux d'arrosage ne demande point, pour la conduite des eaux, des travaux difficiles et d'un entretien dispendieux qui seuls font produire à l'indivision les ennuis, les querelles et les procès. Une simple rigole remplit presque toujours le but qu'on se propose. On ne peut donc pas davantage, en cette matière, recommander l'indivision, qu'on ne doit l'interdire d'une manière absolue; aussi, les tribunaux ont-ils reçu, de la loi de 1845, la mission de résoudre, à l'aide des éléments détaillés de chaque cause, les difficultés que des habitudes de tolérance réciproques, entre les nombreux arrosants d'une contrée, rendent ordinairement assez rares.

Le propriétaire du fonds traversé par le canal peut-il, s'il s'agit d'une eau particulière à laquelle il n'a aucun droit, être admis par l'effet de la loi au partage des eaux. Pourrait-il au moins, réclamer, pour son usage, ce qui excèderait les besoins du propriétaire ? L'ancien droit provençal ne le lui permettait point. « Celui qui « a donné permission de fossé dans son fonds, pour le « passage de l'eau, n'a pas le droit de prendre de ladite « eau, s'il n'a été ainsi convenu. » Les inconvénients qui résulteraient de la solution contraire sont manifestes ; la question de savoir où commencerait, où cesserait l'excédant, serait déjà difficile à résoudre, et la communauté d'intérêts entraînerait avec elle ses causes habituelles de

(1) Dalloz, *Rec. périod.* 1845. 3e partie, p. 110.—*Moniteur* du 14 février 1845.

9

discorde. Aussi la loi, obéissant à une règle déjà ancienne, n'a-t-elle point conféré au propriétaire du fonds servant l'exercice d'un droit dangereux, et a laissé aux parties le soin de se régler, sur ce point, par des conventions particulières. On admet cependant que s'il n'en résulte point de préjudice pour celui à qui elles sont dues, le propriétaire servant pourra utiliser les eaux pour ses besoins domestiques, abreuvage, puisage, lavage.

C'était autrefois une question de savoir, si ceux qui avaient le privilége d'établir leur aqueduc, à travers les propriétés des tiers, pouvaient être contraints d'acheter la nue-propriété du fonds sur lequel s'exerçait le passage. Il était admis généralement qu'on avait le droit de n'acheter que la servitude elle-même. La servitude, en effet, est suffisante pour le but qu'on se propose; pourquoi, dès-lors, forcer le conducteur d'eau à acheter plus qu'il ne lui est nécessaire. D'ailleurs, si le propriétaire servant est exposé à souffrir d'un état de choses qui le laisse détenteur d'une nue-propriété dont les charges sont pour lui et l'utilité pour les autres, n'est-il pas facile de lui tenir compte de ce désavantage, par l'évaluation de l'indemnité. D'après l'usage ordinaire, en Provence, on fixait au double de la valeur vénale l'indemnité de la servitude de passage (1).

La servitude présente aussi sur la propriété elle-même un autre avantage; car si sa cause disparaît, le fonds servant se retrouve avec sa condition naturelle d'indépendance, et échappe au grave inconvénient d'être coupé, d'une manière permanente, par une lisière de terrain dont le caprice ou la malveillance du propriétaire pourrait faire une cause sérieuse de dépréciation (2).

La loi de 1845 n'accorde pas autre chose que le droit de servitude à ceux qui veulent conduire des eaux sur les fonds intermédiaires.

A la loi de 1845, celle du 15 juillet 1847 est venue servir

(1) Cappeau, *Législ. rur.* n° 113.— *Traité des Alpines*, p. 91.
(2) Dumont, n° 157.

de complément, mais avec cette différence qu'elle a introduit une faculté tout-à-fait nouvelle. Dorénavant, tout propriétaire qui voudra se servir, pour l'irrigation de ses propriétés, des eaux naturelles ou artificielles dont il a le droit de disposer, pourra obtenir la faculté d'appuyer sur la propriété du riverain opposé, les ouvrages d'art nécessaires à la prise d'eau, à la charge d'une juste et préalable indemnité. Cette faculté est aussi précieuse pour le riverain que le passage sur les fonds supérieurs, d'un exercice plus facile et nuit moins au voisin ; car un simple barrage qui n'emprunte qu'un point de la rive opposée est certainement moins onéreux que l'établissement d'une conduite d'eau sur plusieurs parcelles.

La proposition qui avait été rejetée comme amendement, lors de la discussion de la loi de 1845, fournit le texte de la loi du 15 juillet 1847.

Ces lois ont-elles produit tout le bien qu'on en attendait ? Leur application actuelle ne semble peut-être pas tout-à-fait en rapport avec le retentissement qui accompagna leur discussion. Cependant, pour les apprécier convenablement, il faut moins consulter les statistiques, que la série des transactions auxquelles elles ont donné lieu. Toutes les fois, par exemple, que les propriétaires, pénétrés de leurs dispositions, cesseront de s'opposer des barrières que la loi ancienne ne pouvait pas toujours renverser, et traiteront amiablement du passage de l'eau, le résultat de la loi sera atteint et même dépassé, puisque mieux vaut encore s'entendre que de demander aux tribunaux la consécration d'un droit qui ne s'obtient point gratuitement.

Le caractère véritablement utile de cette loi, c'est d'être préventive, d'empêcher les contestations de naître, et d'engager les divers particuliers, par la lecture de ses articles, à se prêter mutuellement ces facilités que réclame le plus grand bien de l'agriculture.

Il suffit que la loi moderne ne laisse point de doute sur le privilége qu'elle concède à l'irrigation pour que les pro-

priétaires récalcitrants soient désarmés , et il est à peu
près certain qu'en Provence, comme partout , ceux qui
auront un intérêt véritable à s'en prévaloir , n'hésiteront
pas à s'adresser aux parties ou à la justice pour obtenir la
concession du droit de passage.

Tout en reconnaissant la part d'influence que ces lois
devaient exercer sur les destinées de l'agriculture, il fallait cependant se garder de la croyance exagérée que
celle-ci dut entrer dans les voies d'une révolution complète. En Provence, par exemple, leur application qui n'est
presque pas sortie des limites des conventions privées, ne
s'est pas signalée par de nombreux débats judiciaires, et le
bien qu'elles ont pu faire, quoique fait sans éclat, n'en existe
pas moins. Du reste, la rareté des procès, et l'on pourrait
même dire , des transactions en cette matière, s'explique
si l'on considère successivement les trois hypothèses auxquelles les lois de 1845 et 1847 prêtent leur application.

1° *Eaux privées.* — Il est rare qu'un propriétaire, possédant une source dans son fonds , ne puisse pas complètement l'absorber dans celui-ci. Le contraire arrivât-il , il
faudrait encore que le propriétaire eût un domaine à peu de
distance du premier, et qui se trouvât dans les conditions
d'un niveau déterminé. Mais, il est facile de se convaincre
que ce concours fortuit de circonstances ne se produit pas
souvent.

2° *Eaux publiques.* — La loi nouvelle n'a rien changé à
l'économie de l'art. 644 ; elle ne fait que donner des facilités plus grandes à ceux qui avaient déjà le droit de se
servir des eaux courantes ; c'est-à-dire que les riverains
seuls continueront à les détourner à leur profit, mais alors,
avec le pouvoir d'établir la prise sur le fonds du propriétaire supérieur, si l'escarpement de leur frontière particulière empêche qu'elle ne soit établie sur leur propre terrain.
La loi de 1845 ne permet rien au-delà. Cependant, il est juste
de reconnaître aussi, qu'en triomphant de la résistance des
propriétaires qui voudraient s'opposer, sur leurs fonds, au

passage de l'eau, cette loi a contribué à la multiplication de ces canaux collectifs dont nous avons démontré les avantages.

3° *Canaux.*— C'est ici que pourraient surgir les contestations les plus nombreuses. Car, il se fait beaucoup plus d'irrigations avec les grands canaux d'arrosage, que par les eaux privées ou les dérivations pratiquées sur les ruisseaux ou petites rivières. Cependant, une cause tend à maintenir l'accord entre les usagers. Le droit de dériver les eaux, à travers les fonds intermédiaires, existait depuis longtemps, en Provence, pour les entreprises d'utilité publique, et ce privilége s'étendait jusqu'aux rigoles de distribution. En vertu de ce privilége, tous les fossés principaux et secondaires furent établis, dès l'origine, avec assez de prévoyance pour concilier les intérêts et les espérances de tous les arrosants, et l'on n'a pas attendu jusqu'à aujourd'hui pour conduire les eaux à tous les terrains que leur niveau rend susceptibles d'être arrosés.

D'ailleurs, les propriétaires comprennent la solidarité qui les unit, et c'est surtout dans cette troisième hypothèse que l'analogie et la communauté de leurs intérêts les rendent tolérants les uns envers les autres.

Par ces différentes causes, la loi du 29 avril 1845, qui se retrouvait déjà en partie dans les usages de la Provence, n'a fait que subir une transformation, c'est-à-dire, que des habitudes elle a passé dans la législation écrite et dans l'application judiciaire, et n'a plus à briser que des résistances devenues bien rares en présence de ses dispositions.

CHAPITRE VI.

TRAVAUX DE DÉFENSE. — ÉPOQUE ANTÉRIEURE À 1789.

I. — Aperçu général. — Chaussées du Rhône.

Nous n'avons étudié, jusqu'ici, les eaux qui coulent en
Provence, qu'au point de vue des avantages que l'agriculture en retire. Mais, on ne doit pas oublier, non plus,
qu'elles prélèvent souvent, sur les vallées qu'elles traversent, un tribut onéreux, et que depuis les embouchures
du Rhône ou du Var, jusques aux sources de la Durance,
ou de l'Ubaye, points extrêmes, il est peu de villes ou de
de villages qui n'aient souffert de leurs inondations ou de
leurs ravages.

Cette partie de l'exposé dans laquelle nous entrons,
fournit une grande quantité d'actes, de décisions et
d'usages émanés de l'ancien régime. Les envahissements
des rivières figuraient au nombre des plaies du pays, et
une tendance générale poussait les habitants, soutenus
par l'administration, vers les travaux de défense, parce
que ceux-ci garantissaient la perception de l'impôt, servaient la cause de l'agriculture, et protégeaient, ce qui
est plus cher à l'homme dans la constitution de sa fortune,
le sol ou la terre patrimoniale.

M. Dubreuil, se reportant à l'époque qui a précédé 1789,
s'exprime ainsi au sujet des travaux pratiqués sur les
cours d'eau : « Peu de questions ont été plus souvent
« agitées, en Provence surtout, où les rivières, notamment
« la Durance, deviennent, au moindre orage, des torrents
« dévastateurs. Les contestations fréquentes qui s'éle-
« vaient à ce sujet, avaient constamment excité la uste

« sollicitude de l'administration générale du pays. Les
« procès-verbaux de ses délibérations, annuellement im-
« primés depuis 1613, présentent des vues et des principes
« bien sages. On y trouve, sur quelques-unes de nos
« rivières, des documents importants, aujourd'hui oubliés,
« et que les propriétaires riverains peuvent avoir intérêt
« à connaître. » Il indique ensuite la date de quelques-
unes de ces délibérations concernant le Rhône, la Durance,
l'Argens et le Var.

En retraçant l'esquisse d'une époque déjà éloignée de
nous et féconde en enseignements, nous présenterons successivement quelques aperçus sur ceux des points qui, en
se rapprochant de nos lois et décrets modernes sur cette
matière, semblent les avoir préparés.

Ancien procureur du pays de Provence, M. Dubreuil
avait été le témoin des efforts déployés pour lutter contre le
danger que faisait naître le voisinage des cours d'eau. Il
avait vu les administrateurs secondés par les sacrifices
pécuniaires que s'imposaient le pouvoir, les communautés,
la province et les seigneurs. Mais, ce qui manquait encore
à ces travaux isolés, faits au fur et à mesure des besoins
et des ressources disponibles, c'était l'ensemble qui devait
les relier tous et leur permettre de se prêter une force mu-
tuelle et une garantie réciproque. On était généralement
frappé du défaut de concordance et de direction qui nuisait
à l'effet salutaire et durable de ces travaux (1).

Ce résultat ne devait être obtenu qu'avec l'aide du
temps, et la Révolution de 1789, en détournant, pour
quelques années, l'attention de ces entreprises locales, vint
interrompre la série de ces moyens de défense et livrer
passage, par cette lacune, à de nouveaux désastres.

Environ vingt ans après, le plus grand nombre de
digues, chaussées, forts, pallières non entretenus, avaient
été emportés ou tout au moins fortement endommagés et

(1) Béraud, de l'oratoire, *Mémoire sur la manière de resserrer le lit
des torrents et des rivières.*

il ne resta plus que quelques débris pour attester la résistance soutenue par la Province.

A toutes les époques de l'histoire locale, sans remonter pourtant au-delà du douzième siècle, des digues furent opposées à la violence des eaux. Mais, c'est surtout pendant le siècle dernier que le besoin s'en fit particulièrement sentir et qu'on les vit s'élever en assez grand nombre sur le Rhône, la Durance et presque tous les torrents et rivières. L'exemple des peuples est là, pour apprendre que, au moyen de digues, des cours d'eau redoutables, causes permanentes de dévastations, ont été convertis en causes de richesses. Ces travaux, protecteurs de la propriété, devaient à leur utilité incontestable d'être sauvegardés autant par le respect traditionnel des habitants, que par les lois, et ce respect se traduisait souvent par des pénalités d'une sévérité excessive et par les précautions infinies qu'on prenait pour leur conservation. Cœpolla rappelle le châtiment rigoureux qui était réservé à ceux qui endommageaient les digues construites sur le Nil, et sur les bords du Pô, dans les environs de Ferrare.

RHÔNE. — Ce fleuve fixe tout d'abord l'attention. Qui faisait les dépenses, et dans quelle proportion? Y a-t-il eu pour les chaussées une règle toujours uniforme? Il est permis d'en douter, en parcourant les principaux documents relatifs à cette question.

Les colonies et les villes importantes qui s'établirent à une époque reculée dans le voisinage de ce fleuve, pour profiter de la navigation, durent nécessairement se livrer de bonne heure à la construction et à l'entretien des digues; et il est plus que probable que le temps de la domination romaine ne s'écoula point sans favoriser l'exécution de travaux de ce genre. Cependant les premières dispositions écrites sur l'organisation, l'entretien des chaussées et les mesures adoptées pour leur préservation

_____

(2) Cœpolla; *De aggeribus.*

ne remontent pas au-delà de l'année 1151. On les trouve dans les statuts municipaux de la ville d'Arles. Les digues existaient déjà, puisqu'il était défendu, par exemple, de faire paître porcs, ânes, bœufs et troupeaux quelconques, et d'ouvrir à côté de celles-ci vallats, fossés de labour, trous, si ce n'est à une certaine distance. Des officiers du nom de *levadiers* sont chargés du soin des chaussées, et on les choisit parmi les possédants-biens. Leurs services sont salariés. De plus, les frais de construction des chaussées sont répartis entre tous les intéressés, sans en excepter les maisons religieuses, en proportion du bien qu'ils possèdent dans le canton que ces travaux doivent garántir.

Beaucoup de terres étant comprises entre les chaussées et le Rhône, si un particulier veut y planter du bois, les *levadiers* du canton lui fourniront la moitié des plants et l'on devra exhausser les bords des fossés qui aboutissent au Rhône, au moins d'une canne, pour mettre à l'abri des crues les chemins du voisinage (1).

Dans le quinzième siècle, divers documents fixent encore la répartition de l'impôt entre les intéressés, suivant la contenance. Un édit du roi René du 16 février 1458, consi dérant que l'utilité publique doit l'emporter sur l'intérêt des particuliers, attribua aux cotes de l'association des vidanges le privilège des deniers publics : *More fiscalium debitorum* (2).

Aussitôt que la Provence fut réunie à la couronne de France, on s'adressa au pouvoir royal pour en obtenir des subsides, et dès l'année 1481, la ville d'Arles demanda au lieutenant-général du roi un secours pour la réparation de ses chaussées.

Pendant assez longtemps, une grande incertitude régna, au sujet des obligations respectives des particuliers et des communautés à l'établissement et entretien des chaussées

---

(1) Nicolaÿ, *Mémoire sur le Rhône*, p. 169. 170, 171.
(2) *Délibération de l'association du dessèchement des marais d'Arles*, pièce 1.

défendant le territoire. La ville d'Arles, qui se trouvait principalement exposée, agissait suivant ses besoins et suivant ses craintes. Elle consentait, très-souvent, à faire des avances aux particuliers ; mais elle se remboursait sur ceux-ci au moyen de divers impôts prélevés sur les récoltes. Cela résulte de plusieurs délibérations de son Conseil, des années 1498 et 1504.

Par une délibération du 10 mai 1525, la ville devait entretenir, à ses dépens, toutes les chaussées du Trébon, attendu que par le moyen d'icelles, ladite ville était préservée des inondations. Dans d'autres circonstances, on vit la communauté d'Arles contribuer, pour un tiers, aux réparations des chaussées de tous les quartiers (1).

La Camargue, cette partie comprise entre les bras du Rhône, était plus particulièrement exposée aux inondations du fleuve, et le mauvais état des digues, la mésintelligence entre les quartiers et les diverses catégories d'intéressés, compromettaient l'existence même de son territoire. La transaction de 1543 vint apporter le remède et organiser l'association de tous les possédants biens. Elle est du 1er janvier 1543, aux minutes de Me Nicolas Alberti, et homologuée par arrêt du parlement de Provence du 8 mars de la même année (2).

Les chaussées, qui avaient le moins de valeur et d'étendue, étaient construites, antérieurement, et entretenues par les particuliers, *chacun en sa frontière*. Le premier effet de cette transaction fut de ramener tous les travaux et toutes les impositions à une règle uniforme, en tenant compte, bien entendu, de la diversité de certains intérêts. La transaction incorpore dans des catégories distinctes les habitants de Montlong, de la Corrège et de Camargues-Majour. Chaque catégorie formait une association dont les

(1) *Annales d'Arles* (bibliothèque d'Aix).

(2) Gautier Descottes. *Mémoire sur le projet de classement des terrains de l'Association générale des chaussées de la Grande-Camargue*, pièces justificatives.

membres étaient cotisés *pro modo jugerum*. La ville d'Arles elle-même, par ses consuls, avait promis qu'elle paierait la tierce partie de la dépense, tant pour le présent que pour l'avenir, en suivant l'ancienne coutume.

Quant aux terres des particuliers, il y avait une distinction à faire suivant la nature des cultures. Ainsi, lorsque une *cesteyrade* de terre payera un sol, la *quarteyrade* de vigne payera double. De même, la proximité était prise en considération, puisque les habitants de Camargues-Majour, plus éloignés des chaussées que ceux de Montlong ou de la Courrège, payeront la moitié moins chacun, *pro rata jugerum*, comme ayant moins de risques à courir.

Les contestations qui s'élevèrent à partir de ce moment, furent rapportées aux clauses de la transaction de 1543. C'est conformément à celle-ci que fut accueillie, en 1553, la plainte formée par les *lévadiers* de la Corrège. Sur la réclamation de ceux-ci, il fut délibéré : qu'attendu que la ville est contribuable pour un tiers à toutes les chaussées, par transaction confirmée par arrêt, lesdits accords et transactions doivent être observés (1).

Le recouvrement des cotes, au moyen desquelles l'association devait payer les dépenses, s'effectuait par les soins des trésoriers, *et more fiscalium debitorum*. Des lettres-patentes du 11 septembre 1717, visant l'arrêt du 8 mars 1543, avaient ordonné que les syndics et trésoriers des *lévaderies* seraient payés desdites cotes, sur les fruits et revenus des biens qui y sont sujets, par préférence à tous créanciers, à l'exception des receveurs des deniers royaux, des fournisseurs de semences et valets de la campagne pour les gages de l'année, le tout sans préjudice du privilége desdits syndics sur les fonds des biens sujets auxdites cotes qu'ils pourront exercer, suivant les statuts de Provence (2).

Les associations formées entre les propriétaires de quel-

(1) Annales d'Arles.
(2) *Délibération de l'Association du dessèchement des marais d'Arles;* pièce 43, p. 436.

ques quartiers s'étendirent aussi d'une ville à l'autre ; l'union procurait aux communautés plus de force pour se défendre contre les inondations du fleuve. Une délibération de 1692 montre la ville d Arles contribuant en commun avec Notre-Dame-de-la-Mer à la réparation d'une chaussée. Bientôt après elle noua des relations semblables avec la commune de Tarascon. Par une transaction du 2 mars 1707 passée entre ces deux communautés, elles s'obligent à entretenir, à frais communs, les chaussées du Rhône depuis le territoire de Boulbon jusqu'à la Porte de la Cavalerie.

Pendant la durée du siècle dernier, les travaux de défense furent continués, pour mettre à l'abri des crues du fleuve les villes riveraines. Cela résulte de plusieurs délibérations qui furent prises par les états de Provence, pour accorder ou solliciter des secours ; celles des années 1710, 1717, 1724, 1727, 1736, etc., témoignent de la marche de ces entreprises (1).

Après la fameuse inondation de 1755 qui laissa de néfastes souvenirs dans la mémoire des populations, ces deux communautés continuèrent à se prémunir et à agir de concert, et reçurent, suivant l'usage adopté pour les rivières importantes, les deux tiers des secours versés par le roi et la province. L'administration provinciale elle-même était si bien pénétrée de l'avantage que les communautés trouvaient à s'entendre, qu'elle en avait obligé plusieurs à réunir leurs efforts et ne prêtait son concours qu'à cette condition. En l'année 1757, des *caladats* projetés sur le Rhône pour la défense des territoires de Boulbon et de Mézoargues, devaient être construits de concert (2).

Il est difficile de résumer tous ces usages et conventions et d'en faire sortir une règle générale. L'uniformité n'existait point. La Camargue, réunion de propriétaires, enlacée dans les bras du Rhône, avait pour ses chaussées une autre organisation que les villes d'Arles ou de Tarascon.

(1) Voir aux *délibérations des états de Provence.*
(2) *Délibérations des états de Provence*; ann. 1757, p. 78.

Tandis que ces dernieres suivaient la règle qui divisait la
contribution aux travaux en trois parties, pour la communauté, la province et l'Etat, la Camargue, après des efforts
isolés, parvint à se constituer en association. Les propriétaires renoncèrent à l'usage, à peu près stérile, de défendre
leur territoire, *chacun en droit soi de sa frontière*, système
qui ne pouvait convenir aux quartiers qui laissaient
ouvertes et accessibles aux ravages des eaux, des surfaces
plus étendues. Pour ceux-ci, on avait commencé par prélever une taxe sur les récoltes. Puis, fut passée la transaction de 1543, dont le but fut d'incorporer, dans une même
association, un certain nombre de propriétaires, qui contribuaient à raison de leur contenance, *pro modo jugerum*.

Cette transaction de 1543, qui a déterminé les rapports
entre tous les propriétaires de la Camargue intéressés à la
construction et à l'entretien des chaussées, a servi de point
de départ au décret du 4 prairial an XIII, dont il sera ultérieurement parlé.

II. — Durance. — Digues, forts, pallières, caladats. Contribution. — Usages.

La DURANCE joue un rôle important dans les destinées de
la Provence. Pendant que, d'un côté, elle ranime l'agriculture par ses canaux, elle fait, en retour, essuyer de
grands dégats aux territoires qu'elle traverse. Cette rivière
sans limites, toujours incertaine, souvent furieuse, devient
surtout dangereuse à partir de Volonne et de Peyruis. A
ce point, où la vallée s'agrandit, elle a déjà reçu le tribut
de l'Ubaye, la Blanche, la Sasse, le Buech, le Jabron, la
Bléone. A quelques lieues plus bas, elle est encore accrue
par l'Auzon, l'Asse, le Largue, le Verdon, et depuis Saint-
Paul, elle coule, dans des contrées fertiles, jusqu'au Rhône
dont elle est un des principaux affluents.

L'action dévastatrice et torrentielle de ses eaux est suf-

fissmment connue. Si les poètes tels que Ausone et Silius
Italicus l'ont décrite avec les formes attrayantes de la poésie,
Tite-Live, dans une forme plus sobre, trace un tableau
d'une vérité saisissante, et la signale comme un des principaux obstacles que rencontra Annibal, dans sa marche
sur les Alpes. Les historiens de Provence ne pouvaient
manquer, eux aussi, d'être frappés de tous les phénomènes
particuliers qui la distinguent. « Elle est, dit Nostradamus,
« naturellement brusque, rapide, violente, limoneuse,
» furieuse, inconstante, inapprivoisable et meschante,
« inguéable presque partout, en tout temps dangereuse,
« et d'un fil tant roide, desdaigneux et revêche, que qui
« ne l'a pratiquée de long-temps et ne connaît les gués et
« les détours n'oserait l'aborder, ni s'y hasarder ; outre
« tout cela estant tellement indomptable et farouche,
« qu'elle ne se laisse manier à sorte de bateaux quelcon-
« ques, de manière que celui qui s'avanturerait de la
« naviguer, serait réputé hors de son sens et désespéré ;
« hors de quelques raseaux, qui ne craignent les tempêtes ;
« adjoutez à ces incommodités et rudesses que ses bords
« sont la plupart inaccostables, creux et taillés, ou toujours
« mouvants et prêts à fondre et renverser » (1).

Ces témoignages démontrent que la Durance était
autrefois ce qu'elle est encore aujourd'hui.

Si l'on se demande à quelle époque commença la lutte
que les habitants soutinrent contre les divagations de cette
rivière, on est étonné de ne pas trouver dans une époque
reculée plus de monuments qui attestent cette résistance.
Cela tient, peut-être, à ce que de grands centres de populations n'avaient point été bâtis sur ses bords. Quant à la
terre, elle avait moins de valeur, et l'on avait, par conséquent, un intérêt moindre à la défendre. D'ailleurs, le
désir effrené de jouir des choses présentes, n'avait point

(1) Honoré Bouche, *Histoire de Provence*, fleuves, p. 27.
(2) Nostradamus, *Histoire de Provence*, 7ᵉ partie. p. 714.

encore porté les populations à dépouiller les montagnes des forêts qui retiennent et mesurent les eaux, et les *iscles* mieux entretenues, remplaçaient avantageusement ces fortifications en blocs et en graviers que l'art moderne élève, à grands frais, contre nos principaux torrents.

Après l'année 1500, la communauté de Manosque éleva des digues pour garantir un moulin qu'elle possédait sur les bords de la Durance et pour augmenter la surface de ses *iscles*. Cent ans après, dans une visite qui fut faite de l'intervalle compris entre les limites de Volx et de Sainte-Tulle, on remarqua une assez grande quantité de forts et remparts, les uns vieux et presque recouverts par les atterrissements, les autres récents. L'un d'eux mesurait une longueur de quatre cents pas de long et dix de large.

Dans le dix-septième siècle, ces essais se perfectionnent. La transaction de 1624 entre la Provence et le comtat Venaissin, posa des règles pour la construction des digues, fixa la largeur de la rivière à 300 cannes, et eut principalement pour but d'empêcher qu'au moyen des ouvrages on pût empiéter sur le lit habituel de la Durance. Par ses dispositions mêmes, cette transaction prouve l'empressement que les propriétaires riverains déployaient dans ces sortes de travaux (1).

Ce fut vers cette époque qu'une compagnie, qui ne fut point agréée, se présenta pour exécuter un plan d'endiguement, à la condition qu'on lui abandonnerait les terrains qu'elle gagnerait de chaque côté.

Mais, c'est surtout pendant le siècle dernier qu'on assiste à ce mouvement général qui réunit villes, quartiers, propriétaires et intéressés quelconques dans une entente commune. On comprend que la question d'endiguement est capitale pour le pays; pendant que les communautés agissent, que l'admininistration provinciale donne des fonds et accorde le secours de ses ingénieurs, on propose des

(1) *Cahier des délibérations de l'assemblée des états*, ann. 1776, p. 118.

récompenses, pour faire étudier quels seront les moyens les mieux combinés et les plus économiques pour construire des digues sur les bords de la Durance. Il est facile de voir que toutes les convictions, toutes les sympathies sont acquises à cette œuvre importante.

Aussi, il suffit d'ouvrir le *Cahier des délibérations des Communautés de Provence* pour s'assurer des préoccupations constantes que l'étude de ces questions faisait naître au sein de la représentation provinciale. Pendant toute la durée du dix-huitième siècle, chaque communauté riveraine avait provoqué plusieurs décisions relatives aux ouvrages dont elle sollicitait la construction sur la Durance. C'étaient sur la rive droite celles de Peyruis, Manosque, Pertuis, Cadenet; sur la rive gauche, Les Mées, Oraison, Peyrolles, la Roque-d'Autheron, Mallemort, Sénas, Orgon, Cabanes, Château-Renard, Barbentane, etc.

L'étude des documents et des usages anciens, à propos de cette rivière, doit tenir une grande place dans cet exposé à cause du nombre et de l'importance des communes qui l'avoisinent et de la longueur de son parcours. D'ailleurs, elle se rapproche, à la fois, des grandes rivières et des torrents; des premières, par la masse de ses eaux, des autres, par l'identité des phénomènes naturels particuliers. Aussi, il n'est pas étonnant que les usages adoptés sur la Durance aient servi de règle pour les autres rivières, et leur étude a, en quelque sorte, la portée d'une étude plus générale qui autorise à entrer dans quelques développements.

Comment procédait-on à la constatation des travaux reconnus nécessaires, à leur construction? A la charge de qui étaient mises les dépenses?

Il fallait distinguer. Pour les travaux d'urgence ou de simple entretien de digues déjà existantes, comme pour ceux d'importance secondaire qui ne méritaient pas l'intervention des agents de la province, procureurs ou ingénieurs du pays, la communauté seule supportait les dépenses. Après que les consuls avaient fait au Conseil général de la commune le rapport de l'affaire, celui-ci délibérait sur le montant de la somme à dépenser et chargeait les consuls d'en donner mandat, après l'exécution des travaux, sur le trésorier de la communauté.

Si, au contraire, les dommages étaient assez considérables pour que la communauté ne pût suffire avec ses propres deniers, on adressait, avec un extrait de la délibération prise par le Conseil, un placet aux procureurs du pays, afin de les inviter à se rendre sur les lieux et d'obtenir, par leur avis favorable, les secours de la province. Procès-verbal de leurs opérations était dressé. Ils faisaient les devis et estimaient la somme que la province devait consacrer, sauf à y faire statuer d'abord par une assemblée particulière. Après ces préliminaires, l'assemblée délibérait sur l'opportunité et la nature des travaux et fixait le montant des sommes à dépenser, ainsi que la part pour laquelle elle accorderait son concours. Toutefois, la province exigeait que la communauté, en faveur de qui ces subsides étaient votés, eût préalablement justifié de la fourniture ou de l'emploi des fonds laissés à sa charge.

Ce n'est qu'à titre d'exception qu'on a vu quelquefois la communauté fournir son contingent à l'aide de corvées.

Mais, quelle que fut la portion laissée à sa charge, ce n'étaient point les propriétaires réunis en association syndicale qui soldaient les frais d'endiguage, suivant leur intérêt, mais le corps de la communauté tout entier avec ses revenus, ou les emprunts qu'il contractait pour cet objet.

Les procureurs du pays autorisaient à exposer aux enchères les devis des ingénieurs et à faire la délivrance des travaux, aux conditions meilleures; puis la communauté faisait les avances; elle expédiait mandat sur son trésorier, et c'était sur le vu des doubles qu'elle envoyait à la province, qu'elle était remboursée successivement par le trésorier de celle-ci (1).

Les ouvrages étaient adjugés, après trois ou quatre enchères, de huitaine en huitaine. La réception des travaux terminés était faite par un des procureurs assisté de l'un des greffiers des états et de l'ingénieur du pays (2).

La répartition de la dépense s'opérait le plus fréquemment par tiers entre la communauté, la province et le roi. Mais, il n'y avait point pour celui-ci d'obligation proprement dite. Car, on le suppliait très-humblement, et il faut ajouter, rarement en vain, d'accorder le tiers de la contribution. Seulement, le roi, pour n'être point engagé dans des dépenses imprévues, stipulait la condition que sa quotité n'excèderait point une certaine somme, calculée d'après les devis et non point d'après l'état des sommes effectivement dépensées, et si le chiffre prévu était dépassé, l'excédant restait tout entier à la charge de la communauté et de la province.

Le concours du roi n'était point sollicité pour les travaux dont le montant était peu considérable, et qui devaient s'exécuter sur des torrents ou de simples ruisseaux. Les secours fournis par lui consistaient soit en argent, soit dans la remise d'une partie des impositions. Des désastres très-considérables ayant été occasionnés par les débordements du Rhône et de la Durance, le roi, étant en son conseil, fit remise aux communautés de Tarascon, Mézoargues, Barbentane, Graveson, Boulbon et la Roque-d'Antheron, pour un certain nombre d'années, d'une partie de ce qu'elles payaient pour don gratuit, taillon, subside et capitation ; c'est-à-dire, que ces impositions devaient être levées sur les habitants, comme par le passé, et que le produit des remises ci-dessus serait employé, chaque année, au profit des communautés et par préférence, au

(1) *Lettre des Procureurs du pays*, 6 mars 1771.
(2) Règlement du 17 mai 1756, art. 17; *Cahier des Délibérations* ann. 1757, p. 97. — Autre règlement des états du 28 janvier 1788.

rétablissement des ouvrages publics, à leur charge, et l'excédant, s'il y en avait, distribué aux particuliers qui auraient le plus souffert du ravage des eaux.

Si la province avait l'habitude de payer un tiers de .a dépense, elle n'était point rigoureusement tenue d'intervenir pour ce chiffre. Car, on lit dans les cahiers de ses délibérations : qu'elle n'imposait pas de fonds pour les réparations contre la Durance, et qu'elle n'y était déterminée que par l'usage où elle se trouvait d'aider, dans ces sortes d'ouvrages, les communautés qui cherchent à se défendre (1). A défaut de loi, l'usage lui dictait donc sa décison, et si elle s'en est écartée quelquefois, ce fut presque toujours en faveur des communautés. Ainsi, celle de Mérindol ayant souffert beaucoup d'un débordement de la Durance, au mois de décembre 1703, en sus de six mille livres employées par moitié, il fut accordé, à cause de l'état de détresse de cette commune, une nouvelle subvention de cinq mille livres pour être employée à la continuation des ouvrages nécessaires à la défense de son terroir, lesquelles seront fournies par la province, sans qu'au préalable et suivant l'usage en pareil cas observé, la communauté de Mérindol soit tenue d'y employer une pareille somme de cinq milles livres, le tout *sans tirer à conséquence pour l'avenir*. Outre les fonds qu'elle votait directement, l'assemblée des communautés procédait aussi parfois à la suspension de certains feux, pour une période de quelques années. C'est ainsi que la communauté de Pertuis, indépendamment du tiers habituel fourni par la province pour ses digues, obtint, dans une circonstance exceptionnelle, la suspension des deux tiers d'un feu depuis 1702 jusqu'à 1707 inclusivement.

Rarement ces deux modes, subvention directe et suspension ou diminution de fouage, étaient cumulés, et la province préférait le premier, parce que les fonds étaient

(1) *Cahier des Délibérations*, ann. 1783, p. 81.

plutôt disponibles et parce qu'il était à craindre, par l'adoption du second, que les sommes n'étant recouvrées que partiellement ne fussent insuffisantes dans un moment où les mesures incomplètes et les retards pouvaient être désastreux.

Ces demandes en suspension de fouage s'étaient d'ailleurs multipliées au point que l'administration dut aviser pour en arrêter le nombre toujours croissant. Après qu'on eut reconnu la difficulté, pour les procureurs du pays, de surveiller l'emploi des fonds, provenant de ces suspensions ou diminutions, à la construction ou entretien des digues, on s'aperçut également que les plaintes portées par les communautés, exagéraient l'étendue des pertes éprouvées dans l'espoir d'obtenir des secours plus considérables. Pour obvier à tout cela, l'assemblée sentit le besoin de réglementer cette matière; c'est ce qu'elle fit en octobre 1762. Elle statua : 1° Que les demandes des communautés, en suspension ou diminution d'une partie de leur fouage, ne seraient reçues qu'autant qu'elles se plaindraient de quelque événement extraordinaire et imprévu ayant occasionné la perte d'une partie notable du terroir, comme un quart ou un quint; 2° Que la vérification de ces dommages serait faite par l'examen des cadastres des communautés, et que les frais en seraient supportés par celles-ci, dans le cas où la plainte ne serait point justifiée (1).

Ce n'était qu'après ces justifications faites que l'assemblée s'occupait de la suite à donner à ces sortes de demandes. Mais, pour les cas ordinaires, la province continua, comme par le passé, à accorder des fonds dont le placement immédiat servait à l'entretien et à la construction des travaux de défense, sous la surveillance de ses procureurs et de ses ingénieurs. Sa contribution était d'un tiers, comme celle de la communauté, après qu'on avait très-

_____

(1) *Cahier des Délibérations*, ann. 1762, Règles sur les demandes en diminution ou suspension de fouage, p. 176 à 194.

humblement supplié Sa Majesté de vouloir bien, suivant l'usage, fournir le tiers restant.

Nous avons signalé l'usage le plus fréquent, sans qu'il y eut, pourtant, une règle invariable qui déterminât la proportion de chacun. Car, le rapport de la contribution dépendait beaucoup des lieux, des circonstances, du nombre et de la qualité des intéressés. Si le roi, la province et la communauté figuraient souvent pour une somme égale, il faut aussi mentionner tel cas où la dépense était divisée entre la communauté, la province et le seigneur. On s'était demandé si le seigneur direct doit contribuer aux réparations de la rivière (1). Il le devait par cela même qu'il était intéressé à la conservation du territoire. Aussi, dans les lieux de Peyrolles, la Roque-d'Antheron, Sénas, Cabanes, voit-on le seigneur supporter la moitié de la contribution mise à la charge de la communauté.

En résumé, s'il était d'un usage constant de diviser le montant de l'imposition entre la province, la communauté et le roi (2), il y avait, en cette matière, une règle plus générale encore, d'après laquelle tous ceux qui pouvaient retirer de ces travaux quelque avantage, devaient contribuer à la dépense. L'œuvre de Craponne fut appelée à fournir son contingent pour la construction des digues de la Roque, par l'intérêt qu'elle avait à ce que les eaux ne fissent point irruption dans la prise et ne détruisissent point les berges ou *doures* de son canal. La province elle-même, en donnant des fonds, cherchait à se prémunir contre une diminution de l'impôt, et ses bonnes dispositions s'alliaient ainsi avec son propre intérêt (3).

Car, chaque fois qu'une commune était ravagée par un torrent, elle ne manquait pas d'adresser des supplications

(1) Dupérier, *notes manuscrites*, verbo *Directe* et *Seigneur*. — Expilly, *recueil d'arrêts*, nº 181. — *Cahier des Délibérations des communautés*, ann. 1761, p. 155, ann. 1766, p. 60 et suiv

(2) *Cahier des Délibérations*, ann. 1751, p. 61

(3) *Idem*, ann. 1750, p. 78.

pour obtenir un dégrèvement. La plupart des remises obtenues furent motivées par les dommages qui étaient la conséquence des crues et des inondations (1).

Aussi, la province mettait beaucoup moins d'empressement à secourir les quartiers qui étaient exempts de taille, comme il arriva pour les biens de Seillons et de Saint-Estève, menacés par le voisinage de l'Argens et appartenant aux seigneurs (2).

On voit, d'après toutes ces explications, que les secours étaient bien plus proportionnés aux besoins des populations que rigoureusement limités par les usages de la province, et sa protection était mesurée à l'échelle même du danger et de l'intérêt public.

La Haute-Provence, qui correspond, à peu de choses près, au département actuel des Basses-Alpes, avait éveillé de tout temps la sollicitude de l'administration provinciale et obtenu des secours considérables. Là, toutes les rivières, tous les torrents sont dangereux, et des digues sont nécessaires pour retenir les terres prêtes à s'échapper. Aussi, elle aurait lutté vainement avec ses seules ressources. C'est pourquoi, dans l'année 1775, on délibéra, après lecture d'un rapport de M. le comte du Puget, qu'une imposition de quinze livres par feu serait employée, pendant dix ans, à des ouvrages contre les torrents et à ouvrir des voies de communication, le tout dans la Haute-Provence ; on supplierait aussi Sa Majesté de vouloir bien contribuer, de son chef, pour une somme égale au produit de l'imposition (3).

La réponse du roi ne se fit pas attendre, et une série d'arrêts du Conseil alloua, de sa part, une somme de quarante-cinq mille livres par an, pour compléter les fonds

(1) Les affouagements de 1471, 1699, 1733, 1766 présentent une décroissance notable dans le nombre des feux assignés aux vigueries de la Haute-Provence ; et cette réduction était due, en grande partie, aux pertes souvent irréparables que les torrents et rivières faisaient éprouver aux vallées de cette région montagneuse. (De Ribbe, *bois et inondations*, p. 119).

(2) *Cahier des Délibérations*, ann. 1760, p. 233.

(3) *Idem*, ann. 1775, p. 131 et suiv., ann. 1776.

nécessaires à ces sortes de travaux. Ces arrêts embrassent la période pendant laquelle l'imposition sur les feux avait été décrétée, et le roi n'accorda son concours qu'à la condition que la province aurait justifié de l'emploi de pareille somme auxdits ouvrages (1).

Par la suite, ces sommes furent plutôt consacrées à la construction des routes qui parurent d'une nécessité indispensable pour ouvrir des communications entre la Haute et la Basse-Provence, jusque là fort difficiles, et les digues, en présence de ces besoins urgents, ne furent comprises que pour une faible proportion dans l'emploi de toutes ces subventions.

Après que l'expérience des digues et de leurs avantages eut été faite, on conçut le projet de faire étudier la Durance, dans la partie comprise entre Sisteron et son embouchure, afin de substituer à des opérations isolées un système de travaux dont l'harmonie et la solidité fussent capables de résister aux plus fortes crues. L'exécution de ce projet commença en 1782 et ne fut interrompu que par la Révolution.

Si l'usage faisait supporter à la province un tiers de la contribution, dans l'établissement des digues et pallières, il n'en était plus ainsi, lorsqu'il s'agissait de pourvoir seulement à leur entretien. Dans ce cas, les seules parties intéressées se partageaient la dépense. Lors de la réunion du mois de décembre 1786, l'assemblée déclara : qu'elle avait bien voulu contribuer quelquefois à la construction des digues sur les bords des rivières ; mais, l'entretien de ces digues, une fois établies, doit être à la charge des communautés et de tous ceux qui en profitent, sans que le pays soit rien tenu de fournir pour cet objet.

Entre autres, les communes de Barbentane, Cadenet et Barban, furent mises en demeure de supporter dans

(1) *Idem*, ann. 1786, p. 53, 223 ; ann. 1785, p. 30.

l'avenir ces travaux, sans pouvoir compter sur les subsides du pays.

Après les débordements du Rhône et les corrosions de la
Durance, le Var venait en troisième ligne par les dommages qu'il causait aux riverains.

A peu de chose près, les usages en matière de contribution, sont les mêmes que sur la Durance. La communauté
de Guillaume, éprouvée depuis longtemps par le ravage
des eaux, demanda instamment et obtint les secours de la
province. L'assemblée délibéra en 1730 : que Sa Majesté
serait très-humblement suppliée de vouloir entrer pour un
tiers dans les dépenses de prolongement d'une digue ; et,
dans ce cas, le pays y contribuera pour un tiers, à condition que la communauté paiera l'autre tiers, et sera chargée, à perpétuité, de l'entretien, tant des anciens ouvrages,
que de ceux nouvellement demandés (1).

Le village de Saint-Laurent situé sur les bords du Var
avait eu particulièrement à souffrir. De nombreux placets,
dès le commencement du siècle dernier, avaient été adressés
à l'assemblée, et celle-ci, par un privilége dont on retrouve
rarement des exemples, avait projeté, en 1765, la construction d'une digue, promis la moitié de la somme et
supplié Sa Majesté d'y contribuer pour la moitié restante,
exonérant ainsi complètement la communauté. Remarquons, toutefois, qu'il s'agissait ici d'une ville frontière,
et c'était presque une question d'intérêt national qui se
trouvait en jeu

Cette digue devait être construite conformément aux
conditions insérées dans le traité d'échange entre le roi de

(1) *Cahier des Délibérations*, ann. 1713, 1715, 1730

France et le roi de Sardaigne, du 24 mars 1760. Peu d'années après, elle fut en partie détruite par le choc des pièces de bois qui flottaient sans ordre et sans conduite sur la rivière (1).

L'assemblée ne borna point là ses efforts et sa prévoyance. A diverses reprises, elle accorda à la communauté de Saint-Laurent-du-Var des surséances de feu pour l'aider à supporter plus facilement les pertes subies. Puis, comprenant que les défrichements ouvrent des brèches souvent irréparables à l'action des eaux, elle provoqua, de la part de la chambre des eaux et forêts, un arrêt touchant la proscription des chèvres dans certaines communes riveraines et la prohibition des défrichements. Cet arrêt est du 13 août 1784. Il fit injonction à tous les particuliers de se dessaisir des chèvres dans le délai d'un mois, et défense de couper aucune espèce de bois dans les *iscles* et sur les bords du Var, à peine de 100 livres d'amende. De même ceux qui avaient commencé à faire des défrichements étaient tenus de les suspendre.

Quant à la rivière d'Argens, les mesures adoptées pour contenir ses eaux sont plutôt des recurages que des endiguements proprement dits, ainsi qu'on peut s'en convaincre par la lecture des pièces concernant cette rivière (2).

L'Ubaye coule dans la vallée de Barcelonnette qui a été distraite du Piémont et réunie à la France par le traité d'Utrecht, en 1713. Cette rivière est la plus torrentielle de toutes celles de Provence, et elle a constamment menacé la ville de Barcelonnette, autant par sa rapidité que par l'élévation de son lit. Les digues qui lui furent opposées ont été de tout temps, et sont encore, l'objet des soins de l'administration.

---

(1) *Cahier des Délibérations*, ann. 1767, p. 48; ann. 1773, p. 43.

(2) *Observations sur le projet de rabaissement du lit de la rivière d'Argens, pour le dessèchement des marais de Seillons et de Saint-Estève, par M. le marquis de Vauvenargues, procureur du pays, à l'assemblée générale des Communautés*; déc. 1776. (Bibliothèque d'Aix; manuscrits, vol. 851, n° 50.

Les consuls, investis par une délibération de la communauté du pouvoir de dresser un état ou devis des travaux ou réparations à faire, se rendaient sur les lieux et procédaient aux fins de leur délégation. Le Conseil se réunissait ensuite pour entendre leur rapport et les chargeait d'exposer les travaux aux enchères, pour être la délivrance faite, au rabais, à celui qui en ferait les conditions les plus avantageuses pour la communauté.

Mais à qui revenait l'obligation de supporter la dépense? Nous trouvons ici le principe d'une différence assez remarquable avec les usages suivis sur les autres rivières. En effet, par délibération du 26 décembre 1772, deux experts furent chargés de vérifier quels étaient les biens intéressés et susceptibles de contribuer à la réparation d'une digue, conjointement avec la communauté. Les experts devaient compléter leur travail en fixant la répartition. Par une nouvelle délibération du 7 mars 1773, il fut statué qu'à la diligence des consuls de Barcelonnette, tous les propriétaires des fonds, maisons, édifices et autres effets en dessous de la digue du *Peyras* seront assignés devant le juge de la vallée, pour voir ordonner que, par experts convenus ou nommés d'office, il sera fait rapport de tout le terrain qui devra être soumis à contribuer aux frais de la réparation et de l'entretien de la susdite digue, dans toute son étendue. Le rôle de répartition qui serait dressé devait servir, dans tous les temps, pour pouvoir contraindre chaque contribuable au paiement du montant de sa contribution.

C'est en exécution de l'article 31 des *capitulations* de la communauté de Barcelonnette que tous les propriétaires doivent concourir, en proportion de leur intérêt.

L'Ubaye fournit donc le germe et le premier exemple des associations syndicales qui devaient acquérir, de nos jours, un développement si complet. En effet, dans cette même délibération du 26 décembre, on exprimait le désir que les contribuables *eussent à se syndiquer pour éviter la multiplicité des copies des actes judiciaires.*

Rien de semblable ne s'était produit, à cette même époque, sur la Durance dont les travaux d'endiguement furent cependant plus importants que ceux élevés contre la petite rivière d'Ubaye.

Nous entrerions dans des répétitions inutiles pour dire que, dans la Haute-Provence ou *Montagne*, la contribution aux digues était conforme à l'usage général déjà signalé, c'est-à-dire que la dépense était divisée par tiers entre la communauté, la province et le roi. Sur le cours de la Bléone, de l'Asse, du Verdon et autres, on vit s'élever nombre de constructions et de *barricades* de toute espèce. C'est à cette contrée pauvre et désolée et par conséquent si digne de protection que furent appliquées l'imposition sur les feux et l'allocation de quarante-cinq mille livres, par an, accordée par le roi (1).

A Castellane, le lit du Verdon fut resserré par une digue à laquelle concoururent, suivant l'usage, la communauté, la province et le roi. On y travailla longtemps, ainsi que l'attestent plusieurs délibérations de l'assemblée des années 1769, 1771, 1776, 1782. Mais les résultats de cet ouvrage furent importants, en ce que la communauté ne se borna point seulement à défendre le terrain menacé, mais parvint à reconquérir sur la rivière elle-même une étendue considérable de graviers.

Partout, le tiers restant à la charge des communes devait être fourni en argent. C'était le meilleur moyen de placer les travaux sous la direction efficace des procureurs et des ingénieurs du pays; aussi n'y dérogea-t-on que fort rarement. Cependant certaines communautés de la Haute-Provence étaient trop dépourvues de ressources pour qu'on pût leur demander des sacrifices pécuniaires; elles pouvaient bien offrir des bras, mais n'avaient point

---

(1) *Cahier des Délibérations*, ann. 1767, p. 208, ann. 1766, p. 131.

d'argent. Dans ce cas exceptionnel seulement, on recou-
rait aux corvées des habitants, et celle de Barles menacée
de très-près par la rivière de Bès, obtint, par délibération
du 27 novembre 1749, la surséance d'un demi feu pour
ses impositions pendant six années ; et de plus il serait fait
une digue aux dépens du pays, en faisant contribuer les
habitants du lieu par corvées (1).

Il faut bien reconnaître que ce système pouvait présenter des avantages dans les pays pauvres et montagneux ;
il en est tellement ainsi que, plus de cent ans après, nous
verrons l'administration du département des Basses-Alpes,
s'efforcer de faire prévaloir sur les torrents et rivières
secondaires le mode des endiguements à l'aide des prestations en nature (2).

IV. — Travaux offensifs et défensifs. — Vice de l'ancienne répartition.

Les rivières et cours d'eau n'ayant jamais cessé d'être
placés sous la surveillance des pouvoirs publics, aucune
construction ne pouvait être établie dans leur lit sans la
permission de l'autorité compétente.

Les ordonnances des mois d'août 1669, du 24 juin 1777,
et plus spécialement applicable à la Provence, celle du 19
août 1743 prohibaient aux propriétaires riverains des
rivières navigables et flottables de faire aucuns ouvrages
sur celles-ci, ou d'en dériver l'eau sans autorisation. Cette
dernière faisait défense à tous particuliers, propriétaires
des fonds et héritages situés le long des rivières, d'en resserrer le lit par des murailles, des fortifications, plante-
ments d'arbres, haies, broussailles et tous autres ouvrages
pouvant donner occasion à des débordements, ni faire
aucunes avances de quelque espèce que ce soit dans les

(1) Cah. des délib., ann 1749, p. 74 ; 1753, p. 73, déc. 1753, p. 84.
(2) Voir infrd.

rivières, encore moins, d'en dériver l'eau sans la permission du bureau, le tout à peine de 100 livres d'amende et de tous dépens et dommages-intérêts (1).

Une ordonnance de l'intendant de la province du 30 juin 1708 défendit le resserrement du lit des petites rivières et ruisseaux, également à peine d'amendes et des dommages-intérêts.

Cette obligation imposée aux riverains se justifie d'elle-même ; elle devient pour eux le principe d'une garantie réciproque ; car un ouvrage, défensif sur un point, peut devenir offensif sur l'autre, et sans gêner la liberté de la défense, il faut cependant placer une limite là où commencerait un empiétement dangereux sur le lit et la largeur habituelle de la rivière.

Les dix-septième et dix-huitième siècles offrent de nombreux exemples des contestations que faisaient naître les entreprises sur les cours d'eau, et elles n'existaient pas seulement entre les simples particuliers, mais prenant de plus vastes proportions, elles mettaient quelquefois aux prises deux provinces ou deux états distincts.

Quand deux voisins se disputaient au sujet d'une digue ou d'un ouvrage quelconque, on examinait beaucoup moins s'il était offensif pour l'un que s'il était nécessaire à l'autre pour sa légitime défense, et le Parlement de Provence décidait qu'un ouvrage n'est point offensif, tant qu'il n'est pas pratiqué dans le lit même du cours d'eau (2). « *Potest* « *dubitari si vicinus flumen torrens avertit ne aqua ad eum* « *perveniat et hoc modo effectum est ut vicino noceat, an agi* « *contrà eum aquæ pluviæ arcendæ actione possit ? Et* « *dicendum est quod non, quia non fecit, ut illi noceat, sed* « *ne sibi noceat. Nam licitum est in suo aggerem vel aliam*

---

(1) Ordonnance de nos seigneurs les présidents, trésoriers-généraux de France, grands voyers de la généralité de ce pays de Provence, servant de règlement général pour la voierie et régales de Sa Majesté.

(2) Arrêt du Parlement de Provence du 30 avril 1781; Dubreuil, n° 219.

« *munitionem facere*, *ne flumen sibi damnum det et prœdia*
« *sua devastet.* » (1)

La même raison de décider s'appliquait aux communes.
Cependant l'assemblée du pays, tout en sanctionnant le
droit pour celle qui voulait défendre son territoire contre
les ravages d'une rivière torrentielle, y apportait le tem-
pérament indiqué par l'équité et les relations de bon voisinage. On la vit, désireuse de ménager les intérêts des
deux rives, recommander à l'attention des ingénieurs le
maintien ou le rétablissement des ouvrages d'un territoire,
de telle manière qu'ils ne fussent point préjudiciables aux
terroirs situés sur la rive opposée. Ceci fut délibéré dans
l'assemblée générale du 27 janvier 1764 ; et l'année précédente, l'assemblée avait sursis à l'exécution des ouvrages
projetés pour défendre le territoire de Peyruis contre la
Durance, parce qu'il fut représenté par la communauté des
Mées que ces ouvrages seraient extrêmement nuisibles à
son terroir, ou même à celui d'Oraison, dont la rive est
basse et sans défense (2).

Tant que le débat restait circonscrit dans la même province, il recevait une solution facile ; car l'administration
interposait son autorité médiatrice. Mais il n'en était plus
ainsi lorsque deux provinces distinctes convoitaient sur le
lit de la Durance des agrandissements de territoire. Le
comtat Venaissin et la Provence offrirent pendant longtemps le spectacle de ces conflits, et divers concordats
témoignent de l'incertitude qui régnait au sujet des
limites, et des tentatives que faisaient alternativement les
parties pour éluder ces divers règlements, et interpréter,
au gré de leurs avantages, les clauses ambiguës.

Ces concordats réglaient les points litigieux : emplacement et direction des digues, largeur de la rivière, etc.
Dans celui du 6 septembre 1770 cette largeur avait été

---

(1) Cœpolla, *De Torrente.* — Lalaure, *Traité des Servitudes.* — Loi
toscane de Léopold (4 octobre 1774, biblioth. d'Aix).

(2) *Cahier des Délibérations*, ann. 1764, p. 78.

fixée à 300 cannes. L'accord ne s'établit jamais, cependant, sur des bases solides, parce qu'il manquait au-dessus un pouvoir central, médiateur et juge, au besoin, de toutes ces questions (1).

D'interminables discussions s'élevèrent aussi entre le Languedoc et la Provence, au sujet des limites (2).

Le résultat de cette hostilité permanente était facile à comprendre; elle ne servait qu'à augmenter l'incohérence et le peu d'harmonie qui formaient déjà un des caractères saillants des travaux de ce genre.

Pendant que la province était quelquefois paralysée dans ses meilleures résolutions, par tous ces conflits, elle rencontrait aussi dans ses propres statuts et usages d'autres difficultés. Les éloges qu'elle mérita pour la part qu'elle prenait à la construction de tous les travaux de rivières, n'empêchent pas de reconnaître, d'un autre côté, qu'elle n'avait pas discerné suffisamment la véritable base sur laquelle devaient reposer ces entreprises. La communauté appelée à verser le tiers mis à sa charge, contribuait en corps, et non point seulement par ses habitants intéressés. C'était là, il faut bien le dire, un moyen peu équitable; et il arrivait trop souvent que des habitants, parfaitement à l'abri du ravage des eaux par la situation de leurs héritages, contribuaient indirectement, comme membres de la communauté, à former le montant de la somme nécessaire. Il arrivait aussi que s'ils dominaient par le nombre et l'influence dans les conseils de l'assemblée communale, on pouvait craindre que leur zèle ne fût refroidi par la considération des atteintes portées à leur intérêt personnel.

On a le droit de se demander comment, en Provence où tous les pouvoirs étaient si favorables aux endiguements,

(1) *Cahier des Délibérations*, ann. 1776, p. 113.— M. Fabre, ingénieur, blâme cette clause comme laissant aux eaux de la Durance une trop grande largeur (*Théorie sur les rivières*, p. 101).— Arrêt de la cour de Grenoble, 10 juillet 1862.

(2) Coriolis, *De l'Administration de la Provence.* — Estrangin sur Dubreuil, t. II, p. 110 et suiv. — Villeneuve; *Statistique.*

ceux-ci n'existaient que par morceaux et tronçons ; comment la vigilance de la province ou des administrations locales se consacrait plutôt à réparer les dommages occasionnés qu'à les prévenir ? Les observations ci-dessus présentées répondront peut-être à cette question.

Il n'y avait guère que les associations de la Camargue, dans lesquelles n'entraient que ceux qui étaient réellement menacés, et la vallée de Barcelonnette qui avaient compris que la véritable répartition doit être faite suivant l'intérêt de chacun. Ce progrès là conduisit à un autre, et fit entrevoir tout l'avantage qu'il y aurait à réunir dans une même société tous les intéressés à l'œuvre commune, afin que cette société pût avoir une existence propre et indépendante, et puiser ainsi, dans la cause même de son institution, plus de vigueur pour tendre constamment vers son but. Le syndicat que la ville de Barcelonnette sollicitait en 1772, semblait tracer la voie dans laquelle est entrée la législation moderne qui devait, à son tour, introduire de si grandes améliorations.

Si l'on compare l'état ancien et l'état présent sur la question des travaux de défense, la supériorité de celui-ci se manifeste d'une manière évidente. Les associations syndicales, appliquées aujourd'hui sur une vaste échelle aux endiguements, promettent les plus heureux résultats. Réunissant dans leur sein tous les intéressés, elles ne reconnaissent d'autre différence entre eux que celle indiquée par la nature des avantages que chacun doit recueillir. De même que, dans les limites de cet intérêt préalablement constaté, personne ne peut se soustraire, de même, au-delà de la ligne de démarcation qui fixe ces limites, personne ne doit plus être recherché.

L'administration syndicale a des attributions complètement séparées de celles de la commune. Sa mission est une et bien définie ; l'intérêt de chacun y correspond dans un rapport presque mathématique avec sa dépense, et elle se trouve dans de meilleures conditions pour agir, que ne

l'était la communauté dans les siècles précédents. Ses
vœux et ses actes sont l'expression d'une grande majorité
qui rattache le succès de l'endiguement à la promptitude
et à l'opportunité, à la solidité et à l'ensemble apportés
dans les opérations. Car il n'y a rien de pire que ces demi-
moyens, ces travaux partiels et isolés dépourvus du caractère de la durée qui, au lieu d'attaquer énergiquement le
mal dans son principe, se contentent de l'adoucir par des
expédients provisoires et en apparence seulement économiques.

L'association syndicale offre donc des avantages qu'on
ne rencontrait point chez les anciennes communautés agissant en corps, ou même chez les compagnies concessionnaires. Pour celles-ci, en effet, il n'y a d'autre cause
déterminante que celle de la spéculation et du profit. Or,
rien n'est plus chanceux qu'une affaire d'endiguement si
l'on ne calcule que les bénéfices procurés par la conquête
des graviers. Du reste, il faudra toujours bien que les concessionnaires s'entendent avec les propriétaires riverains,
et ceux-ci, déjà maltraités par le voisinage des eaux,
souscriront-ils facilement à des conditions qui pourront
faire prospérer les affaires de la compagnie, mais qui
seront ou leur paraîtront onéreuses. La défiance s'élè-
vera naturellement contre les spéculateurs et empê-
chera l'accord de ces divers intérêts.

Les entreprises d'endiguement figurent au nombre de
celles qui s'imposent, comme des sacrifices, aux populations riveraines. Elles ne peuvent donc, à la fois, rendre
aux uns la sécurité complète et enrichir les autres. Les
combinaisons conçues dans ce double but doivent nécessairement amener la ruine des spéculateurs ou celle des
tenanciers.

L'association seule des intéressés peut produire un résultat qui ne soit point en dessous des efforts déployés.
Eux seuls pourront apporter, dans ces ouvrages, avec les
espérances qui s'attachent à toute entreprise, cette part

d'activité et de désintéressement que fait naître le stimulant si énergique de la propriété ; eux seuls se prêteront aux exigences de situations difficiles et souvent imprévues, et seront capables de l'abnégation inspirée par l'amour du sol patrimonial et par la résolution de faire profiter l'avenir du bénéfice des charges dont ils acceptent généreusement le fardeau.

Aussi, le rôle des compagnies concessionnaires est-il à peu près nul dans cette matière. Les offres faites par celle qui se présenta dans le courant du dix-septième siècle ne furent point accueillies, et depuis, celles qui ont essayé de se former à d'autres époques ont reconnu bien vite que leur place n'était point marquée dans ces entreprises ou l'idée de la spéculation gêne, dès le début, le développement de toutes les forces nécessaires à la perfection de l'œuvre (1).

L'assemblée des états de Provence et les communautés elles-mêmes qui n'avaient jamais confié à des compagnies la défense de leur territoire, auraient dû mieux connaître et appliquer plus souvent le mode de l'association. Ce n'est que peu d'années avant le terme de sa carrière que l'assemblée comprit les inégalités choquantes que le système d'imposition, suivi jusque là, créait au sein des membres d'une même communauté. Elle vit bien tous les inconvénients qu'il entraînait avec lui. Sur les observations qui lui furent adressées, elle conçut le projet d'une réforme ; mais le temps lui manqua pour l'effectuer. Cependant c'était un premier pas fait dans la voie du progrès ; c'était le commencement de l'application de ce principe équitable suivant lequel la participation à la dépense incomberait plutôt aux propriétaires de certains quartiers, qu'à la communauté entière. Entre autres modifications, favorables au pays, qu'elle se proposait d'adopter, il en était

(1) *Essai sur la canalisation et l'encaissement du Rhône*, par Dumont, ingénieur des ponts-et-chaussées ; p. 95 et 96.

une qui prévoyait l'hypothèse où les réparations à faire
contre les torrents et rivières pourraient être à la charge,
soit des communautés ou de certains particuliers, soit conjointement réparties entre les unes et les autres (1).

Sur ces entrefaites, surgirent les agitations de la révolution française, et plusieurs projets mis à l'étude furent
forcément ajournés. De ce nombre étaient l'endiguement
général de la Durance et l'examen des propositions qui
avaient été faites à l'assemblée de 1766.

La circonscription des provinces disparut pour faire
place aux départements, et comme en cette matière l'action
administrative dominait et dirigeait le règlement des intérêts privés, tous ces anciens usages perdirent leur application; mais ils laissèrent cependant, après eux, des enseignements bons à recueillir et surtout l'exemple d'une
persévérance qui ne se démentit jamais dans les circonstances difficiles.

Si, à cette époque de notre histoire locale, le principe de
l'association avait été plus souvent pratiqué; si à l'aide de
ressources plus considérables, les travaux, au lieu d'être
disséminés et construits seulement en vue d'un danger
présent, avaient été classés dans le cadre plus large d'un
système général réunissant une ou plusieurs communes, il
est probable qu'ils auraient subi, avec avantage, l'épreuve
du temps, et qu'aujourd'hui encore, ils protègeraient nos
campagnes. Car cette époque là, comparée à la nôtre,
garde, sur un point, une supériorité incontestable et qui
tient à l'indépendance administrative de chaque province.
A cause du caractère exceptionnel de nos cours d'eau,
chaque torrent ou rivière présente des phénomènes particuliers dont la connaissance est indispensable pour juger
de l'efficacité des moyens à déployer contre leurs ravages.
C'est pourquoi, les ingénieurs du pays qui dans le cours

(1) Projet pour les chemins et torrents; *Cahier des Délibérations*;
ann. 1766.

d'une carrière consacrée presque exclusivement au service de la province, assistaient chaque année au retour des mêmes phénomènes, s'étaient familiarisés avec eux, et se trouvaient dans d'excellentes conditions pour diriger des entreprises d'endiguement. Malheureusement, leurs pro jets furent souvent entravés par les vices administratifs que nous avons déjà signalés et aussi par la mauvaise habitude dans laquelle était entré le gouvernement de la province d'adopter des mesures immédiates et incomplètes. Ceux de ces ingénieurs qui ont bien voulu livrer à la publicité le résultat de leurs études et de leur longue expérience, méritent encore d'être consultés.

V. — Nature et direction des digues. — Épis, digues obliques, gabions, barricades. — Essai sur la théorie des torrents et rivières. — Conservation des iscles.

Ce ne sera point entrer dans des détails complètement inutiles que de donner un rapide aperçu des moyens de défense usités à cette époque qui prépara la nôtre, et une considération nous autorise à faire une brève excursion dans le champ de la science hydraulique. Comme le régime particulier des rivières et torrents de Provence a déconcerté bien souvent les règles ordinaires, il est arrivé que la théorie a demandé des leçons à la pratique des riverains, et que, par conséquent, celle-ci a ouvert et éclairé la route de la science. Chaque propriétaire a donc intérêt à connaître ce qu'avaient fait ses devanciers et les moyens dont l'efficacité avait été démontré par l'expérience même des rivières.

Les digues que l'on construisait habituellement sur la Durance ou rivières de premier ordre se composaient de blocs de pierres en forme de parallélipipèdes, ayant à peu près cinq ou six pieds de long, deux de large et un de hauteur. La digue ou *fort* qui s'élevait d'environ dix pieds mesurait ordinairement deux toises de couronnement, et elle était construite dans le sens de la rivière, ainsi qu'on peut s'en assurer par quelques vestiges épars encore, çà et là, le long de la Durance.

Les *épis* furent également pratiqués ; mais ils manquaient de la perfection qui leur a été donnée depuis. Car l'extrémité où réside la cause principale de la force et de la résistance, n'était point assez solide, et au lieu de se prolonger vers l'aval, à une certaine distance, en forme de T, l'éperon perpendiculaire se rattachait au sommet de la digue par un angle droit dont l'ouverture était tournée vers l'amont, de sorte que l'action des eaux, par un mouvement tournant, venait très-facilement frapper et affouiller la construction par derrière (1).

On conseillait aussi l'emploi de branchages ou d'arbres couchés dans le courant de la rivière. La force d'élasticité développée par ce mode de défense brise la violence des eaux, prévient les érosions et donne, au bout de quelques années, sur les bords, une végétation tellement serrée et vivace qu'elle peut arrêter l'effet des plus grandes crues (2).

A défaut de blocs ou d'arbres, assez rapprochés pour pouvoir être couchés dans l'eau, on construisait avec de grosses pièces de charpente des caisses que l'on remplissait de matériaux. Ainsi jetées dans les torrents des Alpes, elles remplissaient le but des autres digues.

N'oublions pas non plus celles qui étaient connues sous le nom de *paniers* ou *gabions*, et qui sont encore aujourd'hui employées sur les torrents et même, à titre provisoire, sur les rivières. Ces paniers coniques faits avec du bois rond et des branches de saule ou d'osier tissues et cousues ensemble, étaient intérieurement garnis de pierres ramassées sur les lieux mêmes. Cependant, à côté de

---

(1) Béraud, de l'Oratoire, *Mémoire sur la manière de resserrer le lit des torrents et des rivières.*

(2) *Idem.*

l'avantage qu'elles présentent d'être peu coûteuses et de
pouvoir être dressées sur place, sans frais de transport,
elles avaient le grave inconvénient de s'user vite et de
n'avoir, par conséquent, qu'une utilité bornée.

Les murs à chaux et à sable, sans enrochement, étaient
également usités. Mais l'expérience n'a pas été favorable
à ce mode de défense qui a été abandonné comme étant
fort cher et médiocrement sûr.

Les fortifications en dalles, régulièrement posées et
inclinées, et glissant les unes sur les autres, sont d'un
usage avantageux et fréquent, notamment sur le cours de
la Basse-Durance entre Cavaillon et le Rhône (1).

Vers la fin du siècle dernier, M. Fabre, ingénieur de la
province, dans son *Essai sur la Théorie des torrents et
rivières*, donnait l'énumération de toutes les digues telles
qu'on les construisait alors sur les cours d'eau.

1° Les digues en terre ou en gravier qui doivent être
terminées par un éperon; 2° Les digues à pérés, soit en
dalles, soit en blocailles; 3° Digues dont le corps entier
est composé de pierres sèches ou de gros blocs; 4° Digues
en maçonnerie; 5° Paniers ou gabions; 6° Encaissements
en charpente; 7° Digues en bois; il y en avait de plusieurs
espèces; car, il faut comprendre parmi celles-ci les
arbres que l'on coupait à un ou deux pieds du sol, et qu'on
laissait tenir à la tige par une partie de ses fibres et de
son écorce. S'ils étaient éloignés de la rivière, on les coupait en entier, en ayant soin de les fixer au bord de la rive
avec une corde qui se rattachait à un pieu solidement en-
foncé. Les autres digues en bois dont on se servait aussi,
étaient celles en clayonnage et chevalets, et l'auteur en
fournit la description.

On remarquait dans la direction des digues la même
variété que dans leur forme. Tantôt perpendiculaires,
obliques ou parallèles et se contrariant presque toujours,

_____

(1) Fabre, *Essai sur la théorie des torrents et rivières.*

elles entretenaient les contestations qui divisaient les riverains. Mais les épreuves auxquelles elles furent soumises,
et le rapprochement que l'on fit de chacune d'elles devaient
avoir pour résultat de fixer l'attention sur celles qui pré-
senteraient le plus de garanties, et cette comparaison ren-
fermait des leçons qui n'ont pas été perdues.

Dans un mémoire manuscrit, antérieur à 1789, on
trouve des observations fort justes sur les moyens que l'on
employait pour construire les digues (1). Dégagées de tout
appareil scientifique et fondées seulement sur les résultats
de l'expérience et sur un examen attentif des phénomènes
des rivières et de la Durance, en particulier, elles peuvent
être brièvement analysées. L'auteur y constate divers faits
principaux : 1° La vitesse des eaux décroît en proportion
de la largeur de la surface sur laquelle elles se meuvent,
et la diminution de vitesse produit ce résultat que les matières charriées, gravier, sable, s'accumulent au milieu du
lit, et que les eaux, divisées par cet obstacle, s'échappent
sur les côtés et viennent corroder les terres riveraines ;
2° L'axe de la rivière devenant, par ses exhaussements,
supérieur, en bien des points, aux terres adjacentes, occasionne les érosions et les inondations ; 3° Pour diminuer
cette largeur et conserver aux eaux une vitesse régulière
et constante, il convient de rétrécir le lit par des digues
perpendiculaires.

Il compare l'effet de celles-ci aux digues obliques, et il
fait ressortir les avantages des premières sur les secondes.
1° La longueur des digues perpendiculaires sera moindre
que celles des digues obliques pour défendre une certaine
étendue de terrain ; 2° Celles-ci ne brisent point la force
et la pente du courant ; ils le jettent sur la rive opposée,
ou sur la partie inférieure que l'on a voulu défendre ;
3° Les digues obliques sont plus souvent affouillées ;
4° Elles produisent moins d'atterrissements ; 5° Cons-

(1) Manuscrits de la bibliothèque d'Aix, n° 812.

truites ordinairement, toutes en pierres, elles coûtent plus que les perpendiculaires qui n'en ont qu'en tête et aux parements.

Il insiste pour que les digues perpendiculaires élevées sur les deux rives soient placées vis-à-vis les unes des autres ; pour que le lit soit en ligne droite, autant que possible, en évitant les sinuosités, afin que la rivière resserrée par les étranglements des digues qui se correspondent, conserve la vitesse qui lui est nécessaire pour le creusement de son lit d'un bord à l'autre.

Le point essentiel c'est de fortifier la tête et d'y établir en amont et en aval des contre-forts parallèles au cours de l'eau, d'une solidité éprouvée.

Par ces moyens, la vitesse se maintenant au centre et diminuant sur les bords, les amoncellements de matières se porteront de préférence vers ces derniers. « Si on exécute ce plan, il est clair que les digues seront chaussées et
« que le lit s'exhaussera à droite et à gauche. Ainsi, quand
« même la rivière ne creuserait pas, les terres adjacentes
« seraient déjà à l'abri pour cette seule raison. Mais la
« rivière ne peut creuser aux étranglements sans aug-
« menter la pente et, par conséquent, la vitesse des eaux
« supérieures. Donc elle creusera partout, et tandis que
« le lit s'exhaussera latéralement, il s'abaissera au mi-
« lieu (1). »

Les profits que l'auteur attend de l'endiguement pratiqué suivant ces principes consisteraient dans la protection des domaines adjacents, défrichement et culture des atterrissements et des colmatages, dérivation plus facile des eaux pour le service des canaux, etc., etc.

Ce mémoire renferme aussi quelques conseils sur les moyens à adopter contre le Buech, la Bléone, l'Asse et un confluent de celle-ci l'Estoublaïsse, le Verdon et l'Issole.

L'*Essai sur la Théorie des torrents et rivières* de M. Fabre servit de complément, en traitant avec beaucoup de détails

(1) Manuscrit.

et une grande netteté, toutes les questions qui se rapportent à l'endiguement ; son ouvrage est ainsi doublement utile puisqu'il est mis à la portée de chacun. Il démontre d'une manière fort claire la préférence qu'il faut accorder aux digues perpendiculaires, à la condition que la tête soit munie d'un fort éperon, remontant en amont à 50 toises environ, et descendant en aval à 8 ou 10 toises pour empêcher les effets que pourrait produire un mouvement de turbination s'exerçant sur la partie postérieure de la digue. Quant à cet éperon, il le considère comme l'âme de l'ouvrage, c'est-à-dire, que sa ruine entraînerait celle de tout le reste. De là, nécessité d'apporter le plus grand soin à sa confection (1).

Les résultats obtenus ont donné un grand poids aux conclusions dont il accompagne sa théorie. « Les digues « perpendiculaires, dit-il, ont la propriété d'obliger le « courant à déposer, en amont et en aval, et à exhausser « les endroits les plus bas par des dépôts de limon et non « de gravier, dépôts qui peuvent être, tout de suite, rendus « à l'agriculture, ce que n'opèrent pas ni les digues obli- « ques, ni les digues parallèles. Les digues perpendicu- « laires sont donc les seules qui puisse ' détruire la cause « qui porte un courant vers un endroit déterminé, en ren- « dant cet endroit plus élevé que le reste du lit. Au reste, « nous ne hasardons rien ; car tout cela est confirmé plei- « nement par des expériences directes que nous avons fai- « tes, à ce sujet, sur la Durance. »

L'utilité des digues obliques ne se révèle guère que pour alimenter la prise des canaux d'arrosage (2).

Le système proposé par l'ingénieur Fabre avait reçu l'approbation des états dans leur réunion de l'année 1782 (3).

Si l'on doit rendre à notre siècle un hommage pour les progrès qu'il a fait faire à la science hydraulique, ce qu'on ne saurait refuser au siècle dernier, c'est un plus grand

(1) *Théorie sur les torrents et rivières*, n° 318 et suiv.
(2) *Idem*, n° 321.
3) *Cahier des Délibérations*, ann. 1782, p. 105.

soin à respecter et à utiliser ces barrières que la nature, suppléant à l'art, élevait sur le bord des rivières et qui, se composant d'un tissu serré d'arbres et d'arbustes de diverses essences, opposaient à la violence des eaux des digues presque impénétrables.

On appelait et on appelle *iscle*, en Provence, un terrain longeant les rivières, couvert d'osiers, de buissons et d'autres arbustes que les propriétaires des terres voisines laissent sans culture pour s'en faire un rempart contre les inondations. Celles-ci sont repoussées au moyen de cette fortification naturelle d'une terre inculte reliée d'herbes, de bois et de racines.

La destruction de ces bois et *iscles*, pendant et après la Révolution, est un fait qu'on ne saurait révoquer en doute. Les vieillards ont gardé souvenance de cette époque, et ils ne manquent pas d'attribuer à cette cause la trop grande facilité laissée aux eaux d'engloutir les terres riveraines. Ces malheurs, dont le temps a fait comprendre toute l'étendue et qui attristent si profondément la génération présente, expliquent la vigilance toute particulière déployée par l'administration provinciale pour prohiber des défrichements et des coupes dont elle discernait clairement les conséquences. Dans l'assemblée de 1778, elle se préoccupa vivement des moyens à prendre pour remédier aux maux causés à la Haute-Provence par les défrichements que la déclaration du roi de 1767 y avait encouragés (1)

Quant aux défrichements des *iscles*, en particulier, divers arrêts les avaient défendus dans certaines communes. Nous ajouterons qu'on avait tellement l'habitude de compter sur l'efficacité de ces barrières naturelles, que les communes prenant quelquefois aussi l'initiative, présentaient elles-mêmes requête à la chambre des eaux et forêts, pour obtenir défense contre tout particulier de couper

---

(1) *Cahier des Délibérations*, ann. 1778, p. 214. — De Ribbe ; *bois et inondations*, *Ch. VII*. « Comment la déclaration royale du 13 avril 1767, encourageant les défrichements, aggrava encore le mal. »

aucuns *bois, oisiers* et autres qui croissent dans les *iscles*
de la Durance, à peine d'amende (1).

Nous avons rapporté précédemment un arrêt rendu, par
la chambre des eaux et forêts, le 13 août 1764 qui faisait
défense de couper aucune espèce de bois dans les *iscles* et
sur les bords du Var, à peine de 100 livres d'amende.

Les transactions passées entre les communes pour régler
leurs droits réciproques à l'usage des bois, contenaient
aussi des clauses protectrices de la propriété boisée le long
des rivières. Par celle du 10 juin 1660, il ne serait jamais
permis aux particuliers de Larche et Meyronnes de couper
des plantes qui servent à la défense et conservation des
lieux de Tournoux et Gleisolles, soit pour leurs terres et
leurs bois, soit pour empêcher les *lavanches* (avalanches),
les inondations d'eau de rivières ; et en aucune façon, et
particulièrement, les plantes qui servent de défense aux
terres situées le long des rivières d'Horonaye et d'Ubaye.

Parmi toutes les causes qui contribuent aux ravages des
eaux, nous ne devons pas oublier les prises d'eau d'arrosage. Ne pouvant être construites au milieu des graviers,
elles le sont sur la terre ferme, et quant l'eau ne vient
point à leur ouverture par son cours naturel, il faut bien
que la main de l'homme aille les chercher et les dirige, à
l'aide de nombreux artifices, vers les terres cultivées.
« Toutes ces ouvertures, tous ces barrages, tous ces creu-
« sements si souvent répétés, attirent l'eau sur la terre
« ferme ; lui ouvrent des routes et des pentes faciles dont
« la rivière se sert, et dont une crue profite pour se jeter
« sur les terres fermes et y exercer ses ravages (2). »

C'est là, sans doute, un mal inévitable ; un mal qui se
rachète par des avantages plus grands encore ; mais il
convenait, en passant, de le signaler.

(1) De Ribbe, *Bois et inondations.* — La Roque-d'Antheron, 6 août
1751. — Esmieu, *Notice sur les Mées*, p 345.
(2) *De l'Encaissement de la Durance*, par Billard, avocat, p. 29.

CHAPITRE VII.

TRAVAUX DE DÉFENSE POSTÉRIEURS A 1789.

I. — Notions générales. — Surveillance administrative. — Décret du 25 mars 1852. — Contribution aux travaux suivant l'intérêt. — Lois des 11 floréal an XI et 16 septembre 1807.

Les rapports de surveillance qui rattachaient l'administration à toutes les mesures adoptées sur les cours d'eau furent loin de s'affaiblir après 1789. Des lois et décrets confirmèrent les principes précédemment exposés, sauf quelques modifications de peu d'importance.

Ce furent les décrets de janvier 1790, le code rural de 1791, l'arrêté du 19 ventôse an VI. Dans l'art. 9 de cet arrêté, il est enjoint aux administrations centrales et municipales de veiller avec la plus sévère exactitude à ce qu'il ne soit établi, par la suite, aucun pont, aucune chaussée permanente ou mobile, aucune écluse ou usine, aucun batardeau, moulins, digues ou autres obstacles quelconques au libre cours des eaux, dans les rivières navigables ou flottables, dans les canaux d'irrigation ou de dessèchement généraux, sans en avoir préalablement obtenu la permission de l'administration centrale, qui ne peut l'accorder que de l'autorisation expresse du Gouvernement.

Aucune loi n'existe pour les cours d'eau secondaires, c'est-à-dire pour les rivières non flottables, ruisseaux, torrents, placés en dehors du domaine public. Cependant, comme les eaux de cette dernière catégorie, ils sont soumis à quelques lois communes qui ont pour but d'assurer leur libre écoulement et de concentrer entre entre les mains do l'administration la surveillance des travaux, chaque fois qu'un intérêt général est en jeu.

M. Daviel détermine le véritable caractère de l'action administrative sur les cours d'eau privés. « La direction, « dit-il, et la surveillance de tous les travaux d'art à « exécuter dans les rivières pour assurer le libre cours des « eaux, pour les distribuer dans l'intérêt général, pour en « maintenir ou en améliorer la direction, pour prévenir ou « réparer les désastres des inondations, en un mot, toutes « les mesures de prévoyance ou de réparation appartien- « nent essentiellement à l'administration, à titre de police, « parce qu'elles doivent être exécutées dans des vues « d'ensemble et de concordance générale qu'elle seule « peut diriger (1). »

C'est pourquoi le décret de janvier 1790 semble devoir s'appliquer indistinctement à tous les cours d'eau, aussi bien aux fleuves qu'aux petites rivières et torrents, dans les limites de l'intérêt général, bien entendu.

Le décret de thermidor an XIII dont nous allons parler, en statuant pour les torrents, tranche implicitement la question pour les cours d'eau non flottables, puisqu'il exige, dans tous les cas, une autorisation administrative.

D'ailleurs aujourd'hui, les attributions des préfets ayant été étendues par le décret de 1852, c'est à lui qu'il appartient d'autoriser, même sur les cours d'eau non navigables, tous les travaux qui pourraient apporter, dans le régime de la rivière, une modification quelconque.

L'administration, comme autrefois, exerce donc la police générale des cours d'eau. Si elle consent quelquefois à fermer les yeux sur des entreprises dictées par l'intérêt privé, elle ne manque pas de prendre des mesures, lorsque ces ouvrages peuvent tourner au détriment de l'intérêt public. C'est là une règle générale. (2)

C'est suivant une règle non moins certaine dans la

(1) Décision du Conseil d'état, 1858 (Dalloz, rec. per. 1858, 3e part., p. 35.

(2) Décret impérial des 8-11 juin 1861.

législation actuelle que la contribution de chacun, dans les travaux de défense, est proportionnée au degré de son intérêt. Ce principe est écrit dans les lois du 14 floréal an XI et 10 septembre 1807. L'art. 33 de celle-ci est ainsi conçu : « Lorsqu'il s'agira de construire des « digues contre les fleuves, rivières et torrents, na- « vigables ou non, la nécessité en sera constatée par le « Gouvernement et la dépense supportée par les pro- « priétés protégées, dans la proportion de leur intérêt « aux travaux, sauf le cas où le Gouvernement croirait « utile et juste d'accorder des secours sur les fonds « publics. »

Les propriétés protégées sont toutes celles qui profiteront des travaux, qu'elles soient en nature de terrain ou autrement. Ainsi, le canal de Craponne dont la prise et le lit sont défendus contre les inondations de la Durance par les digues du sixième syndicat des Bouches-du-Rhône a été considéré comme devant supporter dans les frais de l'entreprise un dixième de la contribution, et l'intérêt aux travaux doit s'entendre non-seulement de l'intérêt présent et actuel, mais encore de celui qui résultera d'un avantage ultérieur tel qu'une plus-value.

La loi de 1807 a introduit l'élément nouveau des commissions spéciales indépendantes des syndicats. Elles doivent statuer sur les réclamations relatives à la fixation du périmètre des propriétés intéressées à l'endiguement et sur le classement de ces propriétés. La commission spéciale est composée d'hommes instruits des choses de la localité ; mais elle ne peut recruter ses membres parmi ceux du syndicat, pour éviter toutes les influences suggérées par l'intérêt personnel.

Le recouvrement des cotes imposées pour l'exécution des travaux se poursuit comme en matière de contributions directes.

Ainsi, ces trois caractères principaux sont devenus pour ainsi dire de l'essence des travaux d'endiguement : Surveillance administrative, contribution aux dépenses suivant l'intérêt et recouvrement des rôles suivant le mode adopté pour les deniers publics.

Ces quelques notions générales exposées, nous rentrons dans l'examen des textes et matières qui se réfèrent à l'ancienne Provence.

II. — Législation spéciale aux Basses-Alpes. — Décret du 4 thermidor an XIII. — Avis du Préfet du 6 novembre 1810.

Le décret du 4 thermidor an XIII avait tracé dans les Hautes-Alpes la voie qu'il fallait suivre et les formalités à remplir pour endiguer les torrents. L'arrêt du Conseil du 10 octobre 1765, revêtu de lettres patentes du 8 juillet 1768, qui réglait ces sortes de travaux, n'était plus observé et c'est pour le remplacer, que fut rendu le décret dont nous allons donner le texte, et qui fut étendu, l'année suivante, en 1806, aux départements de la Drôme et des Basses-Alpes.

DÉCRET DU 4 THERMIDOR AN XIII.

Vu la loi du 11 floréal an XI, et la demande du préfet des Hautes-Alpes relative à la construction et à l'entretien des digues et ouvrages d'art, pour garantir les propriétés des dommages que peuvent causer les rivières non navigables ou torrents ;

Considérant que les dispositions de l'arrêt du Conseil du 10 octobre 1765, revêtu de lettres patentes du 8 juillet 1768, qui réglait ces sortes de travaux, ont cessé d'être observées, et qu'il importe de les faire exécuter dans tout ce qui est compatible avec les principes actuels de l'administration ;

Le Conseil d'Etat entendu, décrète :

ART. 1er. Dans les communes du département des Hautes-Alpes qui se trouvent exposées aux irruptions et débordements des rivières ou torrents, les maires, après avoir fait délibérer les conseils municipaux, se pourvoiront en la forme ordinaire pardevant le préfet du département, pour être autorisés à faire les réparations ou autres ouvrages nécessaires. En cas d'urgence, ils pourront convoquer les conseils municipaux pour cet objet, sans une permission particulière.

Art. 2. Le préfet commettra un ingénieur des Ponts-et-chaussées pour reconnaître les endroits exposés, lever les plans des lieux et proposer les projets et devis qui seront communiqués aux conseils municipaux, et d'après leurs observations, le préfet prononcera l'autorisation, s'il y a lieu.

Art. 3. Si les ouvrages à exécuter n'intéressent que des particuliers, le préfet nommera une commission de cinq individus parmi les principaux propriétaires intéressés, lesquels choisiront entre eux un syndic, et délibéreront sur l'utilité ou les inconvénients des travaux demandés.

Art. 4. Le préfet commettra ensuite un ingénieur pour dresser les projets et devis qui seront communiqués à la commission, ainsi qu'il est prescrit pour les conseils municipaux dans l'art. 2.

Art. 5. Dans le cas où les ouvrages à faire intéresseraient plusieurs communes qui n'agiraient pas de concert, la demande du conseil municipal de la commune poursuivante sera communiquée aux conseils municipaux des communes, et il sera ensuite procédé, par le préfet, à l'égard de toutes les communes, conformément à l'art. 2.

Art. 6. Lorsque la négligence soit d'un ou de plusieurs particuliers, soit d'une ou de plusieurs communes, à faire des digues, curages et ouvrages d'art, le long d'un torrent ou d'une rivière non navigable, exposera le territoire aboutissant d'une manière préjudiciable au bien public, le préfet, sur les plaintes qui lui seront portées, ordonnera le rapport d'un ingénieur des ponts-et-chaussées. Ce rapport sera communiqué aux parties intéressées pour donner leur réponse par écrit dans le délai de huit jours, et le conseil de préfecture statuera sur les contestations qui pourraient en résulter.

Art. 7. Si une digue intéresse une commune en général, et que quelques particuliers s'opposent à sa construction, le conseil municipal sera consulté, et les oppositions seront soumises au jugement du conseil de préfecture.

Art. 8. Dans tous les cas ci-dessus énoncés, et lorsque les délais seront expirés, si tous les intéressés ont donné leur consentement, ou qu'il n'y ait pas eu de réclamations, l'adjudication des ouvrages tels qu'ils auront été déterminés et arrêtés sera faite dans les formes ordinaires, devant tel fonctionnaire que le préfet aura commis et en présence des intéressés, ou ceux-ci dûment appelés par les affiches et publications ordinaires.

ART. 9. Le montant de l'adjudication sera réparti entre les intéressés, à raison du degré d'intérêt de leurs propriétés, par un rôle que le préfet rendra exécutoire suivant la loi du 11 floréal an XI, et le conseil de préfecture statuera sur les réclamations relatives à cette répartition. (1)

ART. 10. Les adjudicataires seront payés du montant de leur adjudication, en vertu des ordonnances expédiées par le préfet sur le certificat de réception des travaux délivré par l'ingénieur chargé de la conduite des ouvrages. Les débiteurs seront contraints au paiement dans la forme prescrite par la loi du 11 floréal an XI.

ART. 11. Nul propriétaire ne pourra être taxé pour ses contributions aux travaux, dans le cours d'une année, au delà du quart de son revenu net, distraction faite de toutes les autres impositions.

ART. 12. Le ministre de l'intérieur est chargé de l'exécution du présent décret.

Le décret de thermidor, conçu à peu près dans le même sens que la loi de 1807, a sur celle-ci l'avantage d'être mieux approprié aux besoins des départements situés dans la région des montagnes. Inspiré par la soudaineté qui caractérise les torrents des Alpes, il supprime un certain nombre de formalités, dispense de recourir à l'administration supérieure et laisse à celles de la commune et du département, plus voisines du danger, le soin d'élever rapidement des barrières contre les crues dévastatrices.

Lorsque l'orage éclate dans ces montagnes les eaux se

(1) « Les réparations et les ouvrages qui seront à faire contre les rivières et torrents n'intéressant souvent qu'un certain nombre de particuliers dans une communauté, et non la généralité des habitants, ordonnons, en ce cas, que les particuliers intéressés seront tenus de se syndiquer et de se soumettre tous en commun et solidairement au paiement de la somme pour laquelle ils devront contribuer auxdits ouvrages, et même de la dépenser, s'il est ainsi jugé nécessaire, au moyen de quoi il en sera usé à leur égard comme à celui des communautés. » Art. 12 de l'arrêt du conseil de 1765 relatif au Dauphiné. (Dumont-*organisation lég. des cours d'eau*, p. 16)

précipitent du sommet vers leurs bases avec impétuosité
et fracas. N'étant point retenues sur ces pentes abruptes
où la végétation est appauvrie, où de nombreuses cre-
vasses les reçoivent et les réunissent, presque aussitôt
qu'elles touchent la terre, on les voit s'avancer bientôt en
colonnes menaçantes vers le point où la vallée s'élargit et
confine à la plaine. Quelquefois, l'ouragan les précède;
en peu d'instants, une superficie considérable est envahie,
et quand les eaux sont écoulées, on distingue, suivant
l'expression pittoresque et vraie de M. Blanqui : « Ces
« torrents étalés en éventail au sortir de leurs gorges
« profondes, bombés vers leur centre, inclinés sur leurs
« bords, et s'étendant comme un manteau de pierres sur
« toute la campagne (1). »

Ces inondations et ces phénomènes sont fréquents dans
les départements des Alpes, et voilà pourquoi le décret
précité, substitué aux formes plus lentes de la loi de 1807,
a reçu et reçoit encore de fréquentes applications. Mais, si
l'urgence n'existe plus, on doit se conformer de préférence
à cette dernière, et dans ce cas, le Gouvernement sera
d'autant mieux disposé à fournir des fonds, qu'il aura
reconnu lui-même la nécessité des travaux à effectuer.

Le décret précité, avec son caractère exceptionnel, a
pour but de venir en aide aux populations riveraines.Mais,
l'article 11 en gêne l'application et contrarie le principe
d'après lequel l'intérêt doit être pris pour base de la contribution. Comment faire, par exemple, si dans la zône
des terrains qui doivent profiter des travaux, se trouvent
des graviers. Ceux-ci n'ont point de revenu et ne paient
pas d'impositions, et cependant ils ont à l'exécution de
l'endiguement un intérêt considérable, puisque, par ce
moyen, ils pourront être rendus à la culture. Si les termes
de l'art. 11 leur permettent d'échapper à la contribution,
comment pourra-t-on, sans blesser l'équité, la faire peser

---

(1) Rapport lu à l'Académie des sciences morales et politique ,sles
9 et 23 décembre 1843 sur le déboisement des montagnes.

toute entière sur les autres zônes de terrains cultivés dont l'intérêt est moindre.

L'art. 11 peut donc devenir la cause de sérieuses difficultés. Cependant, la pensée qui a présidé à sa rédaction est bonne. Il a voulu mettre un frein au zèle immodéré des syndicats qui, dépassant les bornes d'une dépense raisonnable, écraseraient, sous le poids de charges beaucoup trop lourdes, les propriétaires riverains. Mais, il est à craindre qu'il ne soit allé trop loin ; car s'il fait triompher souvent des réclamations fondées, n'arrivera-t-il pas, aussi quelquefois, que par l'application stricte de son texte qui ne distingue point, des entreprises d'endiguement dont le but est en même temps de protéger et de conquérir seront arrêtées dès le début ? Ne prêtera-t-il pas aux réclamations injustes un moyen facile d'entraver les travaux les plus utiles ?

Cette partie du décret a été souvent critiquée, et on s'aperçut bien vite des nombreux inconvénients qui en seraient la conséquence. Dans certaines communes, pour s'y soustraire, on avait adopté une mesure prudente et sage. Non-seulement, on attendait pour commencer les travaux que les rôles fussent dressés et approuvés ; on poussait même la précaution jusqu'à attendre leur recouvrement complet, pour se préserver des graves embarras soulevés dans le cours des travaux par la résistance ultérieure des contribuables (1).

Mais, ce texte plaçait toujours les associations régies par le décret de thermidor dans cette fâcheuse alternative : Que si l'on commençait les travaux immédiatement, on pouvait rencontrer des obstacles quand arriverait le règlement de la question financière ; si, au contraire, on différait jusqu'à ce que celle-ci fut complètement vidée, on perdait, par excès de prudence, un temps précieux, plus utilement employé à l'adoption des mesures d'urgence.

(1) Morizot ; *Notice relative aux rivières, torrents et cours d'eau*, p. 13.

L'observation du décret est fort difficile, lorsque dans la zône des terrains intéressés sont compris des graviers à rendre à la culture. Mais, resterait toujours le point de savoir si pour les terrains cultivés et productifs, la limite doit être maintenue. Ici encore, la question est délicate.

Le Conseil général des Basses-Alpes, dans la session de 1843, consulté par la circulaire de M. le Ministre des travaux publics, du 23 août 1842, sur la question des endiguements, a nettement posé ses conclusions au sujet du décret qui nous occupe. Il a dit qu'il produisait certainement de bons résultats, mais qu'il était insuffisant, ajoutant que la limite qu'il pose relativement aux bases de la répartition, en aurait paralysé les effets, si on s'y était conformé dans la pratique.

Le Conseil de ce département n'a pas été le seul à relever les inconvénients attachés à la fixation d'une limite dans le taux de la contribution. Cette question a été examinée sur un plus vaste théâtre. Dans le rapport fait au nom de la commission chargée d'étudier le projet de loi de 1837, sur le concours des propriétaires dans les travaux, on s'est demandé s'il ne serait pas utile d'établir un *maximum* relativement à la valeur actuelle des propriétés à protéger, de telle façon, par exemple, que la part contributive ne pourrait jamais dépasser une certaine proportion soit du capital, soit du revenu. Le rapporteur dit : « 'L'un « ou l'autre de ces expédients entraînerait nécessairement « à une appréciation fort difficile et à une sorte d'inqui- « sition des fortunes particulières. Dans aucune des ma- « tières analogues il n'existe une limitation de ce genre. « *Le seul exemple que nous connaissions est consigné dans* « *l'art. 11 du décret du* 23 *juillet* 1806. Mais nous ne pen- « sons pas que cet article ait jamais été exécuté à la lettre. « Toute fixation de *maximum* pourrait, dans des cas « donnés, devenir désastreuse au lieu d'être protectrice. « En aucune matière, en effet, une parcimonie mal en- « tendue n'a de plus graves conséquences que dans les

« travaux des rivières. Les propriétaires eux-mêmes ne
« peuvent manquer de le sentir. C'est ainsi que dans les
« syndicats de la Durance, on a vu trois ou quatre cents
« petits propriétaires se soumettre à une cotisation de
« 60 fr. par hectare. C'est que souvent il arrive, sur les
« bords de ces rivières vagabondes, que faute d'une dépense
« de 20,000 fr., toute une plaine d'une valeur immense a
« été envahie. Nous devons le dire : c'est souvent une
« question d'existence ; il faut faire vite et bien ; il faut
« des travaux efficaces (1). »

Quoiqu'il soit préférable d'appliquer la loi de 1807 pour
éviter toutes ces difficultés, on ne peut dire, cependant,
que le décret de thermidor ait été abrogé, puisque des
décisions récentes ont été rendues conformément ou relativement à ses dispositions.

Voici d'abord une décision du Conseil de préfecture des
Basses-Alpes du 20 mars 1861.

« Vu les réclamations formées par divers propriétaires à
« Volx, etc., qui demandent que leurs cotisations au rôle de
« répartition des dépenses d'endiguement de la rive droite de
« la Durance dans ces communes soient réduites au quart du
« revenu net de leurs propriétés, conformément à l'art. 11 du
« décret du 4 thermidor an XIII.

« Vu la délibération de la commission syndicale et le rapport
« de l'ingénieur du service hydraulique.

« Vu la loi du 11 floréal an XI.

« Vu le décret du 4 thermidor an XIII et celui du 16 septembre
« 1806.

« Considérant, au fonds, que dans le cas où il s'agit tout à la
« fois de travaux de défense et de travaux de conquête, le décret
« sus-visé du 4 thermidor an XIII ne doit pas être appliqué ; car
« son application aurait comme résultat de faire contribuer,
« pour la totalité ou la presque totalité des frais, les proprié-
« taires seulement des terres cultivées et non les propriétaires
« d'*iscles* et graviers (produits de la conquête, dont le revenu est
« nul la plupart du temps) qui, cependant, profitent aussi bien

(1) *Moniteur* du 20 avril 1837.

« que les premières, pour le présent et surtout pour l'avenir, des
« travaux exécutés.

« Considérant qu'un tel résultat n'est ni dans la lettre, ni
« dans l'esprit du décret du 4 thermidor an XIII sus-visé.

« Considérant que les travaux d'endiguement de la Durance
« sur le terroir des communes de Volx, etc., à propos desquels
« ont été formées les réclamations sus-visées ne sont pas seu-
« lement destinés à défendre les terres cultivées contre les
« ravages des torrents, mais encore à conquérir dans son lit
« des graviers et des *iscles.*

« Arrête :

« Les réclamations sont rejetées, »

Recours de cette décision a été formé devant le Conseil
d'état, et celui-ci n'admettant point la distinction précédente, consacre la vigueur actuelle du décret du 4 thermidor an XIII.

Au nombre des principaux motifs on lit les suivants :

« Considérant qu'il résulte de l'instruction et notamment des
« arrêtés préfectoraux ci-dessus visés, que les syndicats formés
« à l'effet d'exécuter les travaux d'endiguement dans les com-
« munes de Volx et de Manosque, ont été institués conformé-
« ment aux dispositions du décret du 4 thermidor an XIII.

« Considérant que ni le décret précité, ni les arrêtés préfec-
« toraux qui ont organisé ces syndicats, n'ont prescrit le paie-
« ment, par douzièmes, des taxes à recouvrer, des propriétaires
« intéressés aux travaux par eux exécutés ; qu'ainsi, c'est à
« tort que le conseil de préfecture a déclaré non recevable la
« demande de quelques-uns des réclamants, pour défaut de la
« production des quittances des termes échus de leurs cotisa-
« tions.

« Considérant, au fonds, que d'après les articles 9 et 11 du
« décret précité du 4 thermidor an XIII, le montant de l'adju-
« dication des travaux exécutés par les syndicats, doit être
« réparti entre les intéressés, à raison du degré d'intérêt de
« leurs propriétés, et qu'aucun d'eux ne peut être taxé, pour sa
« contribution aux travaux exécutés dans le cours d'une année,
« au-delà du quart du revenu net des terrains à raison desquels
« il aura été compris dans l'association syndicale.

« Que dès-lors, c'est à tort que le conseil de préfecture a
« refusé de réduire les taxes imposées aux requérants, au quart
« du revenu net de leurs propriétés. »

Ce décret est du 12 mars 1862 ; rendu par la section du contentieux du conseil d'état, il annule l'arrêté sus-visé du conseil de préfecture des Basses-Alpes du 20 mars 1861.

On peut se convaincre, à la lecture du décret de thermidor, que à côté de certaines dispositions qui en paralysent l'exercice, il en est d'autres conçues dans la pensée d'une défense commune, favorable à tous les intérêts. Nous avons déjà dit combien l'action individuelle et isolée sur les rivières était un obstacle à l'amélioration du cours de celles-ci ; nous avons fait remarquer en même temps qu'elle figurait parmi les causes de la prompte détérioration des digues avant 1789. Comme toutes les lois rendues depuis, celle de l'an XIII s'efforce d'augmenter la puissance des syndicats par le concert de tous les intérêts, et met en demeure de correspondre et de s'entendre toutes les communes à qui la défense de leur territoire est également avantageuse. Elle fait à l'administration un devoir de concilier les droits et de faire concorder la défense des deux rives. (Art. 6).

Mais, les difficultés que soulève l'aggrégation d'un grand nombre de propriétaires dans le même syndicat grossissent encore lorsque l'association embrasse deux ou plusieurs communes. Si, par une cause quelconque, le rapprochement n'est pas possible, si les progrès de l'une d'elles dans la préparation de ses moyens de défense sont entravés par les lenteurs des autres, faut-il que le manque de ressources, l'incurie de celles-ci, ou bien une raison tirée de la différence même des départements puissent paralyser l'action et la vigilance de celles-là, et que les travaux entrepris par la commune, gardienne de sa sécurité, puissent tomber sous le coup d'une demande en dommages-intérêts ? (1).

Dans ce cas, la responsabilité de l'administration et des communes qui ont fait ce qu'elles devaient faire disparaît,

(1) Dubreuil, annoté, p. 108, t. I.

et chaque commune reprend le droit de défendre séparément son territoire.

Les riverains, toutefois, après l'accomplissement des formalités administratives retrouvent leur liberté d'action pourvu qu'elle ne renferme aucune intention de nocuité. Le Parlement de Provence décidait qu'un ouvrage n'est point offensif tant qu'il n'est pas pratiqué dans le lit même du cours d'eau. De son côté, la jurisprudence de la cour d'Aix, conforme aux décisions romaines, a, dans maintes circonstances, adopté cette opinion et comparé les dévastations des rivières aux incursions de l'ennemi contre lesquelles chacun a le droit de se prémunir sans s'occuper du sort de son voisin (1).

D'ailleurs, le danger auquel est exposée l'autre rive est amoindri par la prévoyance de l'autorité administrative qui, conservant la police des torrents et rivières, surveille la confection des ouvrages. En assignant à chacun, dans son impartialité et pour le plus grand avantage de tous, une limite qu'il ne peut dépasser, elle détermine le point infranchissable où commencerait le préjudice et l'empêche, le plus souvent, de se produire. On a vu et on voit encore certainement des travaux faits par les particuliers, sans autorisation préalable. Tant qu'ils n'ont pour résultat que d'être utiles au propriétaire constructeur sans nuire à personne, l'administration ferme les yeux. Mais, pour peu que l'intérêt public soit en souffrance, et aussitôt que les ouvrages sortent du cercle d'un intérêt purement individuel, elle s'empresse de réglementer par des mesures générales une matière aussi délicate.

Ainsi, dans le département des Basses-Alpes où les torrents et rivières, à cause de leur plus grande rapidité, s'irritent à la moindre résistance et réfléchissent très-facilement vers la rive opposée, un avis du Préfet du 6 no-

(1) Féraud Giraud. — *Jurisprudence de la cour impériale d'Aix.*
Un arrêt de la cour de Montpellier du 13 juillet 1860 a déclaré que les travaux que l'on fait pour se défendre sont licites quoique pouvant devenir nuisibles à la rive opposée.

vembre 1816 a reconnu qu'il n'y avait aucun ouvrage d'un intérêt particulier; que les travaux de défense, soit qu'ils paraissent ne protéger qu'un seul propriétaire, soit qu'ils garantissent à la fois plusieurs riverains, doivent se rattacher à un système général ; qu'en conséquence, aucun travail neuf ne doit être fait le long d'un cours d'eau pour défendre tout ou partie de propriété, sans qu'au préalable les ingénieurs n'aient fourni leurs observations, et sans qu'il n'ait été revêtu de l'approbation préfectorale. (1)

117. — Décret organisant les Syndicats de la Durance dans le département des Bouches-du-Rhône.

Après la loi générale de 1807, les décrets et ordonnances sont venus déterminer les règles propres à chaque association particulière. Une ordonnance royale du 26 octobre 1825 créa un syndicat pour la Durance, dans le troisième arrondissement des Bouches-du-Rhône. Mais, le défaut de ressources, aussi bien que l'inexpérience de cette nouvelle association qui avait à reprendre sur de nouvelles bases un travail interrompu depuis quarante ans environ, empêchèrent son développement, et cette association ne produisit aucun résultat.

Le décret le plus important, en cette matière, est celui du 4 août 1848 qui organise tous les syndicats qui doivent fonctionner, sur la rive gauche de la Durance, depuis le territoire de Saint Paul jusqu'à l'embouchure de cette rivière dans le Rhône.

Comme tous les syndicats constitués depuis l'ont été sur le même modèle, nous croyons qu'il peut être utile d'en donner le texte complet. Les mêmes dispositions ont été appliquées en 1862 à d'autres syndicats établis sur la Durance, dans le département des Basses-Alpes.

DÉCRET SUR L'ORGANISATION ET LA MARCHE DES SYNDICATS DANS LE DÉPARTEMENT DES BOUCHES-DU-RHÔNE.

Le Président du Conseil chargé du pouvoir exécutif;
Vu le rapport du Ministre des travaux publics ;

(1) *Recueil des Actes administratifs*, ann. 1816.

Vu l'ordonnance royale en date du 25 février 1812;

Vu les ordonnances royales en date du 20 octobre 1816, 9 novembre 1825, 31 octobre 1830, 8 novembre 1836 et 25 mars 1845;

Vu le rapport de l'ingénieur en chef des ponts-et-chaussées en date du 27 février 1816;

Vu les pièces des enquêtes ouvertes dans les arrondissements d'Aix et d'Arles;

Vu le rapport de l'Ingénieur en chef en date du 4 mars 1847;

Vu l'avis en forme d'arrêté du Préfet en date du 12 mai 1847;

Vu les lois des 14 floréal an XI, 16 septembre 1807 et 3 mars 1841 et le décrèt du 27 décembre 1812 sur le dessèchement de l'Authie.

Le Conseil d'état entendu

Arrête ce qui suit :

Titre Premier. — *Formation du Syndicat.*

Art. 1er. Il sera formé un syndicat dans chacune des communes de Saint-Paul, Jouques, Peyrolles, Meyrargues, le Puy-Sainte-Réparade, la Roque-d'Antheron, Charleval, Mallemort, enas, Orgon, Cabanes, Châteaurenard, Rognonas, Barbentane

Art. 2. Chaque société sera administrée par un syndicat composé de cinq membres qui seront nommés par le préfet et choisis parmi les propriétaires les plus imposés.

Art. 3. Le syndicat sera renouvelé par cinquième tous les ans; lors des quatre premiers renouvellements partiels les membres à remplacer seront désignés par le sort; ils seront rééligibles.

Art. 4. Les membres du syndicat ne pourront se faire représenter aux assemblées; il sera nommé par le préfet trois suppléants qui les remplaceront en cas de besoin.

Art. 5. Un des syndics sera nommé par le préfet pour remplir les fonctions de directeur. Il sera, ce cette qualité, chargé de la surveillance générale des intérêts de la communauté et de la conservation des plans, registres et autres papiers relatifs à l'administration des travaux.

Art. 6. Les fonctions de directeur dureront trois ans; néanmoins, elles pourront être prorogées jusqu'à l'expiration des fonctions syndicales de ce membre de l'association. Le directeur aura un adjoint nommé par le préfet; cet adjoint, dont les fonctions seront annuelles, sera pris parmi les membres du syndicat et remplacera le directeur en cas d'empêchement.

ART. 7. Le syndicat sera convoqué et présidé par le directeur. Il pourra être convoqué sur la demande de deux de ses membres et sur l'invitation du préfet.

ART. 8. Le syndicat ne pourra délibérer qu'au nombre de trois membres ; ses délibérations ne seront valables qu'après l'approbation du préfet.

ART. 9. Le syndicat est spécialement chargé de faire dresser, par un expert géomètre et avec le concours des ingénieurs, un plan parcellaire indiquant le périmètre des terrains à comprendre dans l'association, le projet de classification de ces terrains et un rapport à l'appui ; de faire rédiger les projets de travaux, de les exécuter et d'en proposer le mode d'exécution ; de concourir aux mesures nécessaires pour passer les marchés et adjudications ; de surveiller l'exécution des travaux ; de dresser le tableau de la répartition des dépenses entre les divers intéressés d'après les bases arrêtées par la commission spéciale dont il sera parlé ci-après; de contrôler et de vérifier le compte administratif du syndic, directeur de l'association ; de donner son avis sur tous les intérêts de la communauté lorsqu'il sera consulté par l'administration, et de proposer tout ce qu'il croira utile aux propriétaires associés.

ART. 10. Le plan parcellaire et le rapport dont il est parlé dans l'article précedent devront être déposés pendant le délai d'un mois à la mairie de la commune de la situation des lieux, afin que chacun puisse en prendre connaissance ; ce délai ne courra qu'à partir de l'avertissement qui sera donné à son de trompe ou de caisse dans la même commune et affiché aux portes de l'église et de la mairie. Le maire certifiera ces publications et mentionnera dans un procès-verbal, qu'il ouvrira à cet effet, les déclarations et réclamations qui lui auront été faites verbalement ou par écrit, en ayant soin d'indiquer les numéros des parcelles des réclamants.

TITRE II. — *De la Commission spéciale.*

ART. 11. Aux termes des articles 18 et suivants de la loi du 16 septembre 1807, une commission spéciale sera appelée à statuer sur les réclamations relatives à la fixation du périmètre des terrains qui profiteront des travaux et au classement des propriétés comprises dans ce périmètre ; elle déterminera les bases de la répartition des dépenses entre les intéressés.

ART. 12. Cette commission sera composée de sept membres nommés par nous et choisis parmi des personnes n'ayant aucun

intérêt dans les travaux ; avant d'entrer en fonctions, ils prêteront entre les mains du préfet, conformément au décret du 27
décembre 1812, serment de remplir leurs fonctions avec zèle et
intégrité.

ART. 13. Le président et le secrétaire seront nommés par la
commission lors de sa première réunion.

ART. 14. La commission se réunira dans le lieu qui lui sera
désigné par le préfet et lorsqu'elle le jugera convenable ; le
préfet aura la faculté de la réunir lorsqu'il le croira nécessaire ;
dans tous les cas, les convocations seront faites à la diligence
du président et par écrit.

ART. 15. Les décisions de la commission spéciale ne seront
valables qu'autant que cinq membres au moins auront pris part
à la délibération ; dans le cas où, six membres étant présents,
les voix se trouveraient partagées, le président aura voix prépondérante.

ART. 16. Les délibérations de la commission seront inscrites
sur un registre coté et paraphé par le président, signées par
tous les membres présents et expédiées aux parties par le secrétaire.

ART. 17. Les réclamations qui pourraient s'élever contre les
décisions de la commission spéciale seront portées devant notre
conseil d'état sans que, dans aucun cas, l'exécution de ces
décisions puisse être retardée ou suspendue.

ART. 18. Les fonctions de la commission spéciale cesseront
aussitôt après l'entier accomplissement de ses opérations ; à
cette époque, remise sera faite aux archives de la préfecture de
tous les registres et papiers, sur inventaire en double expédition,
dont l'un pour le préfet et l'autre pour le secrétaire de la commission.

ART. 19. Les frais de toute nature occasionnés par les opérations de la commission spéciale seront payés comme les autres
dépenses de l'association.

TITRE III. — *Des travaux, de leur mode d'exécution et de
leur paiement.*

ART. 20. Les projets des travaux seront rédigés par l'ingénieur de l'arrondissement, examinés par le syndicat et par l'ingénieur en chef et soumis par le préfet à l'approbation de

l'administration supérieure, lorsqu'il s'agira de travaux autres que ceux de simple entretien.

ART. 21. Les travaux seront adjugés autant que possible d'après le mode adopté pour ceux des ponts-et-chaussées, en présence du directeur du syndicat ; ils pourront, cependant, être exécutés de toute autre manière, sur la demande du syndicat et d'après l'autorisation du préfet.

ART. 22. L'exécution des travaux aura lieu sous la direction des ingénieurs et sous la surveillance du directeur, ainsi que d'un membre que le syndicat désignera à cet effet ; il sera nommé, s'il y a lieu, par le préfet, un conducteur spécial, sur la présentation du syndicat et sur l'avis de l'ingénieur en chef.

ART. 23. La réception des travaux sera faite par un ingénieur, en présence du directeur et d'un membre du syndicat. Le procès-verbal qui sera soumis au visa de l'ingénieur en chef devra constater que les travaux ont été exécutés conformément aux projets approuvés et aux règles de l'art.

ART. 24. Les travaux d'urgence pourront être exécutés immédiatement par ordre du directeur, qui sera tenu d'en rendre compte sans retard au syndicat. A défaut du directeur, le préfet pourra faire constater l'urgence des travaux, et ordonner, sur l'avis des ingénieurs, leur exécution immédiate.

ART. 25. Les paiements d'accomptes, pour les travaux exécutés, seront effectués en vertu de mandats du directeur, d'après les états de situation dressés par les ingénieurs et visés par le syndic chargé de la surveillance des travaux ; pour les paiements définitifs, il sera produit, en outre, un procès-verbal de réception définitive, dressé conformément aux dispositions de l'art. 23. A défaut du directeur, le préfet pourra délivrer des mandats d'après les états de situation des ingénieurs, pour le paiement des dépenses faites d'office d'après ses ordres.

ART. 26. Dans le courant des deux premiers mois de chaque année, le syndicat déposera pendant quinze jours à la mairie de la commune de la situation des lieux, le compte des travaux exécutés pendant la campagne précédente, afin que les propriétaires puissent en prendre connaissance et présenter leurs observations.

ART. 27. Au mois de septembre et d'octobre de chaque année, l'ingénieur de l'arrondissement, accompagné du directeur, vérifiera la situation des travaux et dressera, de concert avec lui, le projet de budget et l'état d'indication des travaux pour l'année suivante. Ce projet sera affiché pendant quinze jours à la mairie de la commune de la situation des lieux, afin que les propriétaires puissent présenter leurs observations. Il sera ensuite soumis à l'examen du syndicat, à celui de l'ingénieur en chef et enfin à l'approbation du préfet. En cas de dissentiment entre eux, l'ingénieur et le directeur dresseront séparément leur projet de budget qui sera soumis à la publicité prescrite au paragraphe précédent, et le préfet prononcera, après avoir consulté l'ingénieur en chef et après avoir préalablement demandé l'avis du syndicat qui devra le fournir dans un délai de quinzaine, faute de quoi il sera passé outre. Le projet de budget sera toujours accompagné d'un rapport qui fera connaître l'état des ouvrages.

TITRE IV. *De la rédaction des rôles et de leur recouvrement.*

ART. 28. Le recouvrement des taxes sera fait par le percepteur des contributions directes de la commune, ou par un caissier spécial qui sera nommé par le préfet sur la présentation du syndicat.

ART. 29. Le percepteur fournira un cautionnement proportionné au montant du rôle; il lui sera alloué une remise dont la quotité sera proposée par le syndicat et déterminée par le préfet.

ART. 30. Au moyen de cette remise, le percepteur dressera les rôles sur les documents fournis par le syndicat. Ces rôles, après avoir été affichés à la porte de la mairie de la situation des lieux pendant un délai de huit jours, seront visés par le directeur du syndicat et rendus exécutoires par le préfet. La perception en sera faite comme en matière de contributions directes.

ART. 31. Le percepteur est responsable du défaut de paiement des taxes dans les délais fixés par les rôles, à moins qu'il ne justifie des poursuites faites contre les contribuables en retard.

ART. 32. Le percepteur acquittera les mandats délivrés conformément aux dispositions du présent règlement. Il rendra compte annuellement au syndicat avant le 1er février des recettes et dépenses qu'il aura faites pendant l'année précédente. Il ne lui sera pas tenu compte des paiements irrégulièrement faits.

ART. 33. Le syndicat vérifiera le compte annuel du percepteur, l'arrêtera provisoirement et l'adressera au préfet pour être soumis au conseil de préfecture qui l'arrêtera définitivement, s'il y a lieu.

ART. 34. Le syndic-directeur vérifiera, lorsqu'il le jugera convenable, la situation de la caisse du percepteur qui sera tenu de lui communiquer toutes les pièces de sa comptabilité.

TITRE V. — *Dispositions générales.*

ART. 35. Les réclamations relatives à la confection des rôles qui auront été dressés par le percepteur d'après les documents fournis par le syndicat, ainsi que les contestations relatives à l'exécution des travaux, seront portées devant le conseil de préfecture, conformément aux lois des 28 pluviose an VIII, et 11 floréal an XI, sauf recours au conseil d'état.

ART. 36. Le préfet prendra des arrêtés pour prescrire les mesures de police qu'il jugera utiles ou nécessaires à la conservation des ouvrages qui font l'objet de l'association.

ART. 37. Les délits et contraventions seront constatés par procès-verbaux dressés par les conducteurs des ponts-et-chaussées ou par tous autres agents de police et seront déférés, soit au conseil de préfecture, soit aux tribunaux ordinaires en raison des cas mentionnés à l'art. 2 de la loi du 29 floréal an X.

ART. 38. Les honoraires, frais de voyage et autres dépenses qui seront dues aux ingénieurs employés en exécution de la présente ordonnance seront payés sur les fonds des travaux, d'après les règlements qui en seront faits conformément aux dispositions de l'art. 75 du décret du 7 fructidor an XII.

ART. 39. L'acquisition des terrains qui pourraient être nécessaires pour l'exécution des travaux sera poursuivie par application de la loi du 3 mai 1841.

ART. 40. Les ordonnances royales des 26 octobre 1825, 31 octobre 1830, 8 novembre 1836, 25 février 1842, 26 mars 1845, sont et demeurent rapportées.

ART. 41. Le Ministre des travaux publics est chargé de l'exécution du présent arrêté.

Paris, 4 août 1848.

Ce décret étant le type de tous ceux qui sont rendus pour organiser les endiguements et autres matières analogues, telles que curage et irrigations, doit faire partie des connaissances usuelles de toute personne qui, théoriquement ou pratiquement, se livre, en Provence, à l'étude des questions hydrauliques.

IV. — Rhône. — Décret du 1 prairial an XIII. — Décret du 15 mai 1813. — Arrêté du 28 mars 1819.

Les torrents qui descendent des Alpes et se gonflent dans la saison des pluies et de la fonte des neiges ont ce caractère particulier que les dangers dont ils menacent les propriétés riveraines ne s'étendent pas bien loin des rives et consistent plutôt dans une corrosion lente et progressive de celles-ci que dans l'inondation presque instantanée de surfaces considérables. Par conséquent, les lois et usages qui les régissent doivent laisser à l'action personnelle des communes ou même des individus plus de latitude, et tout en la mesurant comme il convient de le faire, ne point l'absorber dans le plan général d'une vaste organisation.

Mais, en face d'un cours d'eau flottable ou navigable, l'intérêt particulier, sans disparaître, ne vient cependant qu'en seconde ligne, parce que les risques d'une contrée entière préoccupent davantage l'attention. Alors, les règlements anciens et les usages locaux s'effacent devant l'autorité d'une loi ou d'un décret qui confie la direction des travaux à l'administration centrale.

Si, sur les bords des petites rivières ou des torrents, le soin de la défense est laissé quelquefois à l'initiative d'un ou de quelques intéressés ; si sur la Durance, cette initiative est remplacée à son tour par celle des communes ou des syndicats agissant, presque toujours, séparément les uns des autres, il n'en pouvait être de même pour le Rhône. Ici, les raisons tirées de la navigation, les considérations que soulève l'existence d'un danger général devaient nécessairement faire substituer l'action complète,

régulière et obligatoire des masses à des efforts multipliés
mais incohérents, dispendieux mais peu profitables.
C'est ici le cas d'armer le Gouvernement du droit de coaction dont le principe est écrit dans la loi de 1807 et qui est
le seul moyen capable de lutter contre la calamité publique
des grandes inondations.

A l'époque où nous nous trouvons, l'expérience avait
démontré, sans doute, que les anciennes associations territoriales, en n'obéissant qu'à elles-mêmes et non point à
une direction unique, n'avaient pu produire que des résultats insuffisants. Aussi, le décret du 4 prairial an XIII
a-t-il été rendu pour réparer les brèches que le temps ou
la négligence avaient faites aux fortifications, et surtout
pour ramener les associations à des principes d'uniformité
et d'harmonie qui pouvaient en rendre les succès certains
et durables.

Les préliminaires de ce décret sont ainsi conçus : « Vu
« les délibérations prises par la commune et les habitants
« d'Arles en 1542, homologuées par arrêt du Parlement
« de Provence, du 2 mars 1543 ; — Vu le tableau géné-
« ral des associations territoriales des communes d'Arles
« et de Notre-Dame-de-la-Mer ;

« Considérant que le territoire de ces deux communes
« est exposé à être submergé par le défaut d'entretien et
« réparations des chaussées et digues qui servent à conte-
« nir les eaux du Rhône dans son lit, et à le préserver
« des inondations de ce fleuve et du ravage de la mer,
« faute, par les associations existantes, d'y avoir pourvu
« depuis plusieurs années ;

« Considérant que les détériorations de tous ces ouvra-
« ges n'ont été occasionnées que par le peu d'harmonie
« qui régnait dans les principes d'après lesquels ces asso-
« ciations ont été régies, et qu'il est important de les
« amener à un régime uniforme qui, avec les encourage-
« ments et les secours qui pourraient leur être fournis,
« leur permette de se livrer plus efficacement à la restau-

« ration du territoire de la plus vaste étendue, et sous
« tous les rapports, aussi précieux à l'État qu'aux parti-
« culiers. »

Suit le décret divisé en huit titres. Son but est de cen-
traliser, entre les mains d'une commission, la direction
de tous les travaux que les diverses associations peuvent
entreprendre ; car ces associations, qui étaient très-nom-
breuses, avaient eu jusque-là une administration particulière. Chacune travaillait comme elle l'entendait, sur des
plans différents, et le Rhône trouvant, par intervalles, des
ouvrages peu solides et mal combinés, s'ouvrait un passage, inondait toutes les propriétés, et détruisait les travaux les mieux entretenus.

Ce décret est fort long et composé de 57 articles. Il se
trouve tout entier dans la collection *des pièces relatives au
dessèchement des marais d'Arles* (1).

La comité central, institué aux termes des articles 46 et
suivants, devait être composé de sept membres nommés par
le préfet ; il donnait son avis sur les délibérations des associations et proposait ses vues sur les améliorations qui
lui paraissaient utiles, soit dans le régime des associations,
soit dans l'exécution des travaux et ouvrages qui tendent
à la conservation ou à la fertilisation de leur territoire. De
plus, les associations particulières seront tenues de se
conformer aux plans proposés par la commission centrale
et approuvés par le préfet.

Deux délégués de celle-ci doivent faire, tous les trois
mois, la visite des travaux.

Comme le décret de thermidor, celui de prairial an XIII
avait posé une limite que le taux de la contribution ne
pouvait dépasser. Prévoyant le cas où, par quelque accident extraordinaire, l'association serait obligée à une dépense qui dût absorber la moitié du revenu net des proprié-

_____

(1) *Rapport et décret du 4 prairial, an XIII*, portant règlement pour
les associations territoriales d'Arles et de Notre-Dame-de-la-Mer
(*délibération de l'association de dessèchement*); pièce 42, p. 119. Estrangin sur Dubreuil, t. II, p. 428.

tés, au lieu de prélever immédiatement toute la somme nécessaire, celle-ci devait recourir à un emprunt et établir une cote annuelle suffisante pour faire face, en même temps, au service des intérêts et arriver graduellement à l'extinction de la dette.

Vint ensuite le décret du 13 mai 1813, imitation de celui du 11 octobre 1811, applicable à six départements limitrophes du Rhin.

Les charges qu'il impose sont de deux sortes. Les unes, réelles, affectent les terres riveraines ou non riveraines des chaussées ayant intérêt à leur conservation. Les autres sont personnelles et, dans un moment de péril urgent, pèsent indistinctement sur tous les habitants de certaines communes, qu'ils soient ou non propriétaires.

Ce décret incorpore dans les diverses associations tous les riverains du Rhône et même les non riverains qui sont intéressés (art. 1, 2).

Les syndics de chaque association sont tenus de faire l'adjudication des travaux mis à leur charge, et ils convoquent l'association pour délibérer la cote nécessaire au payement du montant de l'adjudication. Ils surveillent ou font surveiller par les *Bayles* ou gardes-chaussées l'exécution des travaux, et délivrent les mandats de payement. Afin de mieux assurer l'accomplissement de ces diverses obligations, le décret décide, qu'à défaut de syndics, il y sera pourvu par la commission centrale instituée suivant le décret du 4 prairial an XIII. Celle-ci pourra faire lesdites adjudications, convocations et impositions, et même délivrer les mandats de payement avec l'approbation du Préfet (art. 5, 6, 7, 8, 9).

Si une rupture se forme aux chaussées, et que les syndics négligent de la faire réparer, il y sera procédé, comme en l'article précédent, par la commission centrale qui devra rendre compte au préfet (art. 10).

Les syndics seront choisis dans les communes d'Arles

Tarascon ou Saintes-Maries, et on ne pourra être à la fois syndic ou bayle de deux associations (art. 11).

Les articles 14, 15, 16, 17 contiennent la prohibition de faire des fouilles ou des trous dans le corps des chaussées. Il est également défendu d'avoir ou de planter, dans les chaussées, des haies, buissons et broussailles, de cultiver les terrains ou de creuser des fossés, si ce n'est à une certaine distance, et, enfin, de faire circuler les voitures, chevaux et bestiaux sur les chaussées, le tout à peine d'amende.

Suivent ensuite d'autres dispositions, dont les principales se rapportent aux plantations, chaussées, *levadous* existants dans les terrains dits *Ségonnaux*, ou autres ouvrages de même nature à établir ultérieurement. Les articles 20 et 23 déterminent les formalités à observer pour le maintien desdits ouvrages existants; vérification en sera faite par les ingénieurs; leurs procès-verbaux seront communiqués aux propriétaires qui produiront leur défense devant la commission centrale, et le tout sera renvoyé au conseil de préfecture qui statuera, sauf recours au conseil d'état. Pour les plantations, chaussées, *levadons*, qu'on se proposerait d'élever, l'autorisation du préfet sera nécessaire après le rapport de l'ingénieur et l'avis de la commission centrale.

Mais, c'est surtout dans les articles 36 et suivants, et lorsque le danger devient pressant, que le décret de 1813 révèle son véritable esprit; car il met à la disposition des syndics toutes les ressources et les forces du pays menacé.

Alors, tous les habitants des communes de Tarascon, Arles et Saintes-Maries, depuis l'âge de seize ans jusqu'à soixante, seront tenus de se rendre, à la réquisition des maires, sur les points des chaussées qui leur seront indiqués, pour y travailler sous la direction des syndics ou des surveillants. Des réquisitions seront adressées aux voitures et bateaux nécessaires, et chaque heure de retard donnera lieu à une amende de 6 fr. par voiture, et de 12 fr. par bateau.

Le refus d'obéir à la réquisition du maire, faite par voie d'avertissement, publication ou au son du toscin, sera puni d'une amende égale au prix de trois journées de travaux, et de trois jours de prison en sus de l'amende (art. 38).

Afin que la rapidité des opérations ne soit point entravée, il sera établi, pour chaque arrondissement de travaux, et aux frais des associations, un magasin ou dépôt de secours, lequel contiendra un approvisionnement en outils et objets nécessaires aux travaux des chaussées.

L'application des peines est consignée dans les articles 46 et 47. Aux termes de celui-ci, tout individu qui, dans les crues du Rhône, percera les chaussées par une tranchée ou autrement, sera traduit devant la cour d'assises pour lui être, s'il y a lieu, fait l'application des peines portées à l'art. 437 du code pénal.

Les associations ainsi organisées, et ne pouvant fonctionner qu'à l'aide d'une administration assez compliquée de détails, il convenait de faire procéder à la conservation et au classement régulier de toutes les pièces et actes, afin qu'on put les tenir à la disposition des syndicats et de tous les les membres intéressés. C'est pour remplir ce but qu'un second décret du même jour ordonna l'établissement d'archives centrales, pour les associations territoriales d'Arles.

Le préfet, sur une liste de trois candidats présentés par la commission centrale, choisira un archiviste qui déposera un cautionnement de 6,000 fr.

A la retraite ou au décès de cet archiviste, s'il manque quelqu'une des pièces confiées à sa garde, la commission centrale en poursuivra le rétablissement ou bien des dommages-intérêts par toutes les voies de droit, et ne pourra décharger l'ancien archiviste ou ses représentants, qu'après y avoir été autorisée par le Préfet.

L'archiviste sera responsable et donnera connaissance de tous les documents, sans déplacement et sans frais, aux membres de la commission centrale, aux syndics et aux membres des associations.

Il assistera aux assemblées des associations qui seront présidées par un membre de la commission centrale, ainsi qu'aux adjudications qui seront faites par les syndics. Il rédigera les délibérations et les procès-verbaux des adjudications, et les inscrira sur les registres ouverts à cet effet pour chaque association, lesquels seront cotés et paraphés par le président de la commission centrale. Celle-ci tiendra ses séances dans le local affecté au dépôt des archives (1).

Ainsi, la transaction de 1543 avait réuni ensemble les propriétaires d'un même quartier, et constitué les associations particulières qui agissaient chacune de leur côté, ce qui produisait le défaut d'harmonie dans l'ensemble des travaux. Le décret de prairial an XIII resserra le lien de ces diverses associations qui, tout en restant indépendantes les unes des autres, trouvaient, dans la commission centrale, le principe d'une action commune. Puis, un arrêté du Président de la République, du 28 mars 1849, simplifia le rapport de toutes ces administrations, en réunissant, dans une association générale, tous les propriétaires intéressés dans la commune d'Arles et dans la partie de celle des Saintes-Maries, sises sur la rive gauche du Petit-Rhône. Un syndicat la représente; il a fait procéder aux études tendant à former un certain nombre de zones, suivant la différence d'intérêt des propriétés voisines (2).

Telle a été la marche progressive des systèmes d'ouvrages construits sur le Rhône, et comment, de la défense

(1) Moniteur; ann. 1813, n° 151.
(2) *Rapport sur le périmètre et le projet de classement des terrains de l'association générale des chaussées de la Grande-Camargue*, par Gauthier Descottes — Dalloz; *Rec. périod.* ann. 1852, 3e part., p. 10; ann. 1851, 3e part., p. 85.

individuelle, on est arrivé, peu à peu, à appliquer l'association dans son mécanisme le plus général.

V. — Législation spéciale aux villes submersibles. — Loi du 28 mai 1858; décret Impérial du 18 août 1858. — Leur application aux Bouches-du-Rhône et aux Basses-Alpes.

La loi du 28 mai 1858 a apporté, dans la matière des travaux de défense, un perfectionnement nouveau, et l'on peut dire qu'elle est un véritable bienfait pour les villes menacées de submersion. Cette loi a été rendue sous l'impression des désastres de l'année 1856, et, comme son application est tout-à-fait spéciale, il s'ensuit qu'elle renferme des dispositions complètement étrangères aux lois et décrets précédemment cités.

Deux traits principaux la caractérisent : ce n'est plus de la défense des vallées ou de la propriété rurale dont elle s'occupe; son but principal est de mettre les villes, elles-mêmes, à l'abri des inondations.

En second lieu, ce ne sont plus les propriétaires ou les associations qui sont chargés des travaux, sauf à l'état à donner des secours et des encouragements, mais, c'est l'état en première ligne qui procède à leur confection.

Le rôle qu'il s'est donné est en rapport avec l'importance même de l'œuvre. Y a-t-il, en effet, un bien supérieur à l'existence des villes et des centres de population? La vie des habitants, la conservation de leurs demeures et de leurs propriétés; celle de l'industrie, du commerce, de tous les intérêts, en un mot, si variés et si précieux qui constituent une ville, appellent, plus que partout ailleurs, l'intervention de l'état.

La loi de 1858 a répondu à ces besoins. Les associations syndicales, quelque puissantes qu'elles soient, ne peuvent donner aux travaux, au même degré que l'état, l'unité et la vigueur de direction, et ne peuvent, non plus, leur consacrer des ressources aussi considérables.

« Il sera procédé, dit l'art. 1, par l'état à l'exécution « des travaux destinés à mettre les villes à l'abri des « inondations. Les départements, les communes, les « propriétaires concourront aux dépenses de ces travaux « dans la proportion de leur intérêt. »

Remarquons les termes dont se sert la loi : C'est à l'état que revient l'initiative de l'entreprise ; c'est aussi à lui qu'incombe la charge la plus lourde. Puis, si les communes ou les propriétaires doivent contribuer, ce sera toujours dans la mesure de leur intérêt, et la limite au taux de la contribution, posée par les décrets de l'an XIII, cessera d'être observée, aussi bien dans les Basses-Alpes que sur les bords du Rhône.

Pendant que la défense de la proprié rurale reste placée sous l'empire des règles ordinaires et des usages établis, en attendant le résultat des études qui sont faites à un point de vue général et d'ensemble pour la question si importante de la protection des vallées riveraines, le but de cette loi a été seulement de garantir les centres de population, dans lesquels la subite invasion des eaux menace à la fois la propriété et la vie des habitants. Son principe et sa cause, empruntés à des circonstances exceptionnelles, font revêtir, à ses dispositions, un caractère particulier, approprié aux besoins en vue desquels elle a été rendue. Tout diffère, dans son application, des endiguements ordinaires : par les formes à suivre, les servitudes imposées aux riverains, l'assiette de la contribution des intéressés, les secours extraordinaires fournis par l'état, etc., etc.

C'est donc celui-ci, à qui il importe beaucoup de prévenir le renouvellement de sinistres ruineux pour tous, qui dirige l'entreprise et qui est armé des pouvoirs les plus étendus pour la mener à bonne fin. Comme dans les cas ordinaires, un particulier ne peut construire de digues sans autorisation ; mais, encore, ce qui est plus grave, le Gouvernement aura le droit d'ordonner la destruction, moyennant indemnité, de toutes celles existantes qui seraient nuisibles à l'écoulement des eaux, ou qui contrarieraient le système d'ensemble que l'on jugera convenable d'adopter. Mais, ne seront soumises à cette servitude que les digues construites sur les portions submersibles des vallées, après, toutefois, que les limites de ces surfaces submersibles auront été déterminées par un décret impérial, conformément à l'art. 14 du décret du 13 août 1858 (1).

Si les ouvrages particuliers ne sont pas complètement interdits dans la zone submersible, c'est à la condition qu'ils ne nuiront pas à l'exécution des projets d'ensemble conçus par l'état, et on comprend cette restriction du droit de propriété dans une matière ou domine la considération de l'intérêt général. Avant donc de construire dans l'étendue de cette zone, le propriétaire devra faire une déclaration préalable à la préfecture de son département, et si, un mois après l'enregistrement de cette déclaration, aucun arrêté portant prohibition de construire n'a été notifié par le préfet, les travaux pourront être exécutés (art. 16, 17, 18 du décret impérial du 13 août 1858).

Restaient à determiner, dans chaque contrée, quels sont les centres de population ou les villes qui pourraient se prévaloir des dispositions de la loi. On l'a fait pour la Provence, en désignant le Rhône, et parmi les affluents de la Durance, l'Ubaye.

Immédiatement après, l'état s'est mis à l'œuvre. Il a dirigé les travaux et payé la plus grande partie des dépenses. La ville de Barcelonnette, et quelques communes situées au-dessus, dans la vallée de l'Ubaye, ont reçu des subventions considérables, et seront prochainement garanties contre les submersions de cette rivière. Dans la commune de Jausiers, au lieu du tiers qu'il donne selon

(1) Arrêté du Conseil d'État du 31 déc. 1860 (*Dalloz*; *Rec. périod.*) ann. 1861, 2e part., p. 11.

l'usage, dans les cas ordinaires, l'état a fourni les deux tiers. Quant au hameau de Gueinier, menacé par le torrent d'Abriès, et dont la population était trop dépourvue de ressources pour supporter une fraction quelconque, il a été complétement exonéré, et l'état s'est chargé, lui seul, de toute la dépense (1).

On a essayé, dans le département des Basses-Alpes, de faire participer d'autres syndicats que ceux spécialement régis par la loi de 1858 aux faveurs que celle-ci confère. Mais, la demande faite par les administrations départementales a été rejetée (2).

Conformément à cette loi, des mesures récentes ont été également adoptées pour préserver les villes d'Arles et de Tarascon, envahies souvent par les crues du fleuve. Un décret impérial du 4 avril 1860 a approuvé le projet de la défense de la ville de Tarascon contre les inondations du Rhône. L'état doit payer les 2/3 de la dépense, et la commune de Tarascon et les autres intéressés, le 1/3 restant.

Un autre décret impérial, du 31 juillet 1862, est relatif à l'exécution des travaux nécessaires pour protéger la ville d'Arles contre les inondations du Rhône. La part contributive de l'état, dans la dépense, est fixée aux deux tiers, et sera imputée sur les ressources affectées, par la loi du 28 mai 1858, aux travaux de défense des villes contre les inondations. Le tiers restant sera supporté par la ville d'Arles et le syndicat de la Camargue dans des proportions qu'il détermine (3).

(1) *Délibération du Conseil Général* ; ann. 1860, p. 112.
(2) *Lettre du Ministre des Travaux Publics au Préfet des Basses Alpes*, du 19 déc. 1860. (*Délib. du Cons. Gén.* ann. 1861, p. 29.
(3) Moniteur du 31 juillet 1862.

VI. — Rivières navigables, flottables et autres. — Forme et direction des digues. — Epis, digues continues — Barrages.

Les cours d'eau sur lesquels sont exécutés des travaux d'endiguement, dans les Bouches-du-Rhône, sont le Rhône et la Durance. L'Arc, l'Huveaune et la Touloubre, excessivement secondaires, n'exigent que très-rarement la construction de travaux de défense, et la réunion des riverains intéressés, en syndicat, n'y est point nécessaire.

Dans le département du Var, les rivières qui ont besoin d'être contenues et resserrées par les digues sont principalement le Var et l'Argens. Dans les Basses-Alpes, elles sont plus nombreuses; il suffit de désigner la Durance d'abord, puis l'Ubaye, le Buech, la Bléone, le Verdon, l'Asse, l'Issole.

La distinction entre tous ces cours d'eau, pour déterminer ceux qui sont navigables et flottables et ceux qui ne le sont point, n'est pas toujours facile à faire. Il faut recourir à l'ordonnance royale du 10 juillet 1835 qui classe, pour toute la France, les cours d'eau navigables et flottables. Dans les Basses-Alpes sont flottables, le Grand-Buech et la Durance, dans toute l'étendue du département. Quoique l'Ubaye n'ait pas été comprise dans cette nomenclature, cependant elle sert au flottage des radeaux, depuis le village qui porte ce nom, jusqu'à son embouchure dans la Durance (1).

Dans les Bouches-du-Rhône est flottable la Durance et navigable le Rhône (2).

(1) Le projet de rendre le Verdon flottable avait été aussi, plusieurs fois, mis à l'étude; d'abord en 1745 (Bouche, t, II, p. 75.), postérieurement par une délibération des Etats du 17 novembre 1785. Mais cette affaire n'eut pas d'autre suite.

(2) Papon affirme qu'il fut un temps ou la Durance était navigable dans la partie de son cours la plus rapprochée du Rhône, et qu'il existait à Cavaillon un corps de bateliers utriculaires qui servaient au transport des marchandises entre cette dernière ville ou ses en-

Le département du Var compte, parmi les rivières flottables, le Var dans toute son étendue (compris aujourd'hui
dans les Alpes-Maritimes). Deux arrêtés, l'un du conseil
de préfecture du 19 octobre 1823, l'autre du préfet du Var,
en conseil de préfecture du 11 août 1831, ont désigné comme flottables, l'Argens, le Nartuby, la Siagne et l'Endre
dans la partie la plus rapprochée de leur embouchure, et
comme flottables à bûches perdues, 1° l'Argens, depuis le
gouffre d'Entraigues; 2° le Nartuby, depuis le pont de la
Molle; 3° la Siagne et le Loup, dans une partie de leur
cours. Sur ces différentes rivières, le flottage n'y est possible que pendant l'hiver (1).

La plupart de ces cours d'eau présentent à l'époque
des crues les mêmes phénomènes, parce que les causes
d'alimentation subite, telles que la dénudation des montagnes et la pente du sol, existent à peu près partout de la
même manière. Aussi les procédés d'endiguement ont-ils,
entre eux, la plus grande analogie, ainsi que les formalités à suivre prescrites par les textes énumérés ci-dessus, et modifiées sur quelques points par le décret du 25
mars 1852.

Depuis vingt ans environ, un nouvel élan a été donné
aux associations et aux travaux de défense. Nous avons
déjà dit que de l'année 1848 datait pour le département des
Bouches-du-Rhône, la réunion dans diverses associations
syndicales de tous les intéressés à l'endiguement de la
Durance, depuis la commune de Saint-Paul jusqu'au chemin de fer. Un autre décret, un peu plus ancien avait formé le syndicat qui a pour limites le Rhône et le chemin de
la Méditerranée. Ainsi les mesures de défense s'étendaient
à tout le département.

---

virons et les cités d'Arles et de Marseille (*Hist. génér. de Provence*, t.
1, p. 71). Mais cette opinion sur la navigabilité de la Durance, à
une époque reculée, n'est pas universellement admise. Boucho en son
Histoire de Provence, présente plusieurs arguments pour contester
cette assertion.

(1) Noyon, *Statistique du Var*.

Le mouvement était donné. Le 29 août 1844, les riverains du Verdon, à Vinon, avaient été réunis en associations, et pareille mesure fut adoptée, en 1854, à Malijay, par les divers habitants intéressés à se défendre contre la Bléone. Plus récemment l'administration s'est occupée d'organiser les syndicats des riverains de la Durance dans les communes de Peyruis, Valensolles, Volx, Manosque, etc. Le syndicat de ces deux dernières a été constitué définitivement en 1862.

Presque tous, éclairés par une longue expérience, ont adopté le système des endiguements par *épis*.

L'épi est une digue ou chaussée en terre dirigée, à peu près perpendiculairement, vers l'axe de la rivière. Le talus, du côté d'où viennent les eaux, est revêtu par un perré en petites dalles maçonnées, en inclinaison d'environ 45 dégrés, et sa base est protégée par un enrochement. Le talus opposé est en terres coulantes. Mais, une des parties principales et essentielles de l'épi, est la tête ou musoir placée dans un sens parallèle à la rivière et qui doit être fortifiée, autant que possible, à l'aide de blocs. Ainsi que nous l'avons observé plus haut, il n'entre dans le cadre de cet exposé d'apprécier brièvement ces divers modes, que parce que l'expérience des propriétaires riverains a démontré les avantages des uns et l'insuffisance des autres. 1° L'endiguement par épis est ordinairement plus économique; 2° en retenant les eaux par la ligne des digues qui s'avancent vers le courant, on colmate facilement les graviers d'amont, et, en ayant soin de pratiquer des martellières dans le corps de l'ouvrage, on permet, dans les moments propices, aux eaux bourbeuses, de descendre en aval et d'y répandre aussi des couches successives de limon; 3° chaque digue est construite de façon à se relier à un système général, et à former en même temps, par elle-même, un système complet et indépendant, de sorte que, si l'une d'elles venait à être emportée, les autres n'en resteraient pas moins solides pour cela (1).

De nombreux épis construits sur la Durance semblent donner déjà de bons résultats.

Les digues continues sont plus rares ; cependant l'encaissement de l'Ubaye à Barcelonnette est fait de cette manière. Mais, il faut en même temps remarquer que, comme le lit de cette rivière est en bien des points supérieur aux propriétés voisines, ou tout au moins du même niveau, les digues perpendiculaires ou épis n'auraient servi qu'à détourner une partie des eaux de leur cours naturel, à les précipiter sur les terres, et à former autant de lacs ou de réservoirs de l'espace compris entre chacune d'elles.

A cette exception près, les digues continues sont peu usitées en Provence. Car, formant une barrière infranchissable entre les rivières et les terres circonvoisines, elles ne permettent que très-difficilement aux eaux troubles de s'extravaser sur les parcelles riveraines qu'il importe de rendre à la culture par les colmatages. Ceci est également vrai pour les graviers qui ne pourront, en partie du moins, trouver une issue dans l'intervalle des digues et qui, par conséquent, continueront à embarrasser le lit et à l'exhaus-

(1) M. Surell, ingénieur, dans un livre intitulé, *Etudes sur les torrents*, s'est occupé de la législation des travaux de défense, et de leur mode d'exécution dans les départements des Alpes. Ce traité est remarquable à ce double point de vue. Il met en parallèle les divers systèmes appliqués, digues longitudinales, épis, barrages, fascinages. Il en fait ressortir les avantages et les effets divers qu'ils produisent sur la direction des torrents (ch. XI, XII, XIII.).

Nous consignons son opinion sur les effets des endiguements par épis. « Une ligne d'épis présente au courant une série d'obstacles « qu'il ne peut pas franchir et dans l'intervalle desquels il peut « néanmoins jeter ses déjections. En se débarrassant d'une partie « de ses alluvions, il aide lui-même à former une levée continue dont « les épis ne sont que les premiers linéaments, et au milieu de la- « quelle ils finissent par disparaître. En même temps que les eaux « relèvent ainsi le terrain de la rive, elles affouillent au pied des « musoirs, et s'y creusent des gouffres qui deviennent, pour elles, « autant de points de passage obligés Ces deux actions s'ajoutent, « et le torrent finit par s'encaisser de lui-même.

« Ce système est plus économique que celui des digues longitudi- « nales, d'abord parce que la longueur des épis rassemblés est gé- « néralement moindre que celle d'une digue qui serait construite sur « la même ligne; ensuite, parce qu'un épi n'exige pas toute la soli- « dité d'une digue continue, le musoir seul ayant besoin d'être « fortifié. »

ser peu à peu. Ce phénomène est remarquable partout ou
l'endiguement continu est pratiqué de préférence. Il renferme en lui le germe de dangers que la vigilance des
syndicats pourrait, dans certaines occasions, se trouver
impuissante à éloigner. L'étude spéciale des cours d'eau
dans la Haute-Italie, tout en servant à faire rendre hommage à l'admirable organisation qui préside au système
général de la défense contre les rivières, amène cependant à
constater les conséquences de cet état de choses. « La Po-
« lésine, ce delta situé entre le Pô et l'Adige, est par un
« véritable paradoxe hydrographique plus bas que les
« deux grands fleuves qu'il sépare. Tout ce territoire est
« divisé en douze syndicats qui existent depuis des siècles
« et qui ont été reconstitués d'après les dispositions nou-
« velles des décrets de 1806. Si la moindre négligence
« compromettait leur action ou leur surveillance, le pays
« ne tarderait pas à devenir un vaste marais. Dans cette
« province, c'est la hauteur d'un champ qui constitue sa
« valeur, et la propriété s'y divise en haute, moyenne et
« basse (1). »

On pourrait presque en dire autant, déjà, des résultats
que l'endiguement continu dans la vallée de l'Ubaye commence à faire pressentir. Cet encombrement et cet exhaussement inévitables s'y produiront avec d'autant plus de
rapidité que la rivière, voisine des montagnes, roule dans
son cours une quantité plus considérable de matières de
dépôt, telles que fragments de roches, cailloux, épais limon, etc. Aussi ce n'est point sans quelque crainte que les
riverains envisagent l'avenir qui est réservé à leur terroir
et à leur vallée.

Les digues dont nous venons de parler, quelles soient
longitudinales ou par épis constituent le système usité
contre le ravage des rivières ; elles sont, à peu près, les
seules possibles dans les vallées. Que si maintenant on se

(1) Dumont. *Organisation légale des cours d'eau ; Législation Lombarde*, p. 167.

transporte dans les montagnes, un autre spectacle s'offre
aux regards. Les torrents, à peines formés, figurent sur
les flancs et à la base de celles-ci de vastes entonnoirs
qui s'approfondissent et s'élargissent à mesure que la colonne d'eau s'y précipite. Ils sapent les rives escarpées
dans leurs fondations naturelles, et les entraînent ainsi
qu'une masse considérable de terre, de rochers et de cailloux. Or, si dans les vallées, il faut obliger le torrent à se
creuser un lit plus profond, c'est le contraire qu'il faut rechercher dans les montagnes, et l'on doit s'efforcer d'empêcher ces ravinements extraordinaires qui produisent deux
malheurs à la foi : destruction des montagnes et comblement des plaines. C'est pour y remédier qu'on a recours à
ces barrages qui retiennent les terres, consolident les flancs
des hauteurs environnantes prêts à s'échapper, et brisent
aussi la rapidité et la violence du courant. Leur nombre
va en diminuant, jusqu'au point où la vitesse des eaux
n'est plus suffisante pour produire ces affouillements dangereux, point ou commencent alors les endiguements pro-
prements dits.

Quant à leur mode de construction, laissons parler M.
Surell qui en fait l'historique pour les départements des
Alpes. « Ordinairement ces barrages, dit-il, sont construits
« en pierres sèches ; leur parement dressé avec le plus
« grand soin possible, forme une surface courbe dont la
« convexité est tournée vers l'amont ; ils opposent ainsi
« plus de résistance au courant. Deux causes surtout ten-
« dent à les détruire et doivent être combattues. L'une est
« dans l'affouillement qui se fait au pied du mur par l'ef-
« fet de la chute ; on le prévient en tapissant cette partie
« du lit avec un enrochement. L'autre est dans l'érosion
« des berges aux deux extrémités du mur. Si on ne fait
« rien pour l'empêcher, elle ouvre peu à peu un passage
« au courant qui s'y précipite ; le mur est alors tourné et
« il périt à la première crue. La courbure même du mur
« favorise cette action parce qu'elle tend à rejeter les

« eaux sur les côtés. Pour la prévenir, on donne au cou-
« ronnement du mur un profil concave vers le ciel, avec
« une forte flèche, ce qui attire la plus grande violence
« du courant vers le milieu du mur et l'éloigne des ber-
« ges. En outre, on enracine profondément le mur dans
« les berges et on relève fortement ses extrémités. Quel-
« quefois même, on l'accompagne de murs en retour
« qui garantissent les berges d'amont. Construits avec
« toutes ces précautions, ces barrages résistent très-long-
« temps. »

A ces deux dangers, il faut en ajouter un troisième,
moins général, il est vrai. Sur les torrents à pentes rapides, à l'époque de l'année où ils sont enflés par la pluie ou
la fonte des neiges, le courant se précipite avec une telle
impétuosité que le poids de l'eau tombant du barrage et
portant avec une grande force sur le parement supérieur
de celui-ci, pourrait trop facilement, en détachant successivement les pierres et les blocs, amener sa ruine. Alors,
pour éviter des frais de consolidation dispendieux, consistant, par exemple, à relier les blocs entre eux au moyen
de chaînes, on a recours à un moyen plus économique,
c'est de placer en travers de la gorge étroite de fortes pièces de bois qui vont se fixer dans les deux rives et dont le
milieu est également assujetti à l'aide d'une autre pièce
solidement enfoncée dans le lit du torrent. Les effets produits par la marche et le volume de la chûte se trouvent
ainsi prévenus.

Ces barrages échelonnés dans les gorges de montagnes,
deviennent aussi un auxiliaire pour les reboisements. Dans
l'intervalle des pentes dénudées, ils créent des plates-for-
mes sur lesquelles la végétation forestière peut s'établir et
se propager.

Ils correspondent donc à plusieurs besoins, et c'est pourquoi leur usage est devenu très-fréquent dans toute l'étendue du département des Basses-Alpes.

On en a expérimenté de plusieurs sortes, et le résultat de tous est de briser et d'affaiblir, plus ou moins, la pente et la vitesse de l'eau. Si leur emplacement est convenablement choisi, ils pourront empêcher pendant longtemps l'amoncellement et le dépôt des matières charriées, dans les vallées où les torrents transportent leur lit de déjection (1).

Sur les petites rivières où le cours est moins torrentiel, surtout si les blocs sont rares, ou peu à portée, on se sert aussi quelquefois de fascinages ou gabions. Ce mode est usité notamment sur le Buech, dans l'arrondissement de Sisteron.

Enfin, le cours des petites rivières dans la Basse Provence occasionne peu de dommages aux riverains. On se contente de soutenir et protéger les rives au moyen de pieux solidement plantés. Derrière ces pieux est placé un revêtement de fascines ou de planches d'une certaine épaisseur. L'opération est simple et ne fait point trop réfléchir les eaux vers la rive opposée. Un certain nombre de propriétés longeant l'Arc, l'Huveaune et autres cours d'eau semblables sont fortifiées et garanties par la pratique de ce moyen.

Il va sans dire que, lorsque les travaux présentent un caractère d'utilité générale, l'Etat, comme autrefois, paye une partie de la dépense, habituellement le tiers. Mais, les départements n'ont point complètement remplacé la province, pour la quotité de la contribution. Plusieurs ne donnent rien et il n'y que les plus riches qui accordent une partie des secours. Celui des Bouches-du-Rhône supporte le 1/6, et alors les syndicats n'ont plus que la moitié de la somme à payer. Mais, l'intervention de l'Etat, comme celle du département est tout à fait volontaire. C'est

(1) *Exposé d'un nouveau système de défense contre les cours d'eau torrentiels des Alpes par M. Scipion Gras, ingénieur. — Etablissement du barrage de Rioubourdoux à Saint-Pons. — Rapport à M. le ministre de l'agriculture et des travaux publics, le 18 janvier 1860. — Rapport de M. le préfet des Basses-Alpes (Session du conseil général, année 1860). — Revue agricole et forestière de Provence; circulaire de M. le Conservateur des forêts (n° d'août 1862).*

à eux qu'il appartient de distinguer les cas où ils croient
qu'il convient de les refuser. Nous ne parlons ici que des
endiguements ordinaires, et non point, bien entendu, de
ceux régis par la loi spéciale du 28 mai 1858.

Les parties intéressées payent leur contribution en argent sur le vu des rôles dressés et rendus exécutoires. C'est
la règle, et comme toutes les autres, celle-ci doit avoir ses
exceptions. Dans le département des Basses-Alpes, les
causes qui avaient fait adopter, pour quelques pauvres
villages, la contribution par corvées, n'ont pas disparu, et
l'on voit toujours que les communes où les torrents et les
eaux exercent le plus de ravages, sont en même temps
dénuées de ressources pécuniaires. Aussi, le problème déjà
si difficile, en lui-même, des endiguements, le devient-il
encore davantage, par la disproportion qui existe entre
les besoins et les facultés dont disposent les riverains, et on
doit rechercher surtout ici l'application de moyens économiques pour éviter l'inconvénient attaché à l'inaction aussi bien qu'à des efforts qui épuiseraient bien
vite les intéressés. Le moyen intermédiaire proposé consisterait à substituer, pour les torrents d'importance secondaire dans les Basses-Alpes, les prestations en nature au
recouvrement des rôles en argent. Le capital que l'on met-
trait ainsi au service des endiguements serait emprunté
au temps et aux bras des riverains et pèserait moins lour-
dement sur les contribuables. Les eaux feraient, il est vrai,
plus facilement irruption à travers les barrières que l'exécution plus lente des travaux rendrait insuffisantes, au
moins dans les premières années. Mais, on confierait à un
corps spécial de cantonniers la surveillance incessante des
cours d'eau ; ils feraient les réparations urgentes, signa-
leraient le moindre envahissement, dès son principe, pour
appeler, sur le point menacé, tous les efforts des riverains;
ils devraient aussi aménager les eaux de manière à faciliter les colmatages. Enfin, les syndicats à l'aide de ces
agents, exerceraient une surveillance d'autant plus effi-

cace, que c'est souvent pour n'avoir point aperçu le danger
au début, que les crues occasionnent des dégâts quelquefois irréparables.

Ces propositions ont fait l'objet d'une circulaire adressée par M. le préfet des Basses-Alpes aux syndicats du
département, et d'un rapport de M. l'ingénieur en chef,
sur l'organisation d'un service d'entretien des travaux de
défense exécutés contre les torrents. Ces documents prescrivent, dans un but d'économie, d'utiliser autant que
possible les blocs et matériaux trouvés sur place et char-
riés par le courant (1).

VII. — Moyens accessoires pour compléter l'effet des endiguements. — Plantations, gazonnements, reboisements, réservoirs, fossés transversaux. — Colmatage.

Nous avons dit quel fut le rôle du siècle passé dans
l'exécution de ces travaux nécessaires à la prospérité et à
conservation des vallées de la Provence. Le présent nous
fournit la preuve que les syndicats, le gouvernement et
les administrations chargées de ce soin ne négligent rien,
de leur côté, pour hâter la perfection d'une œuvre si considérable. Mais, quelle sera la part réservée à l'avenir ?
Le dernier mot sera-t-il prononcé sur cette grave question,
lorsque les digues seront terminées ? Non, assurément.
En présence d'une rivière torrentielle, sorte d'ennemi
sans trêve, les moyens puissants ont besoin d'être aidés
par les moyens secondaires, et les riverains exposeraient
les premiers à rester insuffisants s'ils n'opposaient à la
force des eaux ces barrières peu coûteuses que la nature
élevera d'elle-même au bout de quelques années. M. de

(1) *Recueil des Actes administratifs de la préfecture des Basses-Alpes*
(Année 1861), p. 319 et suiv.).

Villeneuve s'exprime, dans sa statistique au sujet de la Durance, de la manière suivante : « Des plantations bien « dirigées de saules et de peupliers, et des roseaux même, « en arrêtant l'irruption des galets, permettraient seule- « ment aux eaux de s'étendre sur les terres, après que la « violence du courant aurait été rompue par ces légères « barrières. Ces mesures auraient pour résultat de con- « server les propriétés et d'assurer le colmatage des « espaces infertiles et pierreux qui s'étendent tout le long « de cet immense torrent. La réussite de ce moyen sur « quelques points est un puissant encouragement pour « ceux qui seraient tentés de le mettre en usage, tandis « que des coupes imprudentes ont laissé à la merci des « flots des propriétés couvertes d'une riche culture qui « ont été emportées ou engravées par les premières crues. « En Hollande, où le besoin de se défendre contre les flots « est toujours imminent, de vastes contrées sont garanties « par des digues formées simplement de fascines de sau- « les qui, prenant bientôt racine, résistent à tous les « chocs du courant. »

Il ne suffirait pas, d'après M. Béraud (de l'Oratoire), de proclamer l'utilité de ces plantations et d'en recommander l'usage, il faudrait encore les placer sous la sauvegarde de la loi et enlever à tous les riverains le droit de les diriger ou de les aménager sans autre règle que celle de leurs convenances ou de leurs appréciations individuelles. Pour cela un inspecteur serait tenu de se transporter sur les lieux à chaque fois qu'un propriétaire voudrait effectuer des coupes sur les bandes de terrain affectées aux plantations, et la permission d'y procéder ne serait donnée qu'après avoir recueilli son avis. De même, des peines seraient édictées contre les contrevenants. L'intérêt général autoriserait suffisamment cette restriction apportée à l'exercice du droit de propriété.

Cette mesure, qui consisterait à faire respecter les plantations sur les bords des rivières, ne doit point être négligée.

On peut invoquer pour elle des vœux souvent exprimés (1) et des tentatives de codification faites dans les articles 149, 150 du projet de code rural de l'année 1808. De plus, l'adoption de cette pratique dans certaines contrées de l'Italie ne laisse point subsister d'incertitude sur les avantages que la France et la Provence surtout pourraient en retirer (2). Les constitutions Sardes ne se sont point contentées de prohiber la coupe des arbres sur le bord des rivières; elles prescrivent aux communautés et aux riverains de faire des plantations et règlent les conditions qui seront observées.

Les essences qui réussiraient le mieux et qui se dresseraient comme une première ligne de fortifications sur les bords désolés de la Durance, sont le peuplier, le saule, l'aune, le hêtre, et leur résultat sera encore plus assuré s'ils sont entremêlés de tous les arbustes et osiers qui croîtront naturellement (3).

L'entretien et la création des plantations et des iscles formeront donc, dans les moments de crues, d'excellentes barrières pour conjurer les effets de la violence des eaux. Mais, ce n'est pas tout; c'est à la naissance même des rivières et torrents qu'il faut remonter pour détruire la source du mal. C'est presque toujours du sein des montagnes où les eaux sont ramassées rapidement en nappes volumineuses que s'échappent ces torrents impétueux qui

---

(1) Fabre, *Théorie des torrents et rivières.*

(2) *Décret du 14 juillet 1813 concernant les eaux non navigables ni flottables du département du Pô.*

« Il est défendu de déraciner ou brûler les troncs d'arbres qui
« soutiennent les berges des fleuves, rivières, torrents et canaux,
« soit publics, soit appartenant à des particuliers, à la distance de
« six mètres et de les couper à une hauteur moindre d'un mètre. —
« Tous les propriétaires, indistinctement, des bords des rivières,
« torrents et canaux non navigables seront tenus de faire planter,
« sur toute leur longueur, des arbres qui ne seront pas éloignés
« entre eux de plus de trois mètres, et d'en substituer d'autres à la
« place de ceux qui pourroient manquer, sauf les endroits ou la
« qualité du terrain ne le permettrait pas, auquel cas la dispense
« sera accordée par la Commission. » (Art. 27, 28.) *Bulletin des lois.*

(3) Béraud (de l'Oratoire), *Mémoire.*

viennent dévaster les plaines. On sait les rapports qui existent entre la conservation des bois et la protection des vallées. Si les montagnes sont dénudées et n'offrent à l'œil que des excavations profondes et des surfaces lisses qui rendent immédiatement toute la quantité d'eau qu'elles reçoivent, il suffira d'une pluie ordinaire pour que les terres riveraines soient envahies; tandis que si la végétation renaît au flanc des collines et si les bois viennent à couvrir les pentes des montagnes, l'eau, plus longtemps retenue et plus lentement écoulée, modifiera d'une manière doublement avantageuse à l'agriculture le régime des torrents.

Cette question des rapports entre les reboisements et la diminution des crues, question importante pour toutes les contrées, mais vitale pour la Provence a donné lieu à de nombreuses études (1). Le gouvernement, justement préoccupé de toutes les améliorations qu'il y avait à réaliser en cette matière, s'est empressé de répondre à l'appel qui lui était fait au nom de l'agriculture si souvent compromise, et on ne peut qu'applaudir à la promulgation de ces lois nouvelles qui apportent leur contingent de protection et de sécurité.

La loi des 18 juin et 19 novembre 1859 modificative du code forestier contient sur les défrichements des bois des particuliers des dispositions très-sages. L'opposition au défrichement pourra être formée pour les bois dont la conservation sera reconnue nécessaire : 1° au maintien des terres sur les montagnes et sur les pentes ; 2° à la défense du sol contre les érosions et les envahissements des fleuves rivières et torrents.

Encourager, et, au besoin même, ordonner les reboisements au nom de l'intérêt général était au moins aussi

---

(1) Surrel, *Torrents des Alpes.* — Jacques Valserres, *Code rural.* — Blanqui, *Mémoire sur la situation économique des départements de la frontière des Alpes.* — De Ribbe, *Bois, torrents et inondations.* — Rapport de l'ingénieur en chef chargé des études dans le bassin de la Durance (*Recueil du Conseil général des Bouches-du-Rhône*, ann. 1857.)

utile que de mettre un terme à des défrichements immodérés. Ce fut l'objet de la loi du 28 juillet 1860. Dans le cas où l'intérêt public exige que des travaux de reboisement soient rendus obligatoires par suite de l'état du sol et des dangers qui en résultent pour les terrains inférieurs, un décret impérial rendu en Conseil d'État déclare l'utilité publique des travaux, fixe le périmètre des terrains dans lesquels il est nécessaire d'exécuter le reboisement et règle les délais de l'exécution. Les bois des particuliers peuvent être compris dans ce périmètre (1).

Resterait encore, pour compléter l'effet de ces mesures salutaires, à étendre leur application à la zône longeant les rivières et torrents qui se font remarquer par les variations de leur lit, et l'on substituerait ainsi l'obligation naissant de la loi aux résolutions que l'expérience a tant de peine à faire prévaloir.

Les résultats obtenus par les reboisements seront peut-être les plus lents, mais ne seront pas les moins sûrs. Combinés avec les travaux de défense ordinaires et avec le système des barrages et des réservoirs successifs dont l'idée se trouve dans la circulaire impériale du 21 juillet 1856, ils contribueront à régler et à retarder l'écoulement des crues, à atténuer par conséquent les effets désastreux des inondations, et à faire disparaître ces causes de ruine et de stérilité (2).

---

(1) Art. 4, 5 et 7 de la loi du 28 juillet 1860. — Décret impérial portant règlement d'administration publique, pour l'exécution de la loi des 28 juillet 1860, 27 avril et 17 mai 1861 (*Bulletin des lois*).

(2) *Circulaire de S. M. l'Empereur, du 21 juillet 1856, à M. le Ministre des travaux publics.*
Les études prescrites par ce document sont poursuivies avec activité dans le bassin du Rhône et sur le cours de la Durance et de tous ses affluents (Recueils des Conseils généraux des Basses-Alpes et des Bouches-du-Rhône, ann. 1857, 1858, 1859, 1860, 1861.)
Le système des barrages à construire aux points de dégorgements des grandes vallées, comme moyen de modifier la rapidité et la violence des crues, a été étudié à différentes époques. Il consiste à créer dans les gorges étroites des montagnes des réservoirs où seront retenues et emmagasinées les eaux qui procurent les inondations, à les soumettre à la volonté de l'homme et à les distribuer ensuite pendant la saison des arrosages pour fertiliser la terre, au lieu de les laisser perdre à grandes masses dans la mer, non-seulement sans

Il est certainement bien que l'état, à cause de certaines conditions d'ensemble qui doivent se rencontrer dans les travaux, se charge de leur direction ou tout au moins ne les laisse pas échapper à sa surveillance. Cependant, comme rien ne doit être négligé des moyens grands et petits, les particuliers devront employer tous ceux d'une exécution plus facile, mis à leur portée et qui, protecteurs des intérêts individuels, finissent par concourir au bien général. Par exemple, dans les parties supérieures des vallées, dans les gorges des montagnes et sur les flancs de celles-ci, où les terres sont cultivées, si la pluie survient avec quelque abondance, le plan incliné sur lequel elle tombe ne tardera pas à s'imbiber, à se mélanger avec l'eau, et à obéir, comme cette dernière, aux lois de la pesanteur. Aussi, à chaque nouvel orage, la couche végétale diminue et finit par laisser paraître la roche dénudée. Il faudrait, pour obvier à ces résultats infaillibles, que les propriétaires, dans leur propre intérêt, se montrassent attentifs à couper leurs terres déclives par des rigoles horizontales, fermées à leurs extrémités, qui, recevant et retenant les eaux pluviales, les empêcheraient d'arriver trop vite aux rivières qu'elles alimentent, entretiendraient plus longtemps la fraîcheur par l'infiltration d'une partie de ces eaux, et en dernier lieu seraient un excellent remède contre le ravinement et le coulage des terres (1).

Une fois qu'on sera parvenu à obtenir tous ces résultats auxquels le travail et le temps sont également nécessaires, les digues atteindront plus facilement le but qui leur est

profit, mais même au grand préjudice des vallées qu'elles traversent. Tel est l'objet d'un mémoire inséré dans une revue économique (Paris, 1751). L'auteur, M. Goyon de la Plombanye, y expose ses idées et fait part en même temps de ses craintes : « Il faut attendre, « dit-il, que ceux qui tiennent en main les rênes du gouvernement « daignent enfin faire attention à ce projet. » Ce moment est venu, et grâce aux mesures prescrites par S. M. l'Empereur, on verra cette conception se dégager de la théorie pour subir l'épreuve décisive de l'application.

(1) Note sur les débordements des fleuves et rivières, par M. Polonceau. — Nadault de Buffon; *hydraulique agricole*; t. iii, p. 418.

assigné. Ce but est multiple : protéger les rives, conserver par les affouillements pratiqués au pied des monceaux de blocs une profondeur de lit égale autant que possible, et, enfin, régulariser la vitesse du courant, et l'aider aussi à se débarrasser par lui-même des graviers et matières qui entravent sa marche et l'exposent à de fréquentes déviations.

Quoiqu'on fasse, on ne pourra jamais changer complètement la nature de la Durance, de tous ses affluents, et leur enlever la pente qui est une des causes essentielles de leur rapidité torrentielle. Aussi paraît-il que les reboisements, digues et plantations sur les bords des rivières, les barrages, réservoirs et rigoles doivent être employés concurremment, et non pas à l'exclusion les uns des autres. Toutes ces forces, au lieu d'agir isolément, doivent se grouper et se soutenir, et c'est peut-être le seul moyen de préparer à la Provence un avenir moins troublé par la fréquence des inondations.

La protection des plaines et vallées ne produirait qu'un résultat incomplet, si l'on ne cherchait à profiter de la sécurité donnée par les digues pour rendre à l'agriculture des terrains considérables et jadis cultivés. La végétation et la vie n'ont point été définitivement frappées de mort sur ces vastes surfaces de cailloux qui, aujourd'hui, fatiguent la vue, et le temps, aidé par l'intelligence et la volonté des riverains, effacera la trace de nos récents désastres. Le *colmatage* ou *limonage* sera le dernier bienfait et la conséquence de l'achèvement des digues.

Personne n'ignore que nos rivières tiennent en état de de suspension, dans leurs eaux, une grande quantité de limon. La Durance en transporte dans ses eaux troubles, jusqu'aux 21 millièmes de son volume (1). Tant que la rapidité du courant ne sera point brisée, l'eau et l'*humus* seront entraînés ensemble ; mais, si un obstacle l'arrête,

_____

(1) *Revue des deux mondes* (n° du 15 octobre 1861).

si les eaux reposées ont le temps de se dépouiller, les matières ne tarderont pas à se déposer au fonds et à s'élever, par couches successives, d'autant plus vite, qu'on aura soin de remplacer les eaux dépouillées par d'autres également chargées du limon fécondant. Un travail peu couteux, de légers barrages, établis dans les endroits ravinés pour faire disparaître les courants et répandre l'eau en nappe sur toute la surface, suffiront pour faciliter l'œuvre que les eaux de la rivière accompliront d'elles-mêmes. De son côté, la végétation ne tardera pas à se fixer sur ces terrains vierges ; bientôt, los *détritus* de tous les arbustes et essences, se mélangeant avec les couches de limon, formeront un sol assez bien préparé pour que l'agriculture rentre en possession de ces terrains longtemps stériles et délaissés.

Les effets des colmatages ne seront point partout les mêmes. Dans la partie voisine de l'embouchure, ils s'effectueront plus vite et seront de meilleure qualité. La remarque peut s'en faire sur le cours de la Durance. Les colmatages de la Basse-Provence sont plus fertiles que ceux des contrées supérieures, parce que les matières les plus grossières et les moins propres à la végétation ont été déposées plus haut, et qu'ils ne sont formés que de l'*humus* proprement dit. De même, la diminution de pente et le ralentissement de vitesse expliquent que l'eau s'y débarrasse plus facilement des corps étrangers qui sont mélangés avec elle.

Les colmatages ne trouvent point, dans l'histoire locale de Provence, de nombreux exemples, au lieu que certaines provinces de l'Italie, parmi lesquelles il faut citer la Toscane, étaient assez avancées pour faire du colmatage un agent important de la production agricole. Déjà, dans le siècle dernier, cette opération y était favorisée, et l'opposition de un ou de quelques riverains succombait devant la décision de la majorité. Un édit de 1781 prescrivait le colmatage lorsqu'il était requis par le plus grand nombre des propriétaires ; alors, chacun devait donner sur son fonds toute facilité pour la conduite ou l'écoulement des eaux, et contribuer aux dépenses dans la limite de son intérêt.

Les états de Provence avaient cependant, en 1771, profité d'une digue construite sur le Verdon, à Castellane, pour reconquérir sur cette rivière une superficie assez étendue (1); mais, ces essais partiels eux-mêmes, ne se rattachant à aucune disposition écrite, à aucun usage consacré, témoignent du peu de développement que cette branche de la science hyraulique avait atteint. On ne demandait aux digues guère autre chose que de préserver la partie du territoire qui n'avait point encore été envahi, sans songer beaucoup au meilleur parti à tirer des digues une fois construites.

En France, cette question se pose à peine. Les rédacteurs du code rural de l'année 1808 formulèrent, dans le projet, des dispositions ainsi conçues :

Art. 203. — Dans les lieux susceptibles de ce genre d'amélioration, les propriétaires des terrains bas auront la facilité de les élever par les dépôts des eaux troubles et bourbeuses des rivières, ruisseaux, torrents ou fossés d'écoulement. Ils pourront, à cet effet, diriger sur leurs terrains lesdites eaux, sauf le consentement des propriétaires particuliers ou de l'administration auxquels elles appartiennent

Art. 204. — Lorsque le propriétaire d'un fonds enclavé parmi d'autres que l'on veut colmater ne consentira pas volontairement à cette entreprise, il sera néanmoins obligé de souffrir que son fonds soit aussi colmaté, si la demande en est faite par la majorité des propriétaires intéressés du même finago, calculée en raison composée de leur nombre et de l'étendue de leurs possessions respectives.

Ces dispositions semblent devoir prendre leur place dans les lois rurales que l'on prépare ; car, pour obtenir un résultat complet, il faut songer autant à réparer le mal

(1) Ce terrain est actuellement arrosé par un canal placé sous la surveillance d'un syndicat (*Délib. de l'ass.* ann. 1782, p. 83).

qui a été fait, qu'à prévenir celui dont on redoute les effets.

Des lois ont été rendues pour développer l'irrigation et le drainage, en forçant les propriétaires intermédiaires à subir sur leurs fonds le passage des eaux. Pourquoi le colmatage n'aurait-il pas droit à la même faveur, d'autant plus qu'il ne se borne pas à une simple augmentation de valeur, mais qu'il équivaut presque à la création du sol.

La construction même des digues et des épis modernes doit faciliter les opérations des colmatages. Dans les intervalles qui les séparent, les eaux bourbeuses sorties du courant et devenues presque immobiles se dépouilleront assez vite de leurs matières de dépôt, pour que, après chaque crue, on puisse remarquer les progrès faits d'une manière sensible, par ce travail de reconstitution de la terre végétale.

VIII. — Loi du 12 juillet 1860 sur le Crédit foncier. — Loi du 28 juillet 1860; décision ministérielle du 29 décembre 1860. — Taxes communales.

Nous ne pouvons terminer, sans parler de deux lois dont l'application commence à peine, mais qui sont destinées à exercer sur le sort de l'agriculture et des endiguements l'influence la plus salutaire. La première est celle du 12 juillet 1860, modifiant la constitution primitive de la Société du Crédit foncier pour imprimer à celle-ci une nouvelle vitalité. Elle autorise la Société à prêter aux départements, aux communes et aux associations syndicales les sommes qu'ils auront obtenu la permission d'emprunter.

Jusqu'alors les syndicats s'étaient trouvés placés entre un double écueil. S'ils répartissaient la dépense sur plusieurs années, au moyen d'un rôle dressé à cet effet, le recouvrement de celui-ci ne donnait pas immédiatement les sommes nécessaires; de là des lenteurs, des interruptions dans les travaux, presque toujours funestes au but de l'entreprise. Si au contraire, on imposait pour le montant total de la somme à dépenser, grand nombre de propriétaires étaient écrasés sous le poids d'une charge trop lourde. Dans l'un comme dans l'autre cas, il y avait donc de graves intérêts en souffrance; car, ce n'était que dans des conditions très limitées que la Caisse des Dépôts et Consignations, le crédit des particuliers ou celui des entrepreneurs s'ouvraient pour faire des avances remboursables par annuités.

C'était donc le défaut d'argent plus encore que l'incurie ou l'inexpérience des associations syndicales qui nuisait au succès des travaux exécutés par elles.

Déjà le Crédit Foncier avait été autorisé à prêter à long terme pour faciliter les entreprises de drainage, et ce précédent était d'un bon augure pour les syndicats d'endiguement qui sollicitaient la même faveur. Si, dans les statuts fondamentaux du Crédit Foncier, l'hypothèque était considérée comme une garantie essentielle, pouvait-on oublier qu'il n'y a pas de meilleure garantie que celle qui repose, non point hypothécairement sur telle ou telle parcelle, mais sur l'ensemble de tous les biens d'une association, alors surtout que l'assiette de l'impôt et le recouvrement des rôles sont en tous points assimilés aux contributions directes. Comme le disait le rapporteur de la Commission : « Il est sans exemple que les grandes communautés « aient failli. Leurs engagements légalement contractés, « leurs contributions légalement décrétées survivent aux « ébranlements sociaux; il est permis d'affirmer que la « garantie qui repose sur des contributions publiques est « au moins aussi solide que celle qui est assise sur un « gage immobilier. »

Ces réfléxions étaient justes, et les modifications apportées à la loi constitutive du Crédit Foncier devaient être aussi favorables à l'institution elle-même qu'aux diverses associations qui en recueilleraient le bénéfice.

Dorénavant les prêts seront consentis avec ou sans affectation hypothécaire et remboursables, soit à long terme par annuités, soit à court terme, avec ou sans amortissement.

Si de nouveaux encouragements étaient nécessaires, les communes les puiseraient sans doute dans les dispositions de la loi du 28 juillet 1860, relative à la mise en valeur des marais et des terres incultes qui leur appartiennent. Ceux de ces biens dont la mise en valeur aura été reconnue utile par le préfet seront assainis ou rendus à la culture, et les travaux exécutés aux frais de la commune. Si celle-ci n'a point les fonds nécessaires, l'Etat fait les avances, et les communes même pourront s'exonérer de toute répétition de sa part, en faisant l'abandon de la moitié des terrains mis en valeur.

Par une décision ministérielle du 29 décembre 1860, les iscles communales ont été assimilées aux marais et terres incultes et par conséquent les travaux d'endiguement nécessaires pour les mettre à l'abri des inondations seront entrepris dans les conditions déterminées par la loi du 28 juillet 1860 et le décret impérial du 15 mars 1861.

La plupart des communes propriétaires, sur le bord des rivières, d'iscles, dont le rendement est à peu près nul, gagneront beaucoup à l'exécution de ces travaux, qui rendront à l'agriculture des terrains inutiles et protégeront en même temps ceux plus éloignés, mais que le fléau des inondations finirait aussi par atteindre. Aussi les demandes qui ont été adressées prouvent déjà l'accueil favorable qui a été fait à la publication de ces lois. Les communes de la Bréole, Curbans, Nibles, Mison, Chateaufort, Sainte-Tulle et Corbières, situées le long de la Durance ou de ses affluents, ont demandé l'étude de projets d'endiguement dont l'exécution aurait lieu aux frais de l'Etat, suivant les dispositions des lois précitées. (1)

(1) Rapport de M. l'Ingénieur en chef des Basses-Alpes au Conseil général (1861).

CHAPITRE VIII.

DESSÈCHEMENTS.

I. — Marais d'Arles. — Edit du roi Réné du 16 février 1458. — Acte d'association du 9 mars 1513. — Œuvre de Van-Ens. — Traité du 16 juillet 1642. — Décrets de prairial an XIII et du 31 juillet 1851.

Les dessèchements, circonscrits en Provence à une partie de son territoire, ont pour celle-ci une importance de premier ordre. La région du sud-ouest voisine du Rhône, des villes d'Arles, Tarascon, Saint-Rémy et de la chaîne des Alpines, envahie par les eaux stagnantes, sentit à toutes les époques la nécessité de les évacuer vers les vastes récipients que lui offraient le Rhône et, à quelques lieues plus bas, la Méditerranée.

Dès le quinzième siècle jusqu'à nos jours, les édits pour réglementer cette matière forment une série non interrompue, et celui du 16 février 1458, important à connaître, posa des principes dont l'application n'a pas varié.

Renatus dei gratiâ ; Jherusalem et Siciliæ rex, Andegaviæ et Barri dux, comitatuumque Provinciæ, Forcalquerii ac Pedemontis comes, vicario et judicibus curiæ nostræ civitatis Arelatis, et cuilibet rei locatenentibus ipsorum, gratiam et bonam voluntatem........ supplicatur sacræ regiæ majestati pro parte syndicorum et consilii universitatis Arelatis, prout sequitur: 1° Cum pro conservatione salutis et alias pro utilitate communi et singularum personarum dictæ civitatis, ordinatum fuerit, in consilio ejusdem, paludes evacuari, cujus rei causâ territoria Tribonii et de Plano Burgi, et particulares habentes prædia et jura in eisdem, et etiam in

Costiis de Cravo et alibi utilitatem reportabunt, dignetur mandare compelli, etiam more fiscalium debitorum, omnes et singulos qui ad causam evacuationis dictorum paludum, commoditatem habebunt ad solvendam ratam expensam, proptereà fiendam, prorata quemlibet rationabiliter concernentem, pro modo commodi unius cujuslibet, justa taxam fiendam per eligendos à consilio, vel ab illis quorum interest. Et ulterius dignetur dare facultatem ipse universitati recipiendi de possessionibus particularium, id quod necessarium videbitur ad opus evacuationis prædictæ, etiam de possessionibus ecclesiasticarum personarum, solvendo tamen interesse pro valore debito, justa taxationem et estimam, super hoc debite fiendam.

Responsio: Et quià utilitas publica præferenda est privatæ, ideo fiat ut petitur.

Nous reviendrons sur les points principaux de cet édit qui posait les bases sur lesquelles devaient s'établir les entreprises ultérieures de déssèchement.

Un siècle après, au mois de décembre de l'année 1542, les intéressés à la vidange dans les quartiers du Trébon, Plan-du-Bourg et Coustières-de-Crau, rédigèrent un acte d'association à l'effet de dessécher les surfaces occupées par les eaux, chacun devant contribuer pour *sa rate part* et portion, *et pro modo jugerum.* En même temps, était prise une autre délibération concernant l'édification et l'entretien des chaussées du Rhône, dont nous avons déjà fait mention. Ainsi, les chaussées et les vidanges, qui avaient les rapports les plus intimes par le résultat définitif de leurs travaux, se trouvent réunies et confondues dans un grand nombre de textes qui, tous, ont pour but de délivrer cette contrée des eaux qui proviennent du fleuve, des pluies ou de causes souterraines.

L'association se mit en devoir de chercher des personnes capables de procéder à ces dessèchements, et traita avec plusieurs entrepreneurs dont il est parlé dans l'acte du 16 juillet 1642, passé avec l'ingénieur Van-Ens. Mais ce ne fut véritablement qu'avec celui-ci que furent commencés les travaux, et le traité détermina les droits et obligations des parties contractantes. Par acte du 16 août de la même année, Van-Ens traita encore avec la commune des Baux pour le dessèchement de ses marais.

Parmi les clauses principales se trouve l'obligation, pour Van-Ens, d'exécuter le dessèchement des marais dans quatre ans et celui des étangs dans six ans. Il pourra faire passer les canaux et *robines* par tous les lieux où bon lui semblera, en dédommageant à connaissance d'experts, sauf pour les paluds, marais et terres inondées sur lesquelles il pourra passer et travailler sans rien payer, et les fonds desdits canaux et leurs digues lui appartiendront. L'ingénieur recevra en outre, à titre d'indemnité, les deux tiers des terrains desséchés.

Nous pouvons, dès-à-présent, observer, à la lecture de l'édit de 1458 et du traité de 1642, combien la matière des dessèchements fut beaucoup plus avancée dès le début que celle non moins importante des irrigations ou des endiguements, par exemple. Pendant que le développement des bienfaits de l'arrosage était arrêté à chaque instant par l'impossibilité, si ce n'est dans des cas très-rares, de traverser les fonds intermédiaires; pendant que le vice de l'assiette de l'imposition était un des principaux obstacles rencontrés par les endiguements, les règles particulières au dessèchement des marais atteignirent tout de suite un perfectionnement remarquable dans la contrée voisine d'Arles. Outre le privilége des deniers publics qui fut accordé pour le recouvrement des cotes, le passage des eaux sur les fonds des particuliers moyennant indemnité, et la répartition de l'impôt, suivant l'intérêt de chacun, furent considérés comme très-propices au succès de l'œuvre et furent introduits dans les usages qui régissaient cette matière (1).

(1) Toutes les pièces relatives au dessèchement des marais d'Arles se trouvent rapportées textuellement dans un recueil de documents publié à Arles en 1827. (Arles.—Adolphe Meynier, imp.) Il est intitulé :

Soutenu par une législation éminemment favorable et par le patronage du souverain, Van-Ens se mit à l'œuvre et acheva assez rapidement les travaux, pour se conformer aux clauses du traité de 1642. Les canaux de la Vidange et du Vigueirat furent les principales artères de cette grande entreprise. La Vidange écoulait les eaux du côté de Fontvieille et Mouriès. Le Vigueirat, ainsi nommé à cause de l'ancienne viguerie de Tarascon, servait à dégorger les eaux de cette contrée. En-dessous d'Arles, ces deux canaux, se rapprochant, allaient se perdre dans les étangs qui les portaient à la mer.

Comme toutes les grandes entreprises, celle-ci ne fut exempte ni de difficultés, ni d'embarras, et l'autorité royale eut à intervenir quelquefois pour proclamer la protection qu'elle accorderait, à cause de l'intérêt public, à l'œuvre du dessèchement (1). Des procès surgirent entre Van-Ens et ses associés d'une part et les intendants des vidanges de l'autre; ils avaient été clos par le contrat du 4 janvier 1678 (2).

Cependant tous les efforts ne parvinrent point à assurer la réussite complète de ces travaux. Il y eut sans doute plus d'une cause à cet état d'abandon dans lequel ils se trouvaient à la fin du siècle dernier. Le défaut de liens, la diversité d'intérêts de toutes ces associations particulières, les inondations fréquentes du Rhône et de la Durance, des procès et des dettes, un écoulement devenu plus difficile à mesure qu'on apportait moins d'ardeur à repurger les

Délibération de l'association du dessèchement des marais d'Arles qui adopte le projet tendant à rendre le canal d'Arles à Bouc utile au dessèchement (du 5 mars 1827); suivie du recueil des édits, lettres-patentes, arrêts du Conseil, transactions, relatifs au dessèchement des marais d'Arles.

Consulter également: Nadault de Buffon, Cours d'hydraulique agricole, t. II, Marais d'Arles, p. 389 et suiv. — Estrangin sur Dubreuil, Appendice, Œuvre de Van-Ens, t. II, p. 490 et suiv, t. I, p. 419 et suiv.—Villeneuve; Statistique des Bouches-du-Rhône, p. 745 et suiv.

(1) Lettre close de la reine mère sur les canaux creusés par Van-Ens, du 6 octobre 1648. (Recueil de pièces, p. 116.)

(2) Contrat pour l'entretien et réfection à perpétuité de l'œuvre du dessèchement. (Recueil de pièces, p. 141.)

fossés, toutes ces circonstances durent avoir leur part dans le comblement des canaux qui firent considérer pendant quelque temps l'œuvre de Van-Ens comme anéantie.

Ce ne fut qu'après la révolution que des causes nouvelles vinrent empêcher la ruine de l'œuvre des dessèchements. Un moment menacée dans son existence après la loi de 1791, l'association des vidanges protesta dans plusieurs délibérations pour ne pas perdre le fruit des sacrifices qu'elle s'était imposés à d'autres époques ; elle sollicita même des secours du gouvernement pour l'aider dans ses tentatives de restauration (1).

Le décret de prairial an XIII, dont nous avons déjà parlé, corrigea quelques-uns des vices administratifs qui avaient été en partie la cause de la faiblesse des associations particulières et du comblement des ouvrages. Son but était de ramener tous les travaux, chaussées ou vidanges, à des principes d'harmonie et à un régime uniforme. Ce décret posa simplement des règles d'administration générale, mais ne modifia en rien les rapports et les droits des associations fondés sur des conventions ou des traités.

« Ces traités, transactions ou règlements, dit M. Es-
« trangin, ont conservé leur force et leur vigueur à l'en-
« contre de chaque association qu'ils concernent, et ce
« en vertu des articles 21 et 45 du décret réglementaire
« du 4 prairial an XIII. Les autres associations territoria-
« les ont aussi leurs règlements particuliers, inutiles à
« rappeler ici. Ces exemples suffisent pour donner une
« idée sommaire de cette législation spéciale, à laquelle il
« faut avoir recours dans tous les débats judiciaires ou
« administratifs qui intéressent ces associations. Le décret
« impérial du 4 prairial an XIII a changé les formes des
« délibérations, et donné une large part à l'autorité ad-
« administrative, afin d'assurer l'exécution des travaux

(1) *Assemblées des 6 février 1791 et 27 fructidor an 3.—Pétition au Ministre de l'intérieur pour demander des secours. — Assemblée sur la restauration de l'œuvre de dessèchement.* (Pièces, n°° 34, 35, 36 et 37.)

« avec unité et rapidité ; mais touchant les droits au fonds,
« les anciens traités , règlements et transactions ont con-
« servé leur force et vigueur (1). »

L'avantage du décret de prairial fut donc de substituer
une forte centralisation à l'isolement dans lequel se mou-
vaient auparavant les nombreuses associations particulières.

Bientôt l'œuvre du dessèchement trouva un puissant
auxiliaire dans le creusement du canal de navigation
d'Arles à Bouc , qui cotoie presque dans toute sa longueur
les canaux de la Vidange et du Vigueirat. On vit tout de
suite les facilités que pourrait procurer cet émissaire d'é-
coulement vers la mer, et l'association des vidanges , qui ,
malgré son bon vouloir, ne se dissimulait point le retour
des obstacles et des difficultés provenant du peu de pente de
ses terrains , se rattacha à ce projet avec un empressement
justifié par la nature de ses intérêts.

« En conséquence , après plusieurs délibérations préala-
« bles , il fut décidé dans une assemblée générale en date
« du 5 mars 1827, qu'il y avait lieu de solliciter du gou-
« vernement d'abaisser le plafond du canal de navigation
« d'Arles à Bouc, de manière qu'il fût établi à deux mè-
« tres en contre-bas de la basse mer, et que le plan de
« flottaison se trouvât à un mètre de ce même niveau.

« De cette manière, les écoulements au Rhône qui se trou-
« vaient si fréquemment interrompus par suite de l'éléva-
« tion des eaux de ce fleuve, se trouvaient remplacés par
« un émissaire général à niveau constant.

« Mais, comme l'excédant de dépense devant résulter
« de ce travail ne pouvait être mis à la charge de l'État ,
« il fut décidé également , que l'Association s'engagerait
« à rembourser au gouvernement la somme de 263,000 fr.
« Elle sollicitait en même temps une remise sur cette som-
« me , à titre de subvention , en faveur des évènements

(1) *Appendice ;* Estrangin sur Dubreuil.

« désastreux qu'elle avait eu à supporter, et à la suite
« desquels elle avait plusieurs fois réclamé, mais sans
« succès, des secours du gouvernement (1). »

La délibération de l'association du dessèchement fut
suivie d'une ordonnance royale du 20 mai qui maintint à
perpétuité à deux mètres au-dessous de la basse mer, depuis le port de Bouc jusqu'à l'écluse de l'Etourneau, le plafond du canal, et à un mètre au-dessous de la basse mer
depuis l'écluse de l'Etourneau jusqu'au pont de Montcalde.
La somme de 263,000 fr., pour laquelle l'Association des
vuidanges des eaux du Trébon, Plan du Bourg et Cous-
tières de Crau, et des successeurs de Van-Ens, a pris l'engagement de concourir aux frais des travaux indiqués,
sera versée en cinq payements égaux, dont le dernier, un
an après l'achèvement de l'écluse d'accession au Rhône.
(Art. 1er et 2 de l'ordonnance royale (2).

Une fois que l'association des vidanges eut ainsi reçu
une impulsion nouvelle, il fallut la pourvoir de règles qui
lui fussent propres. Le décret du 4 prairial an XIII
contenait des principes généraux d'administration pour
toutes les associations territoriales d'Arles et de Notre-
Dame de la Mer, mais il n'y avait rien de spécial à celles
du dessèchement. Elles eurent leur règlement particulier
dans le décret du 31 juillet 1851, portant réorganisation
de l'association du dessèchement des marais d'Arles.

Dressé sur le modèle de celui de prairial an XIII, et plus
détaillé, il commença par partager le corps du dessèchement en autant de subdivisions ou d'associations partielles
qu'il y a de groupes d'intérêts identiques dans les différents bassins de son enclave. Ces subdivisions, au nombre
de neuf, furent séparées par des limites exactement défi-

(1) M. Nadault de Buffon (*Hydraulique agricole*) présenté un
exposé savant de la législation générale en matière de dessèchement des marais, et a consacré deux chapitres, accompagnés de car-
tes, à l'étude de cette question pour les marais d'Arles et ceux de la
vallée des Baux. — *Délibération du 5 mars 1837.* (Recueil pièces.)

(2) *Ordonnance royale* (Recueil de pièces, p. 75.) *de la délibération de*
l'association du dessèchement.

nies. Elles eurent un syndicat partiel chargé des affaires de l'association. Mais au dessus, existait le syndicat central, composé de neuf membres choisis et nommés par le préfet. Ce syndicat central veille aux intérêts généraux de l'association, et tient la main à ce que les syndicats particuliers fassent exécuter, dans les formes et dans les délais prescrits, les travaux d'entretien et de réparation confiés à leurs soins. Il opère d'office ceux que les syndicats partiels auraient négligé ou refusé de faire.

Le titre II traite des assemblées et du droit d'y voter. Nul n'a le droit de voter dans ces assemblées, s'il ne justifie être propriétaire par lui, par sa femme même non commune en biens, ou par les enfants en sa puissance, de terres sises dans l'enclave du corps de dessèchement, et payant une cote d'au moins quinze centimes, par mille francs de dépense.

La répartition de la contribution de chaque propriétaire aux dépenses de l'association sera faite d'après les anciens cadastres dressés après le traité de 1642, et notamment en 1683, jusqu'à ce que la nouvelle matrice du corps de dessèchement ait été rendue exécutoire. Celle-ci doit être le résultat d'une expertise générale qui sera confiée à trois experts, dont un géomètre, un ingénieur et un propriétaire agronome. Elle était rendue nécessaire par les modifications que deux siècles avaient dû apporter dans l'état et la situation respective des parcelles comprises dans l'association (1).

Le nombre et l'étendue des documents relatifs au dessèchement des marais d'Arles tient à l'importance des intérêts qui se rattachaient à ces opérations. Aussi est-il facile de remarquer que cette partie de la législation était plus avancée là que sur les autres points de la Provence. Le dessèchement y formait une entreprise d'une utilité publi-

_____

(1) Bulletin des lois, partie supplémentaire, ann. 1831. — Nadault de Buffon, *Hydraulique agricole*; ce règlement y est textuellement reproduit, t. II, p. 819 et suiv.

que et générale, une condition essentielle pour le maintien de la salubrité et la conservation des récoltes, tandis
qu'ailleurs, les quartiers marécageux n'occupaient que des
surfaces trop restreintes pour nécessiter de grands travaux
ou la création de vastes associations.

II. — Dessèchements en Provence. — Usages, contributions par tiers. — Lois de 1791 et du 16 septembre
1807.—Mise en valeur des terres incultes et des marais
communaux; loi du 28 juillet 1860. — Drainage.

Jusqu'à la Révolution, les dessèchements entrepris en
Provence, peu nombreux, du reste, si l'on excepte ceux
dont il vient d'être question, constituent plutôt des
tentatives que des travaux achevés, malgré l'impulsion
que certains édits royaux voulurent leur donner, et qui ne
parvinrent pas à les faire triompher de tous les obstacles.
Ceux des années 1599 et 1607, sous Henri IV, eurent pour
but de remédier à l'absence des capitaux et au défaut de
connaissances spéciales de la part de ceux qui devaient débarrasser leurs fonds des eaux marécageuses. Ils donnèrent
à des compagnies dirigées par des ingénieurs étrangers le
privilége général des dessèchements dans toute l'étendue
du royaume, selon des conditions imposées d'avance, et qui
avaient le tort par conséquent de ne point tenir un compte
suffisant des différences que chaque entreprise particulière
devait présenter dans les bénéfices à réaliser ou les difficultés à vaincre.

L'édit du 8 avril 1599 donnait aux entrepreneurs la moitié des terrains desséchés; l'autre moitié restait aux propriétaires. Celui de janvier 1607 corrigea ce que cette répartition avait d'absolu, c'est-à-dire que tout en maintenant le privilége des dessèchements au profit de certaines
compagnies, il laissa aux parties intéressées le soin de
se régler d'après des bases contradictoirement débattues.

L'édit du mois de juillet 1656 porta confirmation des édits
et déclarations, priviléges et exemptions accordés pour les
dessèchements des marais du royaume, depuis l'an 1599,
avec augmentation d'autres priviléges, facultés et exemptions.

Toutes ces ordonnances avaient posé des principes dont
l'opportunité était incontestable. En armant les compagnies d'un droit de coërcition vis-à-vis des propriétaires
pour les forcer à dessécher ou à laisser dessécher, elles ne
faisaient que proclamer un droit dont personne ne pouvait
chercher à blâmer l'usage. Ce droit, elles le tenaient du
pouvoir qu'a l'Etat, en toutes circonstances, de pourvoir à
la salubrité publique, et de briser les oppositions fondées
simplement sur les intérêts particuliers. Les propriétaires
n'étaient astreints que pour la satisfaction des besoins publics, et dans le cas où les travaux devaient être exécutés
sur une étendue appartenant à plusieurs, la loi de la
majorité formait la règle et contraignait les dissidents
à se ranger à l'opinion qui comptait le plus de partisans.

Ce n'était donc pas l'intervention de l'Etat dans une
certaine limite, ni l'importance du vote de la majorité qui
formaient le défaut capital de cette législation, mais plutôt le mode d'indemnité qui servait à rémunérer les entrepreneurs. En effet, obliger les propriétaires à partager
les terrains avec ceux-ci, suivant des conditions invariables, ou les soumettre à l'expropriation, étaient des partis
extrêmes. Comme l'a très-judicieusement observé M. Dumont : « Cette inflexible proportion de la moitié ne se mo-
« difiait par aucun motif de convenance, par aucune règle
« de justice. Les nombreuses difficultés survenues entre les
« concessionnaires de dessèchement et les propriétaires de
« marais ayant forcé d'avoir recours à d'autres moyens,
« on autorisa à exproprier les propriétaires, à la charge de
« leur payer le prix des marais ; mais il n'était que trop
« évident que cette expropriation heurtait directement

« toutes les habitudes, tous les droits de la propriété (1). »

Aussi l'effet de ces lois, quoique conçues dans un but très-louable, ne devait pas se prolonger indéfiniment. Il s'affaiblit à mesure que les Compagnies investies du patronage souverain furent arrivées au terme de leurs travaux et de leurs efforts. Cette législation laissa donc peu de résultats matériels, peu d'entreprises terminées ; mais ce qui sans doute vaut mieux encore, elle fit prévaloir dans ces matières, où l'intérêt général doit occuper le premier rang, le rôle qui revient à l'Etat et à la majorité des propriétaires intéressés.

L'entreprise de Van-Ens de la fin du dix-septième siècle, fut, sans contredit, une des plus considérables. Après celle-ci, on ne trouve plus, en Provence, que quelques œuvres disséminées auxquelles cependant ne firent défaut ni la protection royale, ni le concours de la province ou des propriétaires.

Le dix-huitième siècle offre des exemples de dessèchements. Ici encore, le roi, la province et les communautés s'entendaient pour former les fonds nécessaires à l'exécution des travaux. Dans les environs de Fréjus, des marais viciaient l'air, et leurs exhalaisons avaient provoqué des plaintes, qui furent portées devant la réunion des communautés. Après la vérification des ingénieurs, un plan de dessèchement fut proposé, et un arrêt du Conseil du roi du 22 août 1782 approuva les moyens, et prescrivit les formalités à remplir. Les procureurs du pays furent autorisés à appliquer aux ouvrages le secours de 150,000 livres accordé par l'arrêt du Conseil du 14 octobre 1779, avec un pareil secours de la part dudit pays et les contributions des communautés. Les terrains soumis au dessèchement avaient été concédés à cet effet, soit par la communauté, soit par l'évêque seigneur du lieu, et comme dans la sur-

(1) Dumont, *Organisation légale des cours d'eau* n: 210. — Nadault de Buffon, *Hydraulique agricole*, t. II, p. 171 et suiv. — Exposé des motifs de la loi de 1807, Dalloz, *Marais*.

face étaient comprises quelques parcelles appartenant à
des particuliers, un délai de deux ans leur fut accordé
pour qu'ils eussent à faire travailler eux-mêmes, faute de
quoi, les procureurs du pays pourront traiter avec les entrepreneurs pour faire le dessèchement sur ce point, et
ceux-ci deviendront propriétaires immutables dudit étang
ou marais, à la charge par eux de payer aux possesseurs
actuels le prix sur le pied de l'estimation qui en sera faite
par les experts.

Un arrêt du Conseil, du 28 mars de l'année suivante,
ordonna le dessèchement de l'emplacement de l'ancien port
par son propriétaire, ou qu'à son refus, la valeur des marais lui serait remboursée, suivant l'estimation, pour permettre aux travaux de commencer (1).

Le projet de dessèchement des marais de Seillons et de
Saint-Estève, sur les bords de la rivière d'Argens, éprouva
plus de difficultés. Après des demandes réitérées, des délibérations nombreuses et l'examen de l'opposition faite par
les propriétaires ou les communautés voisines, l'assemblée
déclara qu'elle ne prendrait aucune part à cette entreprise,
et qu'elle laisserait les parties intéressées s'arranger entre
elles, comme bon leur semblerait (2).

En 1789, la province promit le tiers de la somme nécessaire pour dessécher un marais situé à Oraison, après que
la communauté et le seigneur auraient fourni les deux
tiers restants.

Il arrivait souvent que, outre le bien général que procurait l'assainissement des fonds, résultat qui justifiait assez
le concours empressé du roi, de la communauté et de la
province, les propriétaires eux-mêmes sur le terrain desquels s'opérait le dessèchement retiraient une plus-value,
et alors il était juste qu'ils contribuassent en proportion de
leur intérêt. Dans ce cas, la catégorie des propriétaires

(1) *Délibérations de l'Assemblée des communautés;* ann. 1772, p. 89.
(2) *Idem;* ann. 1776.

intéressés, organisés en syndicat, entrait pour sa part dans la division de la dépense (1).

Quelquefois même, quand les bénéfices à réaliser promettaient d'être suffisamment rémunérateurs, les propriétaires ne sollicitaient de la province que son appui et l'expérience de ses ingénieurs. Plusieurs propriétaires des marais de Saint-Rémy, Mollegès, Saint-Andiol, Noves, exposèrent à l'assemblée que le dessèchement de ces marais procurerait dans ces contrées les plus grands avantages. Ils n'exigèrent aucune contribution à la dépense, mais lui demandèrent seulement qu'elle voulût bien charger un ingénieur de dresser le plan général et de faire l'arpentage de leurs contenances respectives. Ils se proposaient ensuite de faire à leurs frais, et au sol la livre, toute la dépense nécessaire (2).

Cependant tel n'était pas l'usage ordinaire dans la construction de ces travaux. La règle, comme en matière d'endiguements, paraissait être de faire contribuer, par portions égales, la province, le roi, la communauté, ou plutôt la réunion des intéressés ; car ces derniers, propriétaires des fonds à dessécher, mis en possession d'un bénéfice presque immédiat, devaient au moins, autant que la communauté elle-même, participer à l'entreprise.

L'assemblée de 1786 s'occupa du dessèchement des marais de Berre et de ceux de Mougins. Elle délibéra de contribuer pour un tiers au dessèchement, à condition que la communauté ou les parties intéressées contribueraient pour un autre tiers, et qu'en même temps le roi serait supplié de fournir le tiers restant, espérant que Sa Majesté voudra bien concourir, par des secours annuels, à l'exécution d'un plan général de dessèchement des divers marais qui existent dans le pays de Provence (3).

(1) *Délib. de l'Ass.*; réparation des *paluns* à Aubagne; ann. 1776, p. 108. — Villeneuve, Statistique, t. III. *Dessèchements.*

(2) *Idem*; ann. 1778, p. 212. — Historique du dessèchement des *Paluds* de Saint-Rémy et de Mollegès; Villeneuve, statistique, t. III. p. 774.

(3) *Délibérations de l'Assemblée*; ann. 1786, p. 182, 183, 184.

Quand la Révolution éclata, la plupart de ces dessèchements étaient restés à l'état de projet, et ils furent, à
partir de cette époque, placés sous l'empire de la législation générale qui régla la matière.

Les premières lois rendues dans la période moderne, lois
révolutionnaires, outrepassant le but qu'il s'agissait d'atteindre, exagérèrent même les édits royaux, dont l'application avait été cependant si difficile. Ceux-ci avaient dû
le discrédit dans lequel ils étaient bientôt tombés à la sorte
de violence faite aux propriétaires, et qui les obligeait à
subir la dure condition de leur dépossession totale ou partielle. La loi du 5 janvier 1791 posa le principe d'expropriation, pour cause d'utilité publique, des terrains à
dessécher. Elle avait, par conséquent, toutes les chances
de mécontenter les propriétaires et de succomber devant
l'impopularité qui lui serait faite par les intéressés. Aussi
cette loi ne devait pas survivre à l'entraînement de l'époque qui l'avait produite, pas plus que le projet de décret
présenté à l'Assemblée nationale de 1793, et qui pour faire
disparaître plus complètement les effets de la stagnation
des eaux, supprimait les moulins, barrages, digues, écluses,
retenues et autres obstacles au cours naturel des eaux (1).

Avec la loi du 16 septembre 1807 furent introduites des
règles qui n'avaient pas pour but de renverser tout-à-fait
l'économie des lois précédentes, mais qui y ajoutaient les
modifications dont l'expérience avait démontré les avantages. Sans l'examiner dans tous ses détails, puisqu'elle
appartient à l'étude de la législation générale et ne paraît
pas avoir eu jusqu'à présent, en Provence, de fréquentes
applications, il convient de dire cependant en quoi elle
différa des textes anciens qui avaient régi les dessèchements. Elle n'enlève point à l'État son droit d'intervention
et son initiative dans une matière où les considérations de
l'intérêt public opposent un contrepoids si puissant aux

_____

(1) Nadault de Buffon, t. II, p. 166. — Dumont, n° 319.

exigences de l'intérêt privé. Au contraire, elle reconnaît dans l'article 1er que la propriété des marais est soumise à des règles particulières et que le Gouvernement ordonnera les dessèchements qu'il jugera utiles ou nécessaires.

Les dessèchements seront exécutés par l'Etat ou par les concessionnaires. (Art. 2.)

Mais la différence avec les lois antérieures consiste dans le mode d'indemnité qui sera accordé à l'Etat ou aux concessionnaires, entrepreneurs du dessèchement. Ceux-ci n'auront plus le droit de se faire admettre au partage du fonds, ou de faire prononcer l'expropriation complète pour cause d'utilité publique. Le propriétaire conservera son terrain, débarrassé des eaux stagnantes, et ne devra aux auteurs de l'entreprise qu'une partie de la plus-value que les travaux auront procurée et qui sera déterminée suivant les règles tracées dans la loi de 1807.

Ainsi se trouvent conciliés, dans une proportion convenable, les droits de l'Etat, gardien de la salubrité publique et ceux également respectables de la propriété.

Tout se réduit donc alors à fixer la plus-value et on y parvient en établissant la valeur des terrains avant et après le dessèchement. Le degré d'amélioration qu'ils présentent à cette seconde époque constitue la plus-value, et c'est elle que les entrepreneurs et les propriétaires partageront de moitié, c'est-à-dire que les propriétaires se libéreront par le payement d'une indemnité en argent, sauf, s'ils le préfèrent, à s'acquitter en délaissant une portion relative du fonds calculée sur le pied de la dernière estimation. La constatation de ces valeurs est faite par les experts, de concert avec les ingénieurs, et les droits du concessionnaire sont garantis par un privilège sur la plus-value.

La loi de 1807 a eu principalement pour objet d'organiser les travaux de dessèchement. Cependant elle s'est occupée aussi des travaux publics en général et des endiguemonts. Mais elle l'a fait d'une manière confuse et qui ne laisse pas apercevoir assez clairement comment il faudra

constituer l'association syndicale et répartir la dépense.
En déclarant dans l'art. 34 que les formes précédemment
établies et l'intervention d'une commission seront appliquées à l'exécution de l'art. 33, la difficulté devient encore
plus grande. « Il est évident qu'en renvoyant aux formes
« et aux règles précédentes, l'art. 34 ne donne pas aux
« propriétaires riverains une puissance et des moyens
« d'action suffisants. En effet, lorsque des propriétaires
« se réunissent en association syndicale, soit spontané-
« ment, soit sur l'invitation de l'administration, usant
« de son droit de co-action, il n'est plus question de plus-
« value à fixer, ni d'experts à nommer. La formation du
« syndicat sur les bases de la loi de 1807 ne peut produire
« des résultats que dans le cas où les travaux intéressant
« la navigation sont entrepris par l'Etat, que lorsqu'il
« s'agit d'une plus-value à faire payer par les propriétai-
« res intéressés.

« Cette insuffisance de la loi, en ce qui concerne l'or-
« ganisation des syndicats, a été signalée avec beaucoup
« de force par M. le Ministre des Travaux publics dans
« l'exposé des motifs du projet de loi du 17 janvier 1842
« sur les endiguements. » (1)

En dernière analyse, le même auteur ajoute que la loi
de 1807 ne contient qu'une organisation vicieuse et incomplète pour les syndicats, et qu'on a suppléé à cette insuffisance par des pratiques administratives, par des ordonnances royales qui déterminent la constitution et les
attributions des syndicats. En effet, le décret du mois
d'août 1818, relatif au fonctionnement de ceux de la
Durance dans les Bouches-du-Rhône sera consulté avec
plus de fruit, pour toutes les questions que soulève l'endiguement, que la loi indécise du 16 septembre 1807. Celle-
ci n'a traité qu'accessoirement la matière des travaux de

(1) Dumont; n° 18.

défense, et ce n'est pas à elle, mais plutôt aux décrets constitutifs des associations qu'il faut demander des règles plus certaines et mieux appropriées.

L'entreprise la plus importante à laquelle ait donné lieu en Provence la loi de 1807 est le dessèchement de la vallée des Baux, concédé par préférence à une compagnie de propriétaires intéressés. L'ordonnance de concession est du 25 septembre 1842.

En général, la nature des terrains se prête peu à ce genre de travaux, et la nécessité de dessécher ne se produit pas au même degré que celle d'élever des digues contre les rivières ou de creuser des canaux d'irrigation. Si l'on excepte dans les Bouches-du-Rhône l'œuvre considérable de Van-Ens, il ne reste plus dans le Var ou les Basses-Alpes que quelques points isolés sur lesquels le dessèchement n'atteindra jamais de grandes proportions. (1)

Il y a bien encore quelques terrains bas situés près du cours des rivières et transformés en marais par le voisinage des eaux qui pourront être rendus à la culture et par ce moyen procurer l'assainissement de l'air. Mais ce résultat ne sera sûrement obtenu que lorsque les digues auront fait rentrer dans leur lit ces eaux vagabondes qui, se répandant dans toutes les directions, entretiennent les marécages. Ces deux sortes de travaux doivent concourir, et l'histoire est là pour attester que dans les siècles précédents l'œuvre des vidanges ne se séparait point de celle des chaussées. Celle-ci est bien souvent la condition indispensable de la première. (2)

Le dessèchement des marais communaux et l'endigue-

---

(1) Voir dans les délibérations du conseil général du Basses-Alpes (ann. 1861-1862), l'énumération de quelques communes ou des travaux sont effectués ou en voie d'exécution ; la Palud, Alblose, Mison, Corblères. Il en est de même du dessèchement et de l'assainissement des *Paluds* situés près de l'embouchure de l'Arc au quartier de *Calissane*.

(2) Un axiome local exprimait la nécessité de cette relation. On disait dans la contrée ou s'accomplit l'œuvre de Van-Ens : *point de dessèchements, sans chaussées du Rhône* (Villeneuve ; *statistique*, t. III. pag. 759.

ment des *iscles* communales, unis entre eux par des rapports nécessaires, ont été favorisés également par la loi du 28 juillet 1860, relative à la mise en valeur des marais et des terres incultes appartenant aux communes. Cette loi, plus générale que celle de 1807, puisqu'elle s'applique à tous les terrains aujourd'hui sans valeur, marque un nouveau progrès dans la voie des améliorations agricoles.

LOI DU 28 JUILLET 1860.

ART. 1. — Seront desséchés, assainis, rendus propres à la culture ou plantés en bois, les marais et les terres incultes appartenant aux communes ou sections de communes, dont la mise en valeur aura été reconnue utile.

ART. 2. — Lorsque le Préfet estime qu'il y a lieu d'appliquer aux marais ou terres incultes d'une commune les dispositions de l'art. 1, il invite le Conseil municipal à délibérer :

1° Sur la partie des biens à laisser à l'état de jouissance commune;

2° Sur le mode de mise en valeur du surplus ;

3° Sur la question de savoir si la commune entend pourvoir par elle-même à cette mise en valeur ;

S'il s'agit de biens appartenant à une section de commune, une commission syndicale nommée conformément à l'art. 3 de la loi du 18 juillet 1837 est préalablement consultée.

ART. 3. — En cas de refus ou d'abstention par le Conseil municipal, comme en cas d'inexécution de la délibération par lui prise, un décret impérial rendu en Conseil d'Etat, après avis du Conseil général, déclare l'utilité des travaux et en règle le mode d'exécution. Ce décret est précédé d'une enquête et d'une délibération du Conseil municipal, prise avec l'adjonction des plus imposés.

ART. 4. — Les travaux sont exécutés aux frais de la commune ou des sections propriétaires.

Si les sommes nécessaires à ces dépenses ne sont pas fournies par les communes, elles sont avancées par l'Etat qui se rembourse de ses avances, en principal et intérêts, au moyen de la vente publique d'une partie des terrains améliorés, opérée par lots, s'il y a lieu.

ART. 5. — Les communes peuvent s'exonérer de toute répétion de la part de l'Etat, en faisant l'abandon de la moitié des terrains mis en valeur.

Cet abandon est fait sous peine de déchéance dans l'année qui suit l'achèvement des travaux.

Dans le cas d'abandon, l'Etat vend les terrains à lui délaissés dans la forme déterminée par l'article précédent.

ART. 6. — Le découvert provenant des avances faites par l'Etat pour l'exécution des travaux prescrits par la présente loi ne pourra dépasser en principal la somme de 10 millions de francs.

ART. 7. — Dans les cas prévus par l'art. 3 ci-dessus, le décret peut ordonner que les marais ou autres terrains communaux soient affermés. Cette location sera faite aux enchères, à la charge par l'adjudicataire d'opérer la mise en valeur des marais ou terrains affermés. La durée du bail ne peut excéder vingt-sept ans.

ART. 8. — La loi du 10 juin 1854, relative au libre écoulement des eaux provenant du drainage, est applicable aux travaux qui seront exécutés en vertu de la présente loi.

ART. 9. — Un règlement d'administration publique déterminera :

1° Les règles à observer pour l'exécution et la conservation des travaux ;

2° Le mode de constatation des avances faites par l'Etat, les mesures propres à assurer le remboursement en principal et intérêts et les règles à suivre pour l'abandon des terrains que le premier paragraphe de l'art. 5 autorise la commune à faire à l'Etat.

3° Les formalités préalables à la mise en vente des portions de terrain aliénées en vertu des articles qui précèdent.

4° Toutes les autres dispositions nécessaires à l'exécution de la présente loi.

Nous avons dit que l'accueil fait à cette loi fut des plus satisfaisants. Un grand nombre de communes propriétaires de marais, d'iscles et de terres incultes s'empressèrent de réclamer le bénéfice de ses dispositions, malgré l'abandon d'une portion des terrains. Il est vrai qu'un pareil sacrifice semble toujours moins lourd et moins pénible aux communes qu'aux simples particuliers, surtout en présence des avantages qu'elles se promettent de l'exécution de ces travaux faits par l'Etat. Nous avons déjà cité celles qui, riveraines de la Durance, sollicitent l'intervention de l'Etat pour la construction de leurs digues et l'amélioration des terres vagues et des graviers qui bordent le cours de la rivière (1).

Les lois n'ont pas manqué pour régler la matière si difficile des desséchements. Cependant aucune n'est parvenue à les organiser sur des bases définitives et complétement irréprochables. Celle de 1807, qui a été suivie jusqu'à présent, n'est pas à l'abri de toute critique, et il est rare que les concessionnaires et les propriétaires mis en présence, ayant à dégager dans toutes ces opérations leur portion respective d'intérêts et de bénéfices, ne se livrent pas à des conflits préjudiciables à la suite des travaux. Le rapport fait au Sénat sur le projet d'un nouveau code rural a signalé quelques-unes des imperfections de la loi de 1807 et proposé certaines modifications. (2)

Nous ne parlerons ici que pour mémoire du drainage, opération qui diffère du desséchement, puisqu'elle consiste à purger le sol non point des eaux stagnantes et marécageuses, mais à le débarrasser d'un degré d'humidité nuisible à la production. On conçoit tout de suite que ce procédé soit utile en Provence, moins que partout ailleurs, à cause de la sécheresse habituelle du climat et de la pente des terrains qui laisse aux eaux un écoulement naturel vers les rivières.

Si cependant la nécessité de cette opération est constatée sur quelques points, ce ne sera ordinairement que d'une manière assez restreinte pour que le besoin d'une association syndicale ne se fasse pas sentir.

Du reste, les propriétaires procéderont eux-mêmes à

_____

(1) *Bulletin des Lois*, Dalloz, *rec. périod.* 1860, 4° part., p. 111.— Cette loi est suivie d'un décret impérial du 15 mars 1861, portant règlement d'administration publique pour l'exécution de la loi du 25 juillet (*bulletin des lois*; Dalloz, *rec. périod.* 1861. 4° part., p. 37).

(2) Rapport de M. de Casablanca au Sénat, *Moniteurs* des 23, 24 et 25 août 1857.

l'assèchement de leurs terres par des moyens plus économiques que ceux indiqués dans la loi de 1856. Il ne faut pas oublier, en effet, que le drainage n'est pas une invention nouvelle, mais plutôt le perfectionnement d'une méthode ancienne. On en retrouve des traces dans l'histoire, et les auteurs romains en font mention dans leurs ouvrages sur l'agriculture.

En Provence, plusieurs moyens aussi simples que peu coûteux étaient mis en pratique pour donner au sol saturé d'humidité le degré de dessication convenable. Le drainage à rigoles couvertes et à *pierrailles* consistait à creuser un fossé principal auquel venaient se relier des branches secondaires. Dans le fonds, on plaçait deux grosses pierres laissant entre elles un petit intervalle et surmontées par une troisième, puis, autour et au-dessus, on disposait du gravier qui servait de filtre à la couche de terrains qu'il fallait débarrasser des eaux. Celles-ci, passant avec la plus grande facilité entre ces intervalles si multipliés, se rendaient par cette conduite artificielle au ruisseau le plus voisin. Si les pierres et les menus cailloux étaient rares dans la localité, on se servait de fascines couchées dans le fossé et qui, recouvertes de terre tassée, formaient un conduit naturel.

La loi nouvelle n'a rien changé à ces habitudes qui permettent d'atteindre le même but avec moins de frais. Ces moyens primitifs seront presque toujours suffisants en Provence, où le peu d'étendue des terrains humides ne vient point nécessiter la construction de véritables travaux d'art comme ceux que la loi de 1856 s'est proposée de faciliter. Ces grandes opérations produiront sans doute les meilleurs résultats pour d'autres contrées de l'Empire et l'importance qu'on y a attaché prouve tout le bien qu'on en attend. Même en Provence, la faculté d'écouler les eaux sur les fonds intermédiaires et inférieurs lèvera les obstacles pour celles de ces entreprises particulières qui essayeront de se former.

Mais là se bornera le drainage. Peu ou point de ces vastes associations qui , au contraire, sont si fréquentes en matière d'irrigations et d'endiguements. Chaque partie du territoire a ses besoins et ses nécessités propres , et nos départements méridionaux placeront toujours le drainage au dernier rang des travaux publics.

Aussi cette constatation des médiocres résultats produits par la loi de 1850 a-t-elle été déjà faite. Le Conseil général des Bouches-du-Rhône avait reconnu lui-même que la mesure concernant le drainage resterait à peu près sans application , et il avait demandé l'établissement d'une caisse d'emprunts , au profit des particuliers ou des syndicats, analogue à celle qui a été organisée pour le drainage. Ces caisses serviraient à faire des avances pour favoriser les travaux d'irrigation.

Ces vœux ont été renouvellés depuis et ont reçu satisfaction par la loi nouvelle modificative des statuts du Crédit foncier.

Pendant les premières années qui ont suivi la loi sur le drainage , l'intervention des ingénieurs ne fut réclamée nulle part dans les Basses-Alpes, et il ne fut adressé aucune demande de prêt d'après les règles déterminées par la loi du 17 juillet 1850 (1).

(1) Délibération des Conseils Généraux des Bouches-du-Rhône et des Basses-Alpes , années 1856, 1859.

CHAPITRE IX.

CURAGE.

I. — Avant 1789. — Curage par les riverains. — Redressements. — Fossés des moulins.

Le curage est l'opération qui consiste à débarrasser les cours d'eau des matières qui les obstruent, pierres, limon, herbes aquatiques et autres obstacles. Il rend l'écoulement plus régulier et plus facile ; il améliore à la fois le régime des eaux en général et la situation des héritages qu'elles traversent.

L'importance du curage n'a été bien comprise que depuis la révolution. C'est surtout à partir de cette époque qu'on a vu dans les cours d'eau bien entretenus et bien répurgés, un auxiliaire pour la marche des usines, pour le desséchement des contrées marécageuses et le drainage des terrains humides.

Il y avait spécialement, en Provence, des causes qui devaient rendre les curages plus rares que partout ailleurs. Sur un grand nombre de points, une pente suffisante ne laisse pas au courant le temps de se dépouiller et de déposer les substances sédimentaires, ou du moins ce n'est qu'à la longue que le lit se trouve encombré. Aussi, cette opération ne devient nécessaire qu'à des intervalles éloignés les uns des autres. D'ailleurs, en ce qui concerne les rivières et torrents, le curage exigerait des travaux si fort au-dessus des ressources des intéressés et même si disproportionnés avec ses avantages, qu'on ne peut concevoir la pensée d'y recourir. La première difficulté et la plus

grande serait, en effet, de fixer le lit d'une manière invariable ; or, comme ce résultat est à peu près impossible, à
l'aide du curage seulement, on est bien forcé de renoncer
à un procédé qui serait très couteux et nullement utile.

C'est pourquoi l'ancienne administration provinciale,
qui ne négligeait rien de ce qui contribuait à la garantie
et au bien-être de toutes les communautés, ne s'était
occupée que très peu des opérations du curage. Les documents n'abondent pas en cette matière et se réduisent à
l'application de quelques usages qui variaient suivant qu'il
s'agissait des torrents et rivières, ou simplement des
canaux et ruisseaux.

Sur les premiers, et par les causes énoncées, le curage
était aussi rare que difficile. Nous [verrons, toutefois, les
exceptions. Mais il y avait une autre opération qui avait
également pour but de faciliter l'écoulement des eaux et
dont on trouve d'assez nombreux exemples. Les torrents,
à force de charrier et d'amonceler des matières au milieu
de leur lit, finissaient par se répandre dans toutes les
directions, et quelquefois par prendre un cours tout à fait
nouveau, au grand détriment des propriétaires envahis.
D'autres fois, des communautés entières étaient menacées.
Aussi, quand les circonstances de lieu le permettaient, on
faisait des travaux pour rectifier les coudes et les sinuosités
du torrent et pour lui donner la direction la moins préjudiciable à l'intérêt public. Ces redressements étaient entrepris avec le concours de la province, et de la même manière
que les autres travaux dont il a été déjà question ; c'est-à-
dire que la communauté et la province supportaient les
deux tiers de la dépense. Le roi contribuait pour le tiers
restant. Le changement du lit du torrent de la Bonde, qui
endommageait le terroir et menaçait d'emporter une partie
de la ville de Senez, fut effectué dans ces conditions. (1)

Les terrains pris pour former l'assiette du nouveau lit

_____

(1) *Cahier des Délibérations*, fév. 1765, p. 55.

étaient payés, conformément aux articles 30 et 36 des règlements de la province de 1757 et 1772, sur le pied de l'estimation qui en était faite par les estimateurs ordinaires des lieux, et en cas de contestation par les procureurs du pays ; on assimilait ces portions du sol à celles qui servaient à l'établissement des ponts et chemins, dont le prix devait être payé par la communauté. Ce fut l'objet d'une contestation entre la ville et un habitant de Castellane. Celle-ci prétendait ne point devoir le prix d'acquisition des terrains sur lesquels le torrent de *Clastre* avait établi son cours. Il fut décidé que sa prétention n'était point fondée, et elle fut reconnue débitrice envers l'habitant dépossédé. (1)

Parmi les travaux les plus importants de ce genre, on doit citer le changement du lit du torrent des Mées. Celui-ci traversait la ville et il y avait urgence à le faire couler plus loin. La dérivation se fit en perçant une montagne, et la seule contribution de la province s'éleva à la somme de 30,000 livres. Ce travail, heureusement terminé, malgré les difficultés de l'exécution, a mis la ville des Mées à l'abri des périls que chaque crue faisait redouter (2).

Sur certaines rivières de la Basse-Provence, des redressements furent aussi opérés ou projetés. Les délibérations des communautés contiennent des décisions prises à ce sujet pour le changement du lit de l'Issole, à Besse, et pour des projets de modifications à apporter au cours de la rivière d'Argens, dans les communautés de Fréjus, Bras, etc., etc. On y suivait les formes et le mode de contribution ci-dessus énoncés. (3)

Le curage, à proprement parler, était donc plus spécialement réservé aux ruisseaux moins larges et moins importants que les rivières, et qui diffèrent aussi des torrents parce qu'ils sont moins rapides et qu'ils coulent

(1) *Cahier des Délibérations*, janvier 1782, p. 43.
(2) *Cahier des Délibérations*, ann. 1779, 1780, 1781.
(3) *Cahier des Délibérations*, ann. 1756, 1757.

toute l'année ou à peu près. Ici l'intérêt public ne parut
pas assez puissant à l'administration de la Province pour
qu'elle prît, dans ces travaux, le rôle que sa sollicitude
lui avait tracé dans d'autres travaux publics. Elle laissa
aux particuliers le soin de procéder avec leurs seules ressources, comme paraissant seuls intéressés à l'exécution de
ces entreprises. (1)

Tous ces ruisseaux, auxquels s'appliqua plus tard l'art.
644 C. Nap., devaient, d'après les usages de la province,
être curés par les riverains, *chacun en droit soi de sa fron--
tière*. L'usage que ceux-ci faisaient des eaux mettait, par
une juste réciprocité, à leur charge, les obligations corres-
pondantes. Il paraît même que c'était un usage général.
« Le curage des rivières et ruisseaux doit être fait aux
« dépens de ceux qui ont des héritages contigus, et chacun
« y contribue à proportion de la largeur de son héri-
« tage. » (2)

Ordinairement effectués par les particuliers eux-mêmes,
ces travaux ne l'étaient point cependant tout-à-fait en
dehors de l'administration. L'intérêt public qui se rattache
à la libre circulation des eaux, autorisait toujours la surveillance, à titre de police, de l'autorité administrative.
Voici comment elle s'exerçait. Les riverains qui négli-
geaient d'accomplir les travaux de curage auxquels ils
étaient soumis étaient mis en demeure d'y procéder, faute
de quoi la communauté faisait l'avance de la dépense et
donnait ensuite aux consuls mandat de dresser un état de
répartition sur tous ceux à qui revenait l'obligation de
faire les travaux et qui ne s'y étaient point conformés.

Il n'était pas non plus sans exemple que les communautés en corps fissent face aux dépenses occasionnées par les
recurages. Dans ce cas, les consuls exposaient la situation

(1) *Cahier des Délibérations*, ann. 1762. — Refus de la province de
contribuer au creusement et réparations de quelques ruisseaux.

(2) *Code rural ou maximes et réglements concernant les biens de
campagne*; Paris; Prault père; 1749. — Nadault de Buffon; *hydraulique agricole*, *curage*, chap. II.

au Conseil général de la commune qui, après avoir délibéré, donnait pouvoir aux consuls de faire mettre les travaux aux enchères et d'en délivrer mandat sur le trésorier de la communauté. L'adjudication avait lieu, comme toujours, après trois enchères.

Mais le cas le plus fréquent, l'usage qui a prévalu jusqu'aux lois postérieures à la révolution, est celui du curage par les riverains, chacun en droit soi, usage qui laissait bien à désirer, puisqu'il ne tenait pas compte suffisamment de l'intérêt de chacun, et qu'il n'astreignait à aucune obligation les propriétaires d'usines qui profitaient au moins tout autant que les riverains eux-mêmes des mesures propres à assurer le libre cours des eaux.

Il ne restait plus alors à l'administration locale qu'à déterminer, par des publications, l'époque à laquelle tous les riverains seraient tenus de faire procéder au curage ; une fois le délai expiré, les parties restantes étaient mises en adjudication aux frais des retardataires. (1)

Nous n'avons pas à nous occuper ici du curage des canaux d'irrigation et des usages auxquels ils peuvent avoir donné lieu. Comme il s'agit d'eaux privées, il faut consulter les titres constitutifs qui les régissent. Ce sont eux qui déterminent les obligations des compagnies ou des propriétaires, l'époque à laquelle ils doivent effectuer le curage, et les règles à suivre en cette matière. Ainsi, pour le curage des canaux d'irrigation, il faut se rapporter aux statuts particuliers qui concernent chacun d'eux.

Les branches secondaires dérivées du tronc principal et destinées à porter l'arrosage, à travers les fonds des propriétaires, appartenaient à ceux-ci et devaient être recurés par tous ceux qui en profitaient, chacun en droit soi. Et ici encore, malgré le caractère tout à fait privé de la rigole, la communauté ancienne ne laissait pas toujours les particuliers libres de négliger le curage, lorsque cette

(1) Nadault de Buffon ; *hydraulique agricole*, *curage*, p. 26.

négligence causait un préjudice au public. Si par exemple,
le défaut de tenir nette la cuvette du fossé amenait un sur-
versement des eaux dans les chemins et un empêchement
à la circulation, la communauté faisait l'avance et donnait
aux consuls mandat de répartir la dépense sur chacun de
ceux qui se servaient des arrosages, pour être le recouvrement opéré par le trésorier. Ordinairement, un arrêté et
des publications annonçaient l'époque à laquelle le curage
devait être fait par les arrosants.

Comme les canaux, les fossés des moulins, dépendances
de l'usine, devaient être entretenus et curés par les propriétaires de celle-ci. « Les propriétaires des fossés des
« moulins et engins, et des eaux d'arrosage leur donneront
« la largeur et profondeur nécessaires pour qu'ils ne ver-
« sent pas dans les chemins et ils tiendront les dits fossés
« bien récurés, en faisant jeter le recurage dans leurs
« fonds. » Cette largeur et profondeur, suivant l'usage
relaté par Bomy, étaient fixés à six pans dans chaque dimension. « Si l'eau fuit du dit fossé pour n'être pas bien
« curé, ou pour n'avoir sa juste largeur et profondeur, ou
« autrement par la faute dudit fossé, et nuit aux dites
« possessions des dits voisins, le dit maître est tenu de
« leur payer leurs dommages-intérêts, autrement non.
« Or, la juste largeur et profondeur que doit avoir un tel
« fossé est d'avoir six pans de large et autant de profon-
« deur. » (1)

Le curage des fossés bordant les chemins formait aussi
une des charges des fonds riverains. Dans l'art. 36 du
règlement du 15 mai 1757, il est enjoint aux particuliers
voisins des chemins de tenir les fossés ouverts, chacun sur
le front de sa propriété, en jetant le recurage dans son
fonds. Un arrêt du Conseil du 6 février 1776 prescrivait
aux riverains la même obligation, et ce n'est que long-

_____

(1) Règlement de la Province du mois de mai 1756; *Cahier des
délibérations*, ann. 1757. — Bomy; *Recueil de quelques coutumes de Provence*.

temps après la révolution qu'ils ont été exonérés de la
charge qui pesait sur eux, à la fois par l'effet des lois générales et de certains règlements particuliers. (1)

Quand, ce qui arrivait assez fréquemment, les fossés
des moulins servaient aussi à l'irrigation pendant certains
jours de la semaine, c'était aux transactions entre les arrosants et les usiniers à déterminer la part contributive de
chacun au curage. L'art. 4 de la transaction du 5 janvier
1588 entre le sieur de Cabre et la communauté de Roquevaire donna aux habitants le droit d'arroser leurs prés,
jardins et cheneviers, avec l'eau des fossés des moulins,
mais ils seront tenus au curage des fossés, chacun en droit
soi. Par un nouvel accord du 24 juillet 1758, les parties ou
leurs ayants-cause convinrent que, moyennant le payement d'une certaine somme, les propriétaires des moulins
seraient substitués aux habitants pour les opérations du
curage.

On ne peut parler des moulins sans rencontrer, à chaque
pas, des traces de la faveur qui les accompagnait. Le
curage de leurs fossés donnait lieu quelquefois à des mesures arbitraires, mais qui pourtant trouvaient leur justification dans le service public. Voici une nouvelle preuve
des privilèges dont ils jouissaient. Lorsqu'il y avait urgence
à exécuter ces travaux, que les ouvriers faisaient défaut,
et que la marche de l'usine pouvait être entravée au grand
détriment de la chose publique, il était permis au propriétaire de recourir à une sorte de presse sur les hommes qui
se présentaient les premiers, le matin, aux portes de la
ville, et de les diriger sur les chantiers dépourvus de bras.
Mais là s'arrêtait l'obligation de ceux-ci, et quand la réparation était terminée, les ouvriers recevaient exactement
la rémunération de leur travail.

Après 1789, ainsi que nous le démontrerons par les lois

(1) *Cahier des délibérations*, ann. 1757. — Ordonnance de police de la
commune de Salon du 25 fructidor an XIII. — Décret du 16 septembre
1811. — Lois du 12 mai 1825 et du 21 mai 1836.

et règlements qui suivent, les principes qui président aux
opérations du curage ont varié en ce sens qu'à la qualité
de riverain, qui seule constituait l'obligation, a été substi-
tuée une base plus large, empruntée à l'intérêt de toute
personne qui, de quelque manière, pourra profiter de
l'exécution de ce travail.

II. — Curage par tous les intéressés. — Loi du 11 floréal an XI. — Syndicats. — Décret et circulaire de 1852. — Curage de la Touloubre.

L'idée de prendre l'intérêt pour base de la contribution
se retrouve dans tous les documents législatifs de cette
époque. C'était évidemment la plus rationnelle, et avant
même que la loi du 14 floréal an XI l'eut proclamée, elle
avait fait son apparition dans des arrêtés locaux.

L'arrêté de la préfecture des Bouches-du-Rhône, du 21
ventôse an XI, fait en quelque sorte pressentir la loi de
floréal, qu'il précède de très peu. Il forme comme une sorte
de transition entre l'usage ancien, ordonnant le curage en
droit soi, et celui par voie d'adjudication, qui fait entrer
dans la répartition de la dépense tous les intéressés quelconques. Ses dispositions concernent le curage de la Touloubre. Considérant que les communes de Grans, Pélissanne et Salon avaient souffert des dommages par le
débordement des eaux de cette rivière, il prescrivait que
le lit serait récuré et mis à une largeur de 8 mètres depuis
le château de la Barben jusqu'au moulin de la commune de
Grans. Chaque propriétaire riverain sera tenu de faire
récurer dans toute l'étendue de sa propriété le lit de la
rivière, jusqu'au plafond, sur une largeur de 4 mètres et
de faire placer la vase sur les bords d'icelle pour en augmenter la hauteur. Il sera autorisé à répéter des propriétaires voisins intéressés audit recurage un dédommagement proportionné à la dépense par lui faite pour cet objet.

La loi de floréal, an XI, fut la première loi générale régissant la matière.

LOI DU 14 FLORÉAL AN XI.

ART. 1er. — Il sera pourvu au curage des canaux et rivières non navigables, et à l'entretien des digues et ouvrages d'art qui y correspondent, de la manière prescrite par les anciens règlements, ou d'après les usages locaux.

ART. 2. — Lorsque l'application des règlements ou l'exécution du mode consacré par l'usage éprouvera des difficultés, ou lorsque des changements survenus exigeront des dispositions nouvelles, il y sera pourvu par le Gouvernement dans un règlement d'administration publique, rendu sur la proposition du Préfet, de manière que la quotité de la contribution soit toujours relative au degré d'intérêt qu'il aura aux travaux qui devront s'effectuer.

ART. 3. — Les rôles de répartition des sommes nécessaires au paiement des travaux d'entretien, réparation ou reconstruction, seront dressés sous la surveillance du Préfet, rendus exécutoires par lui, et le recouvrement s'en opérera de la même manière que celui des contributions publiques.

ART. — Toutes les contestations relatives au recouvrement de ces rôles, aux réclamations des individus imposés et à la confection des travaux, seront portées devant le Conseil de Préfecture, sauf le recours au Gouvernement, qui décidera en Conseil d'État.

C'est en vertu de cette loi que se sont formées les associations syndicales qui ont donné aux travaux de curage l'élan que des dispositions analogues allaient imprimer aussi aux irrigations, aux endiguements, aux dessèchements, en un mot, à tous les travaux de rivières.

Le recouvrement par voie syndicale est le meilleur moyen d'arriver à une juste répartition des charges, et son usage tend à se propager de jour en jour. On commence par fixer le périmètre des terrains qui doivent supporter la contribution, après quoi la répartition de la dépense est faite sur toutes les parcelles. Les rôles sont dressés sous la surveillance du préfet, rendus exécutoires par lui, et le recouvrement s'en opère de la même manière que celui des contributions publiques. Les travaux sont ensuite mis en adjudication. Outre que ce mode a l'avantage de régulariser le curage et d'en assurer la prompte exécution, il a encore celui de proportionner la dépense à l'intérêt des propriétaires. Car, il arrivait fréquemment qu'en obligeant chaque riverain à curer le long de son terrain, l'état matériel du ruisseau, dans telle ou telle partie, pouvait établir au détriment de quelques-uns des disproportions notables, et d'ailleurs, les propriétaires d'usines, qui retirent de l'eau des services considérables, n'étaient point dans ce cas, à moins de dispositions contraires, appelés à concourir aux charges. Aussi, M. Daviel n'hésite pas à déclarer que le système le plus équitable est celui qui consiste à faire procéder au curage en masse, sauf à répartir la dépense entre les intéressés en proportion des avantages qu'ils peuvent en retirer.

Si les riverains seuls profitent de l'irrigation et doivent, à cause de cela, contribuer d'une manière principale, il faut aussi reconnaître que le curage exerce la plus heureuse influence sur tous les terrains compris dans une certaine zone, soit en facilitant l'évacuation des eaux souterraines, soit en les mettant à l'abri des inondations; n'y aurait-il que cette double raison, elle suffirait pour soumettre tous les intéressés à la dépense commune et justifier l'économie de la loi de floréal.

Comme autrefois, le nombre des rivières qui pourront devoir au curage l'amélioration de leur régime, sera limité. Les torrents, proprement dits, et les rivières qui leur ressemblent seraient vainement l'objet d'entreprises qui n'auraient point de chances de réussir. Ce n'est que sur les ruisseaux et sur les petites rivières, occupant le fonds des plaines moins accidentées, que le curage, aidé par la législation moderne, peut produire des résultats durables; c'est aussi sur les cours d'eau de cette espèce que se sont établis de nombreux syndicats.

Le besoin d'opérer de fréquents curages s'est fait sentir surtout dans le département du Var, et on y a procédé d'après les bases de la loi de floréal. La nouvelle répartition, sans faire disparaître complétement le curage en droit soi, l'a néanmoins remplacé dans beaucoup de localités.

L'usage ancien commence donc à devenir l'exception en présence de l'organisation des syndicats, dont le nombre et l'importance tendent à s'accroître de jour en jour.

Dans le canton de Barjols, deux décrets des 20 novembre 1809 et 14 août 1813, règlent le curage de la rivière d'Argens. Les travaux s'exécutent tous les ans; mais l'adjudication en est faite pour une période quinquennale. Des repères sont établis dans le plafond de la rivière et leur niveau détermine la limite où le curage doit s'arrêter. Un syndicat a été également organisé pour la rivière du Coulon, le 26 juillet 1856. Aux termes de ce règlement, le Coulon doit être recuré tous les ans, du 1er au 15 août. Le syndicat, pris parmi les intéressés de Tourves et de Bras, est composé de cinq membres.

La commission spéciale instituée par la loi du 16 septembre 1807 a été appliquée à ces divers syndicats.

Dans le même canton, le curage de certains fossés d'irrigation est également réglementé par un acte du 24 septembre 1833, qui a fait revivre un règlement ancien de l'année 1641 et qui de plus a réuni, en association, le corps entier des arrosants intéressés. Les curages à vieux-fonds et à vieux-bords, doivent être faits tous les ans au mois d'avril. Les extraordinaires sont ordonnés par le préfet, sur la proposition du syndicat et l'avis des ingénieurs. Il en est de même à Varages; un règlement du 5 janvier 1855 a tracé, pour les arrosants, les mêmes formalités à suivre.

Il y a encore des syndicats pour le curage à Aups. A Ollioules, un curage à vieux-fonds et vieux-bords se fait tous les ans au mois de mars, et le préfet peut aussi, sur la proposition du syndicat et l'avis des ingénieurs, en ordonner d'extraordinaires. A Saint-Maximin, les arrosants font recurer les ruisseaux en mai, et ils contribuent à cette dépense en proportion des heures d'arrosage dont ils jouissent. Ce travail est fait sous la surveillance du syndicat.

Mais l'usage ancien est encore en vigueur sur certains points des cantons du Luc, du Beausset, Toulon, Saint-Auban, Cannes, le Bar, Brignoles, Cotignac, Roquebrussane, Besse. A Rians, uu grand fossé, le Valavès, est recuré et la dépense supportée par tous les possédants-biens, chacun au prorata de son revenu cadastral. Dans les lieux où l'usage oblige encore chaque riverain à curer sur sa frontière ou à couper les herbes, des publications viennent les mettre en demeure de procéder à ces travaux (1).

Dans le département des Basses-Alpes, on remarque la même diversité; c'est-à-dire, qu'à côté de l'usage ancien, la loi de floréal an XI, facilite la formation des syndicats. Il n'est presque point de cantons, ou suivant la nature ou l'importance du cours d'eau, l'un et l'autre mode ne soient également appliqués. A Digne, les cours d'eau considérables sont curés par voie d'adjudication; les autres, par chaque propriétaire, chacun en droit-soi de sa rive. Des syndicats existent encore dans les cantons d'Allos, Turriers, Colmars, Annot, Manosque. Le curage du ruisseau de Rideaux, dans la commune de Sainte-Tulle, est confié aux soins d'une commission syndicale qui, par délibération du 15 mars 1860, a établi une imposition de 5 francs par hectare pour faire face à l'exécution des travaux. Cette imposition ne grève que les fonds les plus rapprochés.

A Castellane, un syndicat surveille également le curage du cours d'eau appelé *le Pesquier*, mais qui ne devient nécessaire qu'à des intervalles assez éloignés.

(1) Rapports de MM. les juges de paix.

Dans les Bouches-du-Rhône, si l'on excepte les curages des canaux d'irrigation et ceux qui sont la conséquence des dessèchements opérés dans la région du sud-ouest, il ne reste qu'une importance bien secondaire à ceux entrepris dans le lit des petites rivières.

Une circulaire du préfet des Bouches-du-Rhône, du 24 avril 1830, recommande aux maires de ne pas laisser seulement la dépense à la charge des propriétaires de terrains qui bordent les cours d'eau. Elle constate qu'en creusant le lit de la rivière ou du ruisseau, et en rendant son cours libre par l'enlèvement de tous les obstacles naturels ou autres qui l'obstruent, l'administration tend au dessèchement des terrains avoisinants dans une certaine étendue, et selon la disposition et l'inclinaison du sol ; qu'il est donc juste et légitime de faire supporter une partie des frais aux propriétaires de tous les terrains en proportion de leur intérêt. L'administration doit appliquer tous ses soins à bien reconnaître et à déclarer ces intérêts, afin que chacun supporte une part équitable des frais de curage. Cette circulaire n'est elle-même que la reproduction de celle du ministre des travaux publics

Tous ces principes furent pleinement confirmés par le décret du 25 mars 1852, sur la décentralisation administrative. Depuis, c'est le préfet qui eut à prendre les dispositions pour assurer le curage et le bon entretien des cours d'eau non navigables ni flottables, de la manière prescrite par les anciens règlements ou les usages locaux ; il doit réunir, s'il y a lieu, les propriétaires intéressés en association syndicale.

Mais, les attributions du préfet ne s'exercent qu'autant qu'il s'agit d'un curage proprement dit. Car, si pour faciliter l'écoulement des eaux, il fallait entreprendre des élargissements ou des redressements qui rendissent nécessaire l'acquisition de certaines parcelles, le décret de 1852 deviendrait inapplicable. La circulaire du ministre de l'intérieur, du 5 mai 1852, indique les formalités à suivre dans

ce cas. « Lorsque le projet de curage comprendra aussi des
« travaux d'élargissement, au moyen de l'occupation de
« propriétés particulières, c'est-à-dire quand on voudra
« augmenter la largeur naturelle du cours d'eau, vous
« devrez vous assurer, avant de le rendre exécutoire, du
« consentement des propriétaires, ainsi que de la réalisa-
« tion des ressources pour leur payer des indemnités, à
« moins que la cession ne soit gratuite. A cet effet, le
« conseil ou les conseils municipaux devront voter les
« fonds nécessaires ; car, en pareil cas, on ne peut mettre
« la dépense des terrains à la charge des propriétaires qui,
« par la situation de leurs héritages, sembleraient les plus
« intéressés à l'opération. Dans le cas où il y aurait lieu
« de recourir à l'expropriation, vous ne seriez plus com-
« pétent, et vous devriez m'adresser le dossier de l'affaire
« pour me mettre à même de préparer le décret à inter-
« venir (1) »

L'approfondissement d'un cours d'eau est rangé par la
jurisprudence dans la même catégorie Un arrêt du conseil d'Etat, du 22 décembre 1859, considère comme un
excès de pouvoir, les prescriptions faites par les préfets
pour ordonner le redressement, l'élargissement ou l'approfondissement. Il faut dans ce cas recourir à l'expropriation
pour cause d'utilité publique.

C'est par l'application de toutes ces règles que les cantons de Salon et d'Istres et la rivière de la Touloubre qui
les traverse, ont été pourvus d'un syndicat et d'un règlement que nous croyons utile de reproduire ci-après. Déjà,
bien avant cette époque, une ordonnance du 22 fructidor an
XIII, dans la commune de Salon avait statué sur le curage
des écluses des moulins, des fossés d'irrigation, de vidange,
d'écoulement, des bassins, des sources, des égoûts de la
ville et du lit de la grande et petite Touloubre.

D'après cette ordonnance, les écluses et les fuites des

_____

(1) Circulaire de M. le ministre de l'Intérieur à MM. les préfets.

moulins sont à la charge des propriétaires ou fermiers des moulins auxquels elles servent, et doivent curer les fossés d'irrigation ceux qui en profitent, chacun en droit-soi dans l'étendue de leur propriété, ferme ou mégerie.

Le curage de la Touloubre est placé sous la surveillance de commissaires à ce délégués. Il doit être effectué par les intéressés dans les proportions suivantes : pour un tiers par les riverains à droite, pour un tiers, par les riverains à gauche, et le tiers restant était mis à la charge des non-riverains eu égard à la contenance de leurs propriétés qui souffrent ou sont susceptibles de souffrir de son voisinage.

Le mois de thermidor tout entier est accordé pour l'exécution des travaux, et cette obligation est rappelée chaque année aux propriétaires par une proclamation faite le dimanche qui précède le premier jour de thermidor ; faute par eux de s'y conformer, les commissaires font procéder eux-mêmes au curage et répartissent proportionnellement la dépense sur les divers contribuables.

Pendant dix ou douze ans, la Touloubre fut régulièrement desobstruée des matières qui entravaient son cours et la fesaient verser dans la plaine. Mais ensuite, la négligence et l'incurie ayant repris le dessus, les inondations recommencèrent et provoquèrent de nouvelles plaintes. Il fallait qu'un autre arrêté vint ranimer le zèle éteint des intéressés, et faire triompher une mesure qui avait contre elle d'anciennes habitudes.

En 1857, l'administration préfectorale, combinant la loi de floréal an XI et le décret du 25 mars 1852, réunit en association syndicale les intéressés au curage de la Touloubre dans les communes de la Barben, Pélissanne, Grans, Salon, Cornillon et Saint-Chamas, par un arrêté ainsi conçu :

Nous, Préfet des Bouches-du-Rhône,

« Vu notre arrêté du 10 mars 1856, réunissant en associations syndicales les intéressés au curage de la Touloubre, dans les communes de Labarben, Pélissanne, Salon, Grans, Cornillon et St-Chamas,

« Vu la décision de M. le Ministre de l'Agriculture, du Commerce et des Travaux Publics, en date du 17 mars 1857, prescrivant de modifier quelques-unes des prescriptions du dit arrêté,

« Considérant que, pour se conformer à cette décision et conserver en même temps à l'acte constitutif de l'Association l'unité que doit avoir un règlement, il convient, en effectuant les modifications prescrites, de reproduire les articles non modifiés de ce règlement;

Arrêtons :

« Le dispositif de notre arrêté du 10 mars 1856, réunissant en associations syndicales les intéressés au curage de la Touloubre, est modifié dans ses articles 1, 2, 5, 6 et 31 et remplacé dans son ensemble par les dispositions suivantes :

TITRE PREMIER.

Formation de l'Association et organisation du Syndicat central.

ART. 1er. — Le curage à vieux fonds et vieux bords, le faucardement de la Touloubre, dans la traversée des communes de Labarben, Pélissanne, Salon, Grans, Cornillon et St-Chamas, seront exécutés par les propriétaires intéressés réunis en association syndicale, sous le contrôle et la surveillance de l'administration. Ce syndicat pourra, en outre, être chargé de faire exécuter les travaux d'élargissement ou rectification partielle du dit cours d'eau dans le cas prévu et après l'accomplissement des formalités prescrites par l'article 31 ci-après.

ART. 2. — Ces propriétaires formeront, dans chaque commune, une association particulière chargée de pourvoir, à ses frais, au curage de la rivière et à l'entretien des ouvrages exécutés pour assurer le libre écoulement des eaux, compris dans le territoire correspondant.

Chacun de ces syndicats aura pour chef-lieu celui de sa commune.

ART. 3. — Le curage comprendra les travaux nécessaires pour ramener le cours d'eau et fossés à leur largeur naturelle. Ces largeurs, pour les différentes parties des cours d'eau et les dimensions des digues partout où il sera nécessaire d'en établir, seront reconnues et constatées par un arrêté du préfet, après enquête de quinze jours, dans chacune des communes intéressées, sur la proposition des ingénieurs, l'avis du syndicat et des sous-préfets.

ART. 4. — Les terrains compris dans chaque syndicat et dont les propriétaires contribueront aux dépenses, proportionnellement à leur intérêt, seront limités dans chaque commune par les lignes bleues tracées sur le plan et correspondant aux limites des inondations.

ART. 5 et 6. — Les dépenses de curage et de faucardement, sauf les droits et servitudes contraires, seront supportées par les propriétaires de barrages et par les propriétaires des terrains intéressés, de manière que la quotité de la contribution de chaque imposé soit toujours relative au degré d'intérêt qu'il aura aux travaux qui devront s'effectuer. A cet effet, il sera dressé, par le service du syndicat, un état général des terrains intéressés au curage, ainsi que des usines et autres ouvrages qui retiennent le cours des eaux, avec un plan indiquant, s'il y a lieu, par des teintes diverses, les diverses classifications de terrains à comprendre dans l'association.

L'état dressé à la diligence du syndicat sera déposé pendant une quinzaine à la mairie de chaque commune respective. Ce dépôt sera annoncé par affiches et publications, et chaque intéressé sera admis à présenter des observations.

Dans la huitaine de la clôture des enquêtes le syndicat sera appelé à exprimer son avis sur les observations qui auront pu être produites, et l'état rectifié, s'il y a lieu, sera soumis au préfet pour servir de base aux rôles de répartition, et, sauf recours des intéressés devant le Conseil de préfecture et en appel devant le Conseil d'Etat, conformément à la loi du 14 floréal an XI.

ART. 7. — Le corps des intéressés au curage de la Touloubre sera administré par un syndicat central, qui aura la direction générale de l'Œuvre; il se composera des directeurs des six associations partielles dont il a été parlé ci-dessus.

Le syndicat central aura pour chef-lieu Salon. Il sera présidé par un directeur choisi dans son sein et nommé par le préfet.

Ce directeur aura un adjoint également nommé par le préfet, pour le suppléer en cas d'absence ou d'empêchement.

ART. 8. — Le syndicat central s'assemblera sur la convocation de son directeur, ou sur celle du préfet, ou, enfin, sur la demande de deux de ses membres.

Les délibérations de ce syndicat seront prises à la majorité absolue des suffrages.

En cas de partage, la voix du président sera prépondérante.

ART. 9. — Le syndicat suit, d'ailleurs, en ce qui concerne les délibérations, les travaux et la comptabilité, les mêmes errements que les syndicats communaux dont il sera parlé ci-après, sauf ce en quoi, il y est dérogé par ses attributions spéciales.

Il est chargé :

De voter les dépenses d'intérêt général et de les répartir entre les syndicats communaux d'après le prorata indiqué aux articles 4, 5 et 6 ;

De déléguer l'ingénieur chargé de préparer les projets d'exécution dans chaque commune et d'en surveiller l'exécution ;

De la conservation des archives des corps, qui pourra être confiée à un secrétaire-archiviste nommé par le préfet, sur la présentation du syndicat ;

De proposer à la nomination du préfet un receveur spécial chargé de recouvrer, auprès des percepteurs d'associations communales, le contingent affecté à chacune d'elles dans les dépenses générales ;

De donner son avis sur les délibérations des syndicats communaux, et particulièrement sur les projets du budget et de travaux ;

De signaler à l'autorité ce que ces syndicats auraient négligé ou refusé de faire ;

De déléguer, à cet effet, un de ses membres pour surveiller et recevoir les travaux des dits syndicats ;

De suivre les affaires contentieuses qui intéressent le corps entier ;

De veiller à l'observation des contrats, transactions et traités ;

Enfin, il est chargé de représenter les intérêts généraux du corps, partout où ils se trouveront engagés.

TITRE II.
Organisation des Syndicats communaux.

ART. 10. — Une Commission syndicale sera établie dans chaque commune pour diriger et régulariser les travaux de curage. Elle sera composée de cinq membres nommés par le préfet et choisis : quatre parmi les propriétaires des terrains inondés, et un parmi les propriétaires d'usines et de barrages.

ART. 11. — Les membres de la commission syndicale resteront trois ans en fonction et seront renouvellés deux par chaque année.

ART. 12. — Un des syndics sera nommé, par le préfet, directeur du syndicat; ses fonctions dureront deux ans; mais il pourra être maintenu pendant toute la durée de ses fonctions.

ART. 13. — Le directeur sera chargé de la surveillance des intérêts de la communauté, ainsi que de la conservation des plans, registres et papiers de l'Association.

ART. 14. — Il convoquera la Commission toutes les fois qu'il le jugera convenable et la présidera.

Il lui sera donné un adjoint, nommé également par le préfet, lequel sera pris parmi les syndics et remplacera le directeur en cas d'absence ou d'empêchement.

ART. 15. — Le syndicat pourra être également convoqué sur la demande de l'un des syndics ou sur l'invitation du préfet.

ART. 16. — La Commission syndicale est spécialement chargée:

1° De rechercher et indiquer les moyens de procurer le libre écoulement des eaux de la Touloubre;

2° D'en ordonner le curage toutes les fois que cette opération sera jugée nécessaire;

3° De régler les dimensions et l'entretien des berges et d'y faire effectuer les semis ou plantations de nature à les consolider;

4° De régler tout ce qui concerne l'entretien, le dépôt et la destination des vases, matières quelconques et déblais provenant du curage;

5° De veiller à ce que les conditions imposées à tout établissement d'usine, de barrages, retenues ou prises d'eau quelconques, soient strictement observées, et d'indiquer au syndicat central les barrages nuisibles à l'intérêt général.

ART. 17. — La Commission fera dresser, par un géomètre de son choix, un plan cadastral des propriétés inondées aujourd'hui par les débordements de la Touloubre; ce plan servira à établir un registre matricule d'après lequel sera fixée la quote afférente à chaque intéressé.

ART. 18. — La Commission s'adressera à l'ingénieur de l'Œuvre, choisi par le syndicat central, pour faire dresser les projets de travaux de curage, soit pour la levée du plan d'études, les nivellements, l'établissement des devis et la direction des travaux; elle proposera le mode d'exécution, soit par marché, soit par régie, soit par adjudication; elle répartira entre les intéressés, d'après les bases des articles 4, 5 et 6 et l'avis de la commission centrale, le montant des taxes reconnues nécessaires pour payer les frais généraux de l'Œuvre, ceux du curage ou des travaux y relatifs.

ART. 19. — Les membres de la Commission ne pourront délibérer qu'au nombre de trois au moins, les délibérations ne seront exécutoires qu'autant qu'elles auront reçu l'approbation du préfet.

TITRE III.
Des Travaux, de leur exécution et du mode de payement.

ART. 20. — L'exécution des travaux aura lieu sous la surveillance du directeur, auquel le syndicat pourra adjoindre un commissaire pris parmi les membres du syndicat.

ART. 21. — Les payements et a-comptes seront faits en vertu des mandats du directeur, délivrés sur les certificats du commissaire-adjoint; les payements définitifs s'exécuteront sur mandats du directeur, appuyés d'un procès-verbal de réception dressé par l'ingénieur de l'association, constatant que les travaux ont été exécutés conformément aux projets approuvés et selon les règles de l'art; si les travaux sont exécutés par adjudication, la réception sera faite en présence de l'entrepreneur, du directeur du syndicat et du commissaire-adjoint.

ART. 22. — Tous les ans, dans le courant du mois d'août, le syndicat déterminera les époques auxquelles le repurgement devra avoir lieu.

ART. 23. — Dans le cas où une ou plusieurs des commissions syndicales négligeraient de remplir les devoirs qui lui sont imposés par le présent règlement, il y sera pourvu d'office, après mise en demeure, par le préfet, qui pourra ainsi ordonner les travaux reconnus nécessaires et faire dresser le rôle d'imposition pour en acquitter le montant.

Ces dispositions sont également applicables au syndicat central.

ART. 24. — Les propriétaires ou fermiers d'usines seront tenus d'ouvrir, sans indemnités, leurs vannes pendant le temps nécessaire au curage; ils devront obtempérer à cet égard aux injonctions qu'ils recevront du syndicat.

TITRE IV.
De la Comptabilité.

—

Art. 25. — Au quinze janvier de chaque année, le directeur présentera au syndicat le compte détaillé des travaux exécutés ainsi que de la recette et de la dépense effectuées pendant l'année précédente. Après cette communication, le préfet arrêtera, s'il y a lieu, le dit compte.

Art. 26. — A la même époque, le syndicat dressera le projet de budget de l'année courante, qu'il soumettra à l'approbation du syndicat central.

Art. 27. — Le recouvrement des rôles sera fait par le percepteur, receveur de la commune, nommé à cet effet par le préfet.

Art. 28. — Ce comptable, moyennant la remise qui lui sera allouée, dressera les rôles sur les documents fournis par le syndicat, qui les vérifiera ensuite et les soumettra à la sanction du préfet, pour les rendre exécutoires.

La perception en sera faite dans le délai fixé par le préfet, sur l'avis du syndicat, et dans la forme suivie pour les contributions directes.

Art. 29. — Le percepteur sera responsable du défaut de payement des taxes dans les délais fixés, à moins qu'il ne justifie avoir pris les mesures nécessaires, en temps utile, pour obliger au versement les contribuables en retard.

Le percepteur acquittera les mandats délivrés par le directeur, conformément aux dispositions du présent règlement. Il rendra compte, le 10 janvier de chaque année, des recettes et des dépenses qu'il aura faites pendant l'année précédente. Il ne lui sera pas tenu compte des payements irrégulièrement faits.

Le syndicat vérifiera les comptes du percepteur, les arrêtera provisoirement et les soumettra au préfet, pour être définitivement approuvés, s'il y a lieu.

TITRE V.
Dispositions générales.

—

Art. 31. — Il pourra être nommé, si cela est jugé nécessaire, un garde-rivière chargé de veiller à l'exécution des lois et règlements sur la police des eaux. Le syndicat pourra également nommer un agent spécial pour surveiller les travaux. Ces agents agiront sous la surveillance et l'autorité du syndicat, de l'ingénieur en ce qui concerne les travaux, et du maire de la commune. Leur traitement sera prélevé sur les fonds affectés aux travaux de curage et d'entretien.

ART. 32. — Les délits et contraventions seront constatés par procès-verbaux et poursuivis conformément aux lois.

ART. 33. — Les réclamations relatives aux cotisations comprises aux rôles, ainsi que les contestations concernant la confection des travaux seront portées devant le conseil de préfecture, conformément aux lois de pluviose an VIII et 11 floréal an XI.

ART. 34. — Si pour procurer le libre écoulement des eaux, il est nécessaire d'entreprendre des travaux d'élargissement et de rectification partielle, les projets de ces travaux, dressés par le secrétaire du syndicat et vérifiés par les ingénieurs, seront soumis à l'enquête prescrite par le titre 1er de la loi du 3 mai 1841, dans la forme indiquée par l'ordonnance du 18 février 1834.

Il sera ensuite statué par un décret qui déclarera l'utilité publique des travaux, qui fixera les bases de la répartition de la dépense entre les propriétaires intéressés, et instituera, s'il y a lieu, le syndicat chargé de l'exécuter.

ART. 35. — Sont expressément réservés les droits que peut avoir l'association pour réclamer et obtenir des indemnités des propriétaires des grands canaux d'irrigation de la contrée, à raison du dommage résultant du déversement, dans la Touloubre, des eaux provenant des dits canaux.

ART. 36. — Sont et demeurent rapportées les dispositions de l'arrêté préfectoral du 21 ventose an XI, contraires aux clauses du présent règlement.

Fait à Marseille, le 16 avril 1857.

L'année suivante, par un arrêté du 25 novembre 1858, un certain nombre de propriétaires de la commune de Lançon furent incorporés dans l'association syndicale de Salon. Il est à remarquer qu'aucune portion du territoire de Lançon n'est contiguë à la Touloubre. Aussi cette annexion peut-elle être considérée comme une preuve significative de l'extension donnée à la loi de floréal an XI, qui prend pour point de départ de la contribution, non point le voisinage, mais l'intérêt, sous quelque forme qu'il se présente (1).

Ainsi fut constituée l'association des riverains de la Touloubre. Cette rivière, quoique peu considérable, sert de lit de décharge aux eaux limoneuses des grands canaux d'irrigation des Bouches-du-Rhône, et cette circonstance explique le soin tout particulier que l'administration a pris d'y organiser et d'y entretenir le curage.

Cet arrêté se rapproche beaucoup, pour la forme et pour le fonds, des décrets constitutifs de syndicat en matière d'irrigations et d'endiguements. Comme clauses particulières, on y remarque celle de l'article 34 conforme à la circulaire ministérielle du 5 mai 1852 et enlevant aux attributions du préfet les cas où il s'agit de prendre sur les terres voisines des parcelles pour les travaux d'élargissement ou de redressement. L'absence de la commission spéciale instituée par la loi du 16 septembre 1807 est encore une des particularités de cet arrêté. Mais on fait observer avec raison que le curage n'est point régi par la loi de 1807 et qu'il reste toujours et exclusivement placé sous l'application de la loi de floréal an XI, laquelle n'exige point l'avis d'une commission spéciale, même au cas où il serait nécessaire de construire des digues pour assurer l'effet des travaux de curage (2).

En présence d'une législation dont l'extension se justifie par ses avantages, l'usage ancien s'efface de jour en jour; il n'a point cependant tout-à-fait disparu, car on le retrouve

---

(1) Art. 1 et 2 de l'arrêté. — Les propriétaires de la commune de Lançon intéressés au curage de la Touloubre, dans la traversée de la commune de Salon, seront compris dans l'association syndicale de cette dernière commune, constituée par arrêté préfectoral du 16 avril 1857, et seront tenus de contribuer, chacun en raison de son intérêt, aux dépenses que nécessiteront les travaux d'entretien et d'amélioration de la dite partie de rivière. — A la commission syndicale de Salon seront adjoints deux membres pris parmi les propriétaires de Lançon englobés dans le syndicat.

(2) Nadault de Buffon, *Hydraulique agricole*, *Curage*, t. II, p. 49 et suiv.

encore assez souvent dans la pratique des riverains des
petits cours d'eau ou des rigoles d'irrigation, et l'administration même n'y a pas complètement renoncé. Il est
rappelé notamment dans le règlement de la préfecture des
Bouches-du-Rhône du 20 avril 1857 qui dispose, en con-
formité de l'usage, que chaque propriétaire riverain sera
tenu de curer le lit au droit et dans toute l'étendue de sa
propriété et devra entreposer le produit du curage sur le
bord du ruisseau, en relevant ainsi son terrain en forme
de digue ou de boulevard. Ce règlement déroge d'autant
plus à la loi de floréal qu'il prévoit précisément le cas où
les propriétaires riverains ne sont pas dédommagés par la
préférence des eaux. Car, il statue sur le curage des torrents et il paraît n'avoir été dicté que par un respect exa-
géré pour l'usage ancien.

**III. — Curage et barrages sur un même cours d'eau.
— Nécessité de repères fixes. — Mesures pour réglementer le flottage.**

Le curage est nécessaire pour faire disparaître les obstacles qui nuisent à la libre circulation des eaux et empêcher
l'exhaussement du lit. Mais, si la cause du mal cesse, c'est-
à-dire si la pente et l'inclinaison du sol sont suffisantes,
on n'a plus besoin d'y recourir. Il y a plus, la succession
des accidents de terrain est si fréquente en Provence que,
non seulement on doit selon les circonstances laisser à
l'eau le soin de se creuser un lit, mais très-souvent encore
s'opposer à ce que sa profondeur ou sa largeur ne devienne
trop considérable. Car, à mesure qu'il se creuse, les terrains
de la rive glissant sur leur base ne tardent point à être
emportés, et ce grave inconvénient ne peut être combattu
que par un système de barrages en pierres ou en fascines
dont l'usage est généralement adopté dans le département
des Basses-Alpes.

Ces barrages, ainsi établis de distance en distance,

constituent un système d'endiguements usité pour les torrents d'importance secondaire. Ils offrent le double avantage de retenir le fonds du lit et de briser la pente des eaux (1).

Le propriétaire des deux rives a le droit d'effectuer ces travaux ; s'il ne l'est que d'une seule, la loi de 1847 lui fournit les moyens d'arriver au même résultat. Enfin, si ces ouvrages d'art intéressaient plusieurs particuliers, nul doute que le décret du 4 thermidor an XIII ne puisse être appliqué.

Dans les montagnes et même dans les collines, c'est-à-dire presque partout en Provence, il y a des torrents et ruisseaux qui présentent sur un parcours restreint de quelques lieues une triple physionomie. Ainsi, tandis qu'on voit le curage pratiqué et même indispensable dans la partie la plus rapprochée de l'embouchure, il arrive que les conditions moyennes de pente entretiennent naturellement dans la section qui sépare la colline de la plaine, une profondeur convenable du lit. Enfin, en remontant vers la source, des barrages successifs sont nécessaires pour exhausser le niveau du torrent et conjurer la corrosion progressive des deux rives et l'éboulement des hauteurs environnantes.

L'établissement de points de repères invariables est indispensable dans les travaux de curage, et l'observation des lieux démontre les inconvénients qu'il y aurait à négliger cette mesure. Les ruisseaux et torrents qui traversent les plaines présentent, en beaucoup d'endroits, un phénomène particulier qui tient au mode même de repurgement. Au lieu de placer de distance en distance des repères qui indiquent d'une manière fixe la profondeur du lit, on se contente d'enlever chaque année, ou plutôt quand le besoin se fait sentir, une certaine quantité du fonds du cours d'eau. Or, comme la surface de la cuvette est ordinairement plus large que celle du couronnement des deux ber-

(1) Surell, *Torrents des Alpes*, p. 13, 10.

ges, il en résulte que la couche enlevée par le curage et
déposée sur les bords, élève ceux-ci d'une manière suffisante pour qu'on se croie dispensé de descendre jusqu'à la
profondeur primitive du lit. Quand le ruisseau est ainsi
encaissé et que ses bords qui s'exhaussent toutes les années
paraissent en état de garantir les propriétés riveraines, on
s'habitue à tenir compte de la profondeur du lit, beaucoup
moins en le comparant au niveau des terres voisines qu'à
la hauteur du talus intérieur. Aussi, après un certain
nombre d'années, les eaux sont comme portées sur des
sortes d'aqueducs formés de terre et de gazon, et dominent
tellement les propriétés que les ruptures sont faciles, et
qu'à l'époque des grandes crues, les héritages voisins sont
placés sous la menace incessante de leurs débordements.

Le remède à cet état de choses consisterait dans l'établissement et l'entretien de bornes ou points de repères qui
détermineraient dans le sens de la profondeur la ligne ou
doivent s'arrêter, mais jusqu'à laquelle doivent descendre
les opérations du curage.

L'ancienne administration qui construisit beaucoup de
digues n'apporta aux travaux de curage qu'une moindre
attention. Cependant, elle fut frappée de l'exhaussement
du lit des cours d'eau. Dans l'assemblée de 1766, l'assesseur
rapporta, entre autres choses, que les lits des torrents se
comblaient et que souvent même le terrain sur lequel les
eaux doivent avoir leur cours devenait supérieur aux terres
voisines. C'est ce dont on était informé par des relations
auxquelles on devait une entière foi. Il proposa d'inviter
tous les hommes éclairés à donner leur avis sur des questions d'un si haut intérêt pour le pays. L'assemblée confirma sa délibération aux conclusions de l'assesseur.

C'est aux syndicats modernes qu'il appartient de modifier
par des curages complets cette cause de dangers pour
l'agriculture. « Les berges s'exhaussent par la fréquence
« des dépôts d'alluvion, et le lit lui-même participant iné-
« galement à cet exhaussement, le cours d'eau se trouve

« bientôt encaissé entre des berges surhaussées qui tendent
« toujours à intercepter l'égouttement naturel des terres
« riveraines, mais surtout le retrait des eaux d'inondation
« dans le sens transversal (1). »

Ces résultats n'ont pas échappé non plus à la commission
chargée de présenter le rapport sur la loi du drainage.
Elle s'exprime ainsi par l'organe d'un de ses membres :
« Il importe de maintenir avec le plus grand soin le niveau
« des fleuves et de leurs affluents, en les débarrassant par
« des draguages énergiques et réguliers des ensablements
« qui tendraient à en obstruer le cours. Les déblais du
« draguage ne pourraient-ils pas s'employer à surélever
« les digues et surtout à en augmenter l'épaisseur, de
« telle sorte que la cause du mal serve en même temps à
« le prévenir pour la suite. Au point de vue qui nous oc-
« cupe, l'endiguement et la régularisation des cours d'eau
« ne suffiraient pas et l'exemple de l'Italie doit nous éclai-
« rer. Beaucoup de cours d'eau ont élevé progressivement
« leur lit jusqu'à 4 ou 5 mètres au-dessus de leur fonds
« primitif, de sorte qu'aujourd'hui le ruisseau coule au
« faîte d'un espèce de viaduc artificiel créé par ses propres
« alluvions. Des travaux d'art qui auraient en France de
« semblables résultats équivaudraient à une interdiction
« absolue du drainage qui exige une surveillance conti-
« nuelle pour le bon entretien et l'approfondissement des
« cours d'eau. »

Si le drainage était appelé à rendre au sol de la Provence les services dont on a déjà signalé l'étendue dans
d'autres départements, on verrait de la part des administrations locales ou des simples particuliers un concours
plus empressé pour mener à bonne fin le curage et ne pas
se contenter de travaux incomplets. Car, la principale
condition de l'assainissement des fonds drainables, c'est

(1) Nadault de Buffon, *Hydraulique agricole, Curage*, p. 2.

d'entretenir partout la profondeur des cours d'eau évacua-
teurs. Cette nécessité ferait par conséquent disparaître
certains inconvénients que nous venons d'indiquer. Mais
comme la loi nouvelle ne peut recevoir qu'une application
restreinte à cause de la topographie même des trois départements, il s'ensuit qu'il faut s'adresser beaucoup moins
à elle qu'à la connaissance acquise par les hommes spéciaux des intérêts de leur pays pour ménager l'abolition
successive de ces usages vicieux.

Le pouvoir de prendre les mesures pour assurer le libre
écoulement des eaux étant concentré entre les mains de
l'administration, c'est à elle qu'il appartient de régler tout
ce qui se rapporte à cette matière. Les règlements sur le
flottage rentrent donc dans ses attributions. Sur les rivières et torrents, flottables à bûches perdues surtout, le passage des bois en toute saison, livrés à eux-mêmes et
n'obéissant à aucune direction, occasionne, à l'époque des
pluies et de la fonte des neiges, des accidents nombreux.
Les rives sont endommagées, les passerelles, les ponts, les
digues même sont quelquefois ébranlés par le choc. En
1773, une digue élevée sur les bords du Var avait été en
partie détruite par le passage de nombreuses pièces de
bois qui flottaient sans conducteur sur le cours de la rivière.
Ces exemples se répétaient fréquemment et l'administration dut aviser plusieurs fois.

Après 1789, divers arrêtés prescrivirent des mesures
pour règlementer le flottage et pour prévenir et empêcher
autant que possible les accidents occasionnés par les bois
placés le long des torrents et rivières. Il y a eu à ce sujet
des arrêtés préfectoraux rendus en septembre 1834 et août
1838.

Le décret de 1852, en conférant aux préfets le droit de

(1) *Recueil des actes administratifs*, Basses-Alpes, années 1834 et
1838.

prendre des dispositions pour assurer le libre écoulement et le bon entretien des cours d'eau, leur accorde le pouvoir de réglementer la police du flottage.

FIN.

TABLE.

——

CHAPITRE I.

Eaux Publiques.

CHAPITRE II.

Règlements.

FIN DE LA TABLE.

Marseille. — Typographie Ve Marius Olive, 30 Paradis, 68.

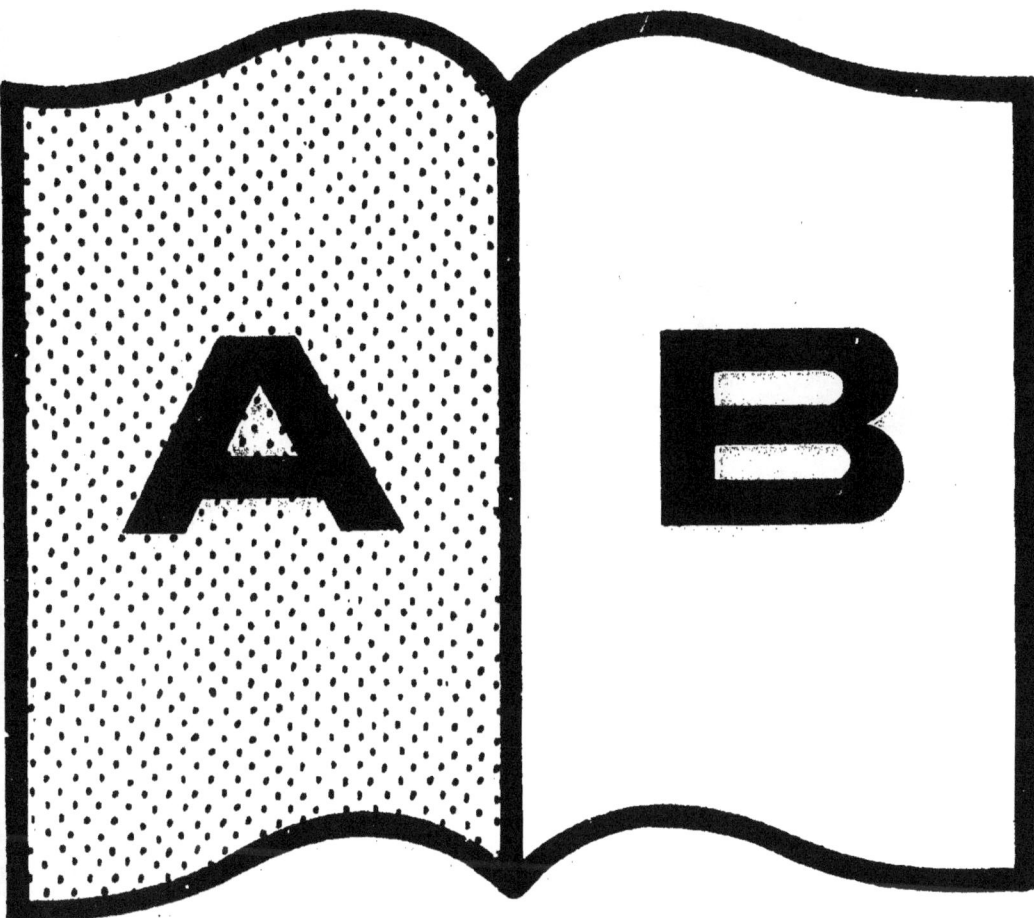

Contraste insuffisant

NF Z 43-120-14